比安卡‧馬喬利 1929 年在義大利留影
由約翰‧坎麥可提供

比安卡‧馬喬利攝於 1938 年
由約翰‧坎麥可提供

葛麗絲‧杭亭頓
1936 年的員工證
由柏克萊‧布蘭
特提供

葛麗絲・杭亭頓
1940 年與「黑
美人」飛機合影
由柏克萊・布蘭
特提供

比安卡・馬喬利為一本未
出版的童書所繪的作品
由約翰・坎麥可提供

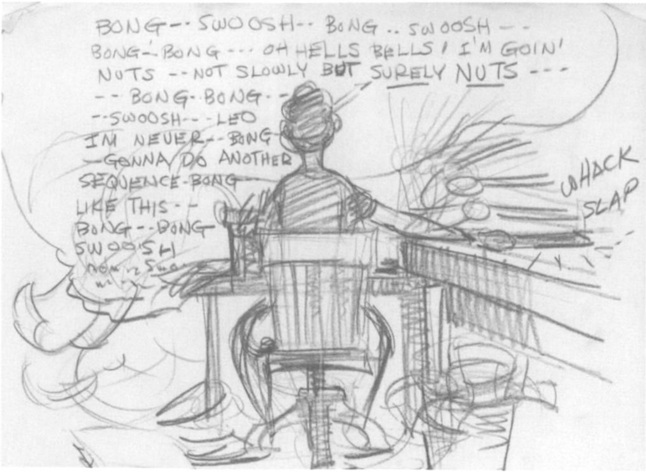

葛麗絲・杭亭頓的
手繪草圖表現出工
作室令人難以負荷
的工作性質
由柏克萊・布蘭特
提供

希爾維亞．荷蘭德 1939 年
在愛德懷自然中心留影
由希歐．哈樂代提供

艾瑟．庫爾薩 1939 年
在她暱稱為「夏季工
作室」的小屋前留影
由希歐．哈樂代提供

希爾維亞．荷蘭德與女兒
出席《幻想曲》的首映
由希歐．哈樂代提供

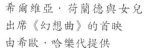

葛麗絲・杭亭頓 1941 年的婚禮照片
由柏克萊・布蘭特提供

瑪莉・布萊爾在南美洲持畫筆創作
由瑪莉・布萊爾遺產提供

瑪莉・布萊爾與李・布萊爾在里約熱內盧創作素描
由瑪莉・布萊爾遺產提供

瑞塔・史考特投入於《小鹿斑比》工作中的照片
由班・沃賽斯特提供

希爾維亞所畫的圖稿
由希歐・哈樂代提供

藤川恭拜訪唐納文・布萊爾
由瑪莉・布萊爾遺產提供

布萊爾夫婦與兒子唐納文、
凱文合影
由瑪莉・布萊爾遺產提供

瑪莉・布萊爾（左）與瑞塔・史考特・
沃賽斯特 1956 年度假中攝於法國
由瑪莉・布萊爾遺產提供

瑪莉 · 布萊爾（右）與瑞塔 ·
史考特 · 沃賽斯特 1956 年
攝於歐洲
由瑪莉 · 布萊爾遺產提供

瑪莉 · 布萊爾肖像照
由瑪莉 · 布萊爾遺產提供

瑪莉 · 布萊爾（左）與瑞塔 · 史考特 ·
沃賽斯特於 1970 年代合影
由瑪莉 · 布萊爾遺產提供

華特·迪士尼拿著一個模擬瑪莉·布萊爾形象的人偶給本人看；這是用來紀念她對小小世界遊樂設施所做的貢獻／由瑪莉·布萊爾遺產提供

1960 年代迪士尼樂園內瑪莉·布萊爾創作的壁畫；可能還在，也可能已不在照片中原處／由瑪莉·布萊爾遺產提供

THE QUEENS OF ANIMATION

打造動畫王國的女王們

從Disney到Pixar、《白雪公主》到《冰雪奇緣》，
改變迪士尼、寫下美國動畫電影傳奇的關鍵女力

Nathalia Holt
娜塔莉亞．霍爾特／著
林玉菁／譯

臉譜書房 FS0155

打造動畫王國的女王們：

從Disney到Pixar、《白雪公主》到《冰雪奇緣》，改變迪士尼、寫下美國動畫電影傳奇的關鍵女力

The Queens of Animation: The Untold Story of the Women Who Transformed the World of Disney and Made Cinematic History

作　　者　娜塔莉亞．霍爾特（Nathalia Holt）
譯　　者　林玉菁
編輯總監　劉麗真
責任編輯　許舒涵
行銷企畫　陳彩玉、陳紫晴、林詩玟

發 行 人　凃玉雲
總 經 理　陳逸瑛
出　　版　臉譜出版
城邦文化事業股份有限公司
台北市中山區民生東路二段141號5樓
電話：886-2-25007696 傳真：886-2-25001952
發　　行　英屬蓋曼群島商家庭傳媒股份有限公司城邦分公司
台北市中山區民生東路二段141號11樓
客服專線：02-25007718；25007719
24小時傳真專線：02-25001990；25001991
服務時間：週一至週五上午09:30-12:00；下午13:30-17:00
劃撥帳號：19863813　戶名：書虫股份有限公司
讀者服務信箱：service@readingclub.com.tw
城邦網址：http://www.cite.com.tw
香港發行所　城邦（香港）出版集團有限公司
香港灣仔駱克道193號東超商業中心1樓
電話：852-2508623　傳真：852-25789337
電子信箱：hkcite@biznetvigator.com
新馬發行所　城邦（馬新）出版集團
Cite（M）Sdn. Bhd.（458372U）
41, Jalan Radin Anum, Bandar Baru Sri Petaling,
57000 Kuala Lumpur, Malaysia.
電話：603-90563883　傳真：603-90576622
電子信箱：services@cite.my

一版一刷　2022年10月

城邦讀書花園
www.cite.com.tw

ISBN 978-626-315-182-6
售價　NT$ 499

國家圖書館出版品預行編目(CIP)資料

打造動畫王國的女王們：從Disney到Pixar、《白雪公主》到《冰雪奇緣》，改變迪士尼、寫下美國動畫電影傳奇的關鍵女力／娜塔莉亞．霍爾特（Nathalia Holt）著；林玉菁譯. 一版. 台北市：臉譜出版，城邦文化事業股份有限公司出版：英屬蓋曼群島商家庭傳媒股份有限公司城邦分公司發行, 2022.10
面；　公分. --（臉譜書房；FS0155）

譯自：The queens of animation : the untold story of the women who transformed the world of Disney and made cinematic history

ISBN 978-626-315-182-6（平裝）

1. CST：女性傳記 2. CST：動畫製作

785.22　　111012770

獻給永遠幸福快樂的：

拉金、伊利諾及菲莉芭

CONTENTS

「女人之間的連結是地球上最可怕、最麻煩，
也是潛能最強大的轉變力量。」

——阿德里安．瑞奇（Adrienne Riche），
《關於謊言、祕密與靜默的散文選》
（*On Lies, Secrets, and Silence: Selected Prose*）

「逆境之中綻放的花朵，最是稀有美麗。」

——《花木蘭》（*Mulan*）

前言

你六歲的時候，打扮成仙杜瑞拉參加舞會，穿著蓬蓬裙，戴上公主王冠。你可能會給小妹妹戴上絲緞長手套，因為時常穿脫，那手套已經起了毛邊。你抓起她套著粉紅光面緞料滑溜溜的手，滿場轉圈。舞步雖然對不上音樂節拍，滑動中卻透出了這一刻童年的歡樂。至少這是我為本書進行研究時，在家中看到的景象。

這是華特．迪士尼一九五〇年經典動畫中的一景。藍色長幕拉開，王子看到仙杜瑞拉，兩個人在月光下以華爾滋曼妙旋舞。我女兒也渴望擁有如此一舞，可能是伴著任何跟搖籃曲同樣熟悉的歌曲，電影場景儼然已成為她們童年DNA的一部分。

她們對於《仙履奇緣》（*Cinderella*）的熱愛，並非出自我的期待，我未曾如此設想。沒想到這部在我女兒出生五十年前創作的電影，竟然會如此吸引她們。也許因為我從來就不是迪士尼狂熱粉絲。直到我開始寫作本書之前，這些繁複裙裝、舉止纖細的迪士尼公主都讓我感到憂慮，懷疑是不是哪股厭女勢力把她們送進我的生活裡，試圖要把我女兒變成那種一心渴望男孩的女性。

公主幾乎不存在於我童年的生活。小時候，我爸和我會從八十六街跟百老匯大道交叉口上的曼哈頓公寓，直直走到西九十五街的塔莉亞戲院。每一步對我來說，都是純然喜悅。腳趾頭如此輕盈，彷彿飛過人行道。但我爸卻非如此。身為爵士樂長號手，他前一晚都工作到很晚，所以他走路的時候步伐不穩，處於半清醒的狀態。我用手拉著他，一邊催著：「走快點啦，爸爸。」戲院入口籠罩在周遭建築物的陰影下，門口遮簷上明顯可見戲院名字是塔莉亞（Thalia），全部小寫。我對希臘繆思女神一無所知，要等到多年後，從老師的說明裡，才知道希臘喜劇女神塔莉亞那種漫不經心的魅力。由於這個字是我名字的一部分，因此我覺得戲院也像是我的一部分。

一走進現代藝術風的拱門，立刻會感受到黑暗涼冷的空氣，像繭一樣把人包圍起來。我們從來不坐老舊建築內的前排座，而是直接走向後方。由於反拋物線的設計，導致劇院地板奇異下陷，我爸說後面的視野比較好。房間一暗下來，放映機歡快哼起工作曲，我可以感受到體內的興奮感逐漸上升。夏日時光，塔莉亞戲院會播映卡通馬拉松，連續好幾個小時播放華特・蘭茲（Walter Lantz）、烏布・伊沃克斯（Ub Iwerks）、泰克斯・艾佛瑞（Tex Avery）、查克・瓊斯（Chuck Jones）與佛瑞茲・佛里倫（Friz Freleng）的華納兄弟經典影片、米老鼠及糊塗交響樂

（Silly Symphony）短片。甚至是一九二〇年代的克斯菲力貓（Felix the Cat）黑白默片。

這些都是在我或我爸出生幾十年前問世的影片。然而年代對我來說並不重要，片中的幽默感跨越了時代隔閡。我只知道自己很愛兔寶寶（Bugs Bunny）、達飛鴨（Daffy Duck）、豬小弟（Porky Pig）。尤其我爸偶而會在我身邊睡著，螢幕上的威力狼（Wile E. Coyote）持續作怪，他的胸膛則悠緩地起伏。我小時候也許不愛公主，也不會跟著小美人魚愛麗兒、美女貝兒或寶嘉康蒂公主（Pocahontas）哼唱歌曲，但卡通仍舊是我生命中很重要的一部分。

我爸跟我通常都會留下來看片尾的創作群名單。這是他的驕傲時刻，不能匆匆略過。這也是向創作電影的藝術家簡單致敬的動作。早期的卡通片名單通常很簡短，我開心地看著螢幕上出現的名字，但很快發現一件事：男性。製作我熱愛的卡通的人，都是男性。我搜尋女性名字，然而卻遍尋不著。

許多年後我開始為寫作進行研究，一位受訪女性告訴我一九三〇及四〇年代時她曾工作過的地方。她說那個環境很刺激，那裡的藝術家不在乎錢或名聲，一心只想創作美好的事物——這個世界上從未見過的美好事物。她所說的地方，就是華特・迪士尼工作室（Walt Disney Studio）。在她這段振奮人心的時光的追憶中，我注意到一件奇怪的事：故事裡有很多女性。

當歷史學家追蹤女性在華特・迪士尼工作室的早期貢獻時，他們經常提到的是描圖上色部門的員工。這個由女性領導的部門將動畫師的草稿直接描摹到攝影鏡頭要拍攝的塑膠片，接著加上明亮色彩。這項工作需要天生的藝術技巧，但並非這個知名工作室中女性會扮演的唯一角色。二〇一三年進行訪談之前，我完全不知道女性負責製作了許多我深愛的迪士尼經典電影，她們的影響很大一部分都被世人所遺忘。

我想了解更多，因此開始研究多年來已推出的許多迪士尼傳記的其中一本。我熱切翻閱，等待那些最近才認識的名字出現在書頁上：比安卡、葛麗絲、希爾維亞、瑞塔及瑪莉。她們卻未出現。我轉而參考另一本傳記，裡面曾短暫提到兩位女性，但不僅未提及她們的貢獻，更糟的是，還用高人一等的語氣來描述。而那位曾在迪士尼工作室擔任藝術監督長達數十年的知名藝術家，只出現在介紹她先生的脈絡中——「他的妻子瑪莉」。她對迪士尼工作室貢獻之深，竟無隻字片語的紀錄。我持續追蹤這些藝術家，雖然有無數記錄華特・迪士尼崛起的官方歷史，跟他一起工作的這些女性的貢獻卻付之闕如。失望之餘，我開始尋找這些女性，急切想聽到這麼多傳記都未捕捉到的她們的第一手經驗。

二〇一五年，我擔心自己的研究開展得太遲了。雖然找到不少還記得自己過去的工作室精采生涯的藝術家，但我想找尋的多數女性都去世了。她們的經驗與成就也隨之湮沒了嗎？開始收起筆記本跟研究資料時，我想著當我們離開世界時，又有誰會記得我們？答案瞬間清晰了起來：若想知道關於這些女性的故事，那就得找到她們深愛的人。搜尋她們的家人朋友，有時候比我預期來得簡單，有時卻又相當有挑戰性。然而幾乎我所聯絡的人都樂意慷慨分享他們珍藏的回憶。透過電話或親自見面，加上信件、日記、情書與照片。我所記錄的歷史，只是曾在華特・迪士尼工作室工作過的一小部分女性。由於她們的記憶被保存下來，我才能夠仔細重建關於她們的敘事。最終，一則故事終於成形，那是遠比我所期待更加迷人而揪心的故事。

現在當女兒開心唱著〈這就是愛〉時，我能夠告訴她們，這首歌甜美的副歌與畫面中豐滿的影像是如何成形的，以及有多少女性藝術家，即便沒能列名在片中的創作者名單上，仍舊努力創造出她們熱愛的魔幻場景。這些經典電影的藝術性持續鮮活了幾十年，也將代代相傳；然而創造出電影的女性們的故事、她們深刻的掙扎，現在才即將揭曉。

時間表

1935
比安卡・馬喬利進入工作室

1936
葛麗絲・杭亭頓進入工作室

1937
《白雪公主與七矮人》

1938
希爾維亞・莫伯利一
荷蘭德進入工作室
瑞塔・史考特進入工作室

1940
《木偶奇遇記》、《幻想曲》、
瑪莉・布萊爾進入工作室

1941
《小飛象》

1942
《小鹿斑比》、《你好！朋友》

1944
《三騎士》

1950
《仙履奇緣》

1951
《愛麗絲夢遊仙境》

1953
《小飛俠》

1955
《小姐與流氓》

1959
《睡美人》

1961
《一〇一忠狗》

1977
《小熊維尼歷險記》

1989
《小美人魚》

1991
《美女與野獸》

1994
《獅子王》

1995
《風中奇緣》

1998
《花木蘭》

2013
《冰雪奇緣》

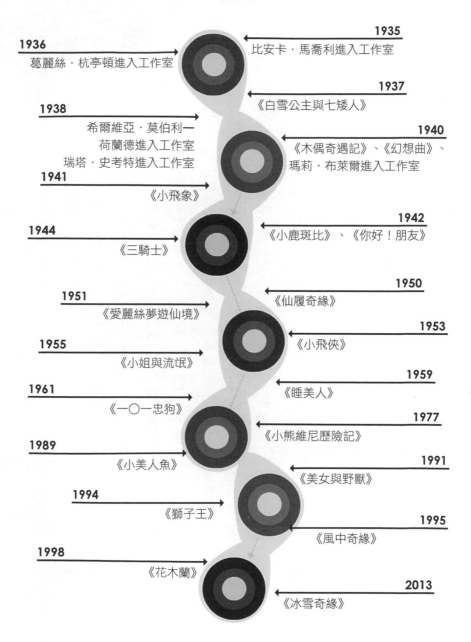

葛麗絲・杭亭頓
（Grace Huntington）

比安卡・馬喬利
（Bianca Majolie）

瑞塔・史考特
（Retta Scott）

希爾維亞・荷蘭德
（Sylvia Holland）

瑪莉・布萊爾
（Mary Blaire）

第一章
我們年輕的時候

比安卡．馬喬利站在房間前方，臉上毫無血色，她的手心開始出汗，感到自己的心臟狂跳不已。比安卡深吸一口氣，張嘴開始講話，卻發不出聲音。她的嘴巴乾燥緊繃，彷彿消失無蹤的口水已經躲到胃裡去了。那是一九三七年一月二十五日，比安卡希望自己也能躲起來。當時她已經進入迪士尼工作室兩年，最害怕的事情，莫過於故事創作部門會議——所有創作者都得當著眾人的面推銷自己的想法。她並不缺乏才能。比安卡的人物與生動劇情注定就是要躍上大銀幕的。問題也不在於她的個性。必要時，輕聲細語的比安卡也會用宏大聲量捍衛自己的作品。歸根究柢，在這個男人得以出頭的世界，她生而為女性。

她盡可能不去參加會議，藉口從無聊的裝病，到車禍的驚奇故事都有——車窗碎片散落於高速公路上，還飄出橡膠燃燒的氣味。這些不在場證明多數並不需要；除了提案人外，其他人並沒有參與會議的義務。輪到她向部門分享自己的想法時，她搞得像要去寒冷太平洋中游泳一樣：不如早死早超生，一頭跳進海浪裡，讓冷水麻痺自己的身體。

然而一月的這一天，會議室卻感覺比北極還凍。每個人都知道《白雪公主》是華特的心肝寶貝，而不知天高地厚的編劇竟然建議修改其中一景；即便有此必要，肯定也會招來眾怒。比安卡靜靜站在那邊，她聽到窗外傳來輕笑聲。有一剎那，她想像自己是窗戶另一邊的女性之一，在草地上既愜意又無憂無慮。**我可以跟她們一樣**，她心想。**只要離開這裡就好了**。

在華特．迪士尼工作室裡，單純有個想法或只寫幾句對白是不夠的。在故事創作部門裡，你得當著同事的面把它演出來。比安卡雖然恨透了在會議中演出自己的點子，卻也喜歡看其他編劇演出他們的故事。迪克．倫迪（Dick Lundy）可以假裝唐老鴨過街，完美模仿那種聲音，直到在她椅子前滑倒，身體扭得跟三個臭皮匠（Three Stooges）一樣，才改用米妮的假音傻笑地說：「嘻嘻，唐老鴨，旅程順利吧？」整個會議室瞬間爆出一陣大笑，比安卡也笑到眼淚流了下來。有時候他們會換上戲服；某一次，男人們畫上腮紅、唇膏，演出一段精采的康康舞，這群人一邊大抬膝窩突出的大腿，一邊引吭高歌。部門的氣氛可以很喧鬧，充滿純粹的愉悅跟幼稚的鬧劇。這讓比安卡以身為其中一分子為榮。

但有時候也很可怕。當他們覺得點子沒有發展前景時，男人會飆罵髒話，還對報告者丟紙團。在那種時刻，比安卡可以感覺得到同事的敵意，會議室成了不幸者的壓力鍋，他或她的唯一罪行就是分享自己的作品。很多時候，那些足以打擊最有才華的編劇自信心的醜陋回應，感覺上都是衝著她來的。在那些時刻，比安卡希望自己能有特殊能力，可以讓同事別注意到她的缺點。如果她是個大美人，能唱會跳，或比較簡單的，模仿得來米老鼠的快活笑聲也行。有時候，她最想要的是變成男人，即便只是每週故事創作部門會議的那幾小時改變性別也好。

此時站在同事面前發抖的比安卡正是這麼想的。最後她決定讓自己看起來自信一點，於是深吸一口氣，把天生的羞澀撇到一邊。她將自己的故事板（將畫作按照順序釘好的軟木塞板）放在面對眾人的畫架上。她的草圖展現出舞動的花朵與動物。不滿的聲音幾乎立刻湧現，比安卡發現自己得大叫，試著讓自己的想法被聽見，但她輕柔的聲音卻被掩蓋了。一陣混亂中，華特・迪士尼靜靜走到畫架前，從軟木塞板上扯下比安卡的草圖，導致圖釘四散。他幾乎是不發一語，就把紙撕成兩半。比安卡的畫作殘骸落到地板上時，整個會議室安靜了下來；紙堆中露出一朵微笑的花。

這一刻代表比安卡最深的恐懼成真。就像白雪公主狂亂跑過森林，逃避獵人追殺那樣，她也立刻逃出會議室。她聽到一群人追在身後，還一邊繼續嘲諷她，沉重的腳步聲愈來愈響。她從來沒這麼感謝自己能有自己的私人辦公室。她衝進辦公室，上了鎖，兩掌蓋住臉，讓一直隱忍的難堪受辱淚水流下。才剛能喘口氣，她就聽到門外的咆哮——同事不斷敲門。其中一位：

「大洛伊」・威廉斯（"Big Roy" Williams）是以易怒聞名的煽動分子，他的聲音突然高過眾人，大聲咆哮：「這樣不行！」吵鬧聲突然間愈發怒意高漲。比安卡縮在角落，心臟狂跳，焦慮的呼吸頻率愈來愈急促。她覺得好無助。不只是作品被尊敬且支持她的華特駁回了，她還知道整個團隊想要徹底羞辱她。她的淚水讓他們的殘酷更加火上澆油。

此時，木門框開始變形，夾板跟釘子擋不住另一邊許多男人的壓力。轟然一聲巨響下，木頭裂開，門再也撐不住了，一群男人闖進比安卡的藏身之地。她將頭埋在臂彎裡，蓋著耳朵，試圖將他們的叫囂擋在外頭。然而這毫不管用。她該像個男人一樣起身面對。「這就是我們不該用女人的原因，」華特說起這件事時表示，「她們禁不起一點小小批評。」

比安卡初次遇見華特・伊萊亞斯・迪士尼（Walter Elias Disney）的時候，還是個膽怯的十七歲少女。他們都就讀伊利諾州芝加哥的麥金利高中。當她看到華特穿著美國紅十字會急救服務的褐色工作服時，她害羞地將自己的畢業紀念冊遞給他。當時華特十六歲，卻假裝已經滿十七歲，好讓自己能上戰場。他甚至在紅十字會申請書上捏造出生日期。他急切希望像三個哥哥一樣，休假時穿著帥氣的海軍制服，水手帽快活地斜戴在頭上返鄉。（然而，他卻發現自己在一次世界大戰的末尾開著救護車穿梭於歐洲，偶而也在車輛的帆布篷上順手塗鴉。）高中的那一天，他在比安卡的紀念冊上畫下漫畫，笑了笑便走開了。當時對兩人來說都不算什麼，相遇雖短暫，互動的記憶卻留存下來，還將牽動兩人的未來。

比安卡是一九〇〇年九月十三日在羅馬出生的，出生時名字是比安卡・馬喬利（Bianca Maggioli）。一九一四年，她家移民到芝加哥。高中法文老師很快將她的姓名美國化，改成布蘭琪・馬喬利（Blanche Majolie）。然而，她從來不覺得自己是布蘭琪，那是陌生人的名字。事實上也是華特在二十年後堅持她應該跟這個名字撇清關係。

比安卡在芝加哥藝術學院學習構圖、人體結構與繪畫，接著又搬到紐約，繼續進修素描與雕塑。在那之後，她在歐洲各地接時尚設計的委託案。她在羅馬與巴黎生活過，然而時尚界光鮮亮麗的生活卻讓她付不起帳單。因此一九二九年，失望且有些寂寞的比安卡搬回了紐約，成為傑西潘尼百貨公司（J.C. Penney）型錄的美術指導與平面設計師。

第一個夏季，比安卡搭乘路面電車時，那熱度令人難以呼吸；紐約的路面電車將曼哈頓島切成四四方方的街區，就像切割方形蛋糕一樣。頂著鮑勃短髮、身穿連身短洋裝的她有年輕而時髦的女性那種典型樣子，也跟百貨公司辦公室裡具備時尚感的新朋友相當契合。然而就像其他所有人一樣，對於國家將面對的命運，比安卡也毫無準備。

一九二九年十月二十九日，她坐在自己的辦公桌後為潘尼百貨型錄描繪女士的低腰洋裝。

她聽到一位女性尖叫：「股票市場崩盤了！大家都上街了！」比安卡衝到可俯視第六大道與五十二街的窗邊，然而下方並沒有任何不尋常的景象，只有那個時間點會出現的尋常車輛與人群。「不在這兒！」一名女性同事說，「所有男人都跑去華爾街了，他們試著要把錢領回來。」比安卡環顧四周，發現自己工作場域中都是女性。過去一週，每個人嘴邊都掛著股市即將崩盤的消息。緊繃氣氛搞得比安卡自己也緊張兮兮，即便她並沒有買股票，也難以想像芝加哥的老家會被將近八百英里外的事件影響。幾天前，一位男同事才跟她說事情會有轉機，那些銀行家對於市場復甦相當樂觀，讓她心頭略定。然而，即便對金融體系僅有一知半解，她也看得出，在後來被稱為黑色星期二的這一天，一切再也不一樣了。

這場世界前所未見的巨大金融危機中，一小群企業家卻能爬出泥淖，找到成功之道。一九二九年，這些人之中有一位就是比安卡的老同學華特．迪士尼。前一年，就在八分鐘的卡通《蒸汽船威利號》（*Steamboat Willie*）裡，米老鼠颳起一陣旋風。這是第一部聲音與動作同步的米老鼠動畫短片。一方面，以音樂及聲響效果搭配手繪老鼠的冒險，看起來可能相當笨拙；但華特有種結合音軌與故事的天生本領。隨著米奇與米妮搖動山羊尾巴、拉扯還在喝奶的小豬尾巴、敲打母牛牙齒，角色發出時間同步的聲響，以觀眾前所未見的方式讓場景栩栩如生了起來。

這部卡通讓湯瑪士・愛迪生（Thomas Edison）的美夢成真。一八〇〇年代末期，愛迪生曾經想要結合留聲機的聲音與攝影機捕捉到的影片，然而當時技術尚未到位。生命終期，隨著對講機到來，他終於看到開花結果，但對於結果並不如外界預期的那麼興奮。「我不認為會說話的影片在美國會成功。」一九二七年，愛迪生對《每日電影報》（*Film Daily*）表示：「美國人比較喜歡默片。」默片雖然持續主宰票房，電影的世界卻已經站在巨大變革的前沿了。

轉變始於麥克風的出現。在麥克風出現之前，十九世紀末音波所能傳播的距離取決於個人大喊或器具能傳送的距離。這種音波的能量消散得很快。然而運用磁場的麥克風能夠接收聲音創造的能量，轉變成更強大的形式：電流。因此這種能量非但沒有消失，更可讓人永久記錄、保存下來。到了一九二〇年代，記錄這股能量的創新科技將聲音記錄在膠片中。麥克風創造的電流可以透過放大機強化，接著穿過一個光匣；匣內有一塊位於放映光源與膠片之間的薄金屬片。當電流根據原始聲響的節奏與聲量導致匣體震動時，會透過開口導致光線偏折，由此將聲音轉成光。這些光被攝入影片膠卷的窄緣，讓轉瞬即逝的聲音恆久保留下來。當華特・迪士尼以假聲高音為米老鼠配音時，他在紐約市一間錄音室對著美國無線電公司的RCA 77型麥克風錄音，那聲音被轉成了膠片上彎彎曲曲的線條。

華特在協調自己聲音跟搗蛋老鼠的動作上相當順利，但為《蒸汽船威利號》配樂的十六人管弦樂團卻跟不上動畫的速度。為了替華特解決問題，聲音工程師發展出節拍音軌，該技術能讓聲音效果與影片同步。他在影片邊緣直接打了小洞，做出很小的彈跳球。球會隨著卡通的節奏彈跳，作為指揮的節拍器，好讓樂團與影片內容同步。用手打出數千小洞並非易事，穿孔卻能確保音樂與畫面盡可能同步。這項技術後來稱為「米老鼠式配樂」（Mickey-Mousing）。

在《蒸汽船威利號》的製作上運用鮑爾斯電影音效系統（Powers Cinephone）公司研發出來的聲響技術，花光了華特所有積蓄及其他資源。為了這部電影所需的四千九百八十六點六九美金，華特必須抵押工作室及住家貸款，還得賣掉一九二六年出廠的月亮敞篷車（Moon Roadster）。然而這次豪賭大有斬獲——到了一九二九年底，華特每週收入五百美金，並且正式成立華特．迪士尼製作公司。

米老鼠的成功大半因為這個角色為無望時代帶來一絲樂觀訊息。一九三五年三月十日，《紐約時報》雜誌刊載一篇名為〈經濟學家米老鼠的崛起〉的文章。作者羅賓斯（L.H. Robbins）宣稱：「我們發出新的歡呼聲以歌頌大商人米奇——世界級超級推銷員。他為失業勞工找到出路，讓公司行號免於破產。無論走到哪兒，不管是本地或海外，繁榮的陽光穿雲而出。」

一九三四年二月傍晚，比安卡沿著第七大道走著，低垂的冬陽照亮街道，曼哈頓建築物只餘暗影中的輪廓。即便過去五年比安卡自覺相當幸運——特別是想到多少人未必能有穩定收入——她仍對自己的事業與生活感到不滿。當晚本來要跟朋友見面的她卻突然想要獨處，她選了一間電影院，坐下來看著新聞片段。

新聞結束、卡通開始播放時，人們在座位間進進出出。當時比安卡根本沒留意自己在看什麼，直到她聽到一陣笑聲。她驚覺已經有好一陣子沒聽到觀眾笑得這麼開心——當天的新聞肯定沒什麼值得開懷之處。接著她看到銀幕上出現一個熟悉的名字：華特・迪士尼喜劇。她當然早就知道華特的成就，然而坐在黑暗的電影院裡，他的作品令她驚嘆不已。傾慕與嫉妒湧上心頭，她突然也想將自己的漫畫角色帶進這個世界。比安卡想像在銀幕上也能看到自己的作品、受到萬人景仰，那是何等光景。回家後，她開始畫起漫畫，主角是個名叫史黛拉、一直在找工作的年輕女孩。在大蕭條影響下（這似乎是現實或幻想中都跳脫不出的主題），史黛拉的覓職之旅總是不順。比安卡將對話印在對話框中，大肆嘲諷史黛拉的處境。藏在作品幽默訊息底下的，是史黛拉身處困境的主軸，而那也呼應著比安卡自身的需求：在分崩離析的世界中找到依歸。

一九三四年四月一日，比安卡寄信給華特・迪士尼，邀請他在紐約相見。她談到自己的漫畫，並開玩笑說：「我只有五英尺高，不會咬人。」雖然她懷疑華特是否還記得她，也不確定自己究竟期望從他那裡獲得什麼指引，卻難以自抑地算起可能收到回信的日期。這封信花了十天抵達好萊塢，三天後華特才下筆回信。確實是值得期待的回應，這終將改變她的人生。

信中帶有他一貫的輕快風格，華特表示有些惋惜比安卡不會咬人，並歡迎她將漫畫寄過去，看看他能幫上什麼忙。

自此兩人展開通信，華特溫暖慷慨的個性讓她感動，雖然對比安卡漫畫的協助並未有進一步發展。一九三五年新年這一天，她下定決心要離開潘尼百貨。她想再度成為一名藝術家，重新發掘那個年輕樂觀的自己。為了激發創意，她計畫前往中國、韓國與日本，因此存下資金，而每一塊錢都代表著自由。然而到了二月，她卻把計畫擺到一邊，改去了洛杉磯。她在華特數一數二喜歡的地方跟他見面。塔姆．歐山塔餐廳（Tam O'Shanter）位於好萊塢外圍一棟都鐸風建築裡，高聳屋頂、鐵製水晶燈及石砌火爐讓這裡看起來更像電影場景，而非一間餐廳。

在這個氣氛頗佳的地點，華特開始聊起白雪公主的故事。他生動描述邪惡皇后、忠心小矮人，以及英俊的王子。童話故事聽起來相當熟悉，至少在半遭遺忘的童年記憶中還有些模糊印象，但他的敘事方式卻相當新穎。華特熱愛講述白雪公主的故事，他會對任何願意聽的人重複講這個故事。然而很快地，他將談話拉回比安卡跨越整個國家來到此地的目的：她的藝術事業。

比安卡小心翼翼將自己作品集放在桌上，裡頭有整理妥善的草圖與故事點子。因為打算要呈現給華特看，她重新排列了這些作品無數次。其實她並不需要擔心——當他打開超大檔案夾時，立刻就被比安卡的才能給吸引了。淡彩花朵在精緻線條的描繪下，跟他工作室裡的作品截然不同。她從來沒學過畫卡通，也沒想過製作動畫，但她的故事點子卻十分驚人。華特的創作者雖然全是男性，但他對比安卡的技巧深具信心，因此邀請她進故事創作部門當六個月學徒。

比安卡遲疑了。當時她並不期待這麼快改變自己的生活，雖然這是她極為渴望的：為了熱情而工作，不只為了錢，並且能看到努力工作的成果反映在觀眾的笑臉上。她請華特讓她想一想。隔天是西洋情人節，她決定不等了。她用一種輕快的口吻回信，也提到兩人之間的玩笑：「你就跟我想的一樣，甚至比想像中還更好。最棒的是你完全沒變，除了會讓人嚇一跳的抬眉表情，不過那也只是逗樂我而已。」她接受華特的邀請，並說她會盡快開始工作。

他們的通信顯露出一段相互尊重、輕鬆的友誼，而非浪漫關係。一九二五年，華特跟曾是描圖上色部門的員工莉莉安·邦茲（Lillian Bounds）結婚。在她的信中，比安卡恭喜他找到伴侶，並自嘲是三十五歲的老姑娘。她對婚姻沒有興趣，只想要工作帶來的自由，而華特認為她的獨立是一種資產。

比安卡缺乏在娛樂產業工作的經驗，進入華特·迪士尼工作室之前，她對好萊塢製作公司內部的工作情況只有粗淺認識。看到描圖上色部門有滿滿的女性——約上百人伏在案前的場面讓她吃驚。她們多數年紀都在二十五歲以下。動畫師描繪電影場景的圖稿後，每一秒的影片需要二十到三十張圖，因此描圖上色部門的女性就會在透明賽璐珞片上，用印度墨描線。墨水乾了之後，再翻到透明片背面。她們運用各種想像得到的色調，在線條內部上色。在工作室裡，描圖上色部門的女性都很專注；但休息時，一兩層樓建築構成的小園區外，她們經常三兩成群坐在棕櫚樹下，或分散在草地上。對比安卡來說，她們看起來年輕而無憂無慮。她所工作的故事創作部門氛圍卻截然不同。她明確感受到部門同事一直想要挑出她的弱點。

故事創作部門位於好萊塢亥伯龍大道（Hyperion Avenue）上一棟有點年代的L型建築裡，辦公室內部空間很擁擠。在她獲得個人辦公室之前（資深地位的象徵），比安卡就塞在喬瑟夫・洛伊・威廉斯（也就是「大洛伊」）及華特・凱利（Walter Kelly）的旁邊。這兩個性格強烈的男人喜歡逗弄新來的女同事。在她試圖專注描繪圖稿時，他們就在她眼前丟接橄欖球。雖然三人的職責類似，比安卡的薪水卻比男性同事低很多。她的起薪是每週十八美元，周圍多數男性每週卻能領到七十五到八十五美元；有些人甚至更高。一九三二年加入迪士尼的年輕動畫師亞特・巴比特（Art Babbit）每週抱回家的薪水高達兩百八十八美元。

一度，巴比特會在他的單身男子公寓裡辦畫會，他找來女性裸體模特兒，給迪士尼的動畫師素描。華特發現後，就堅持要他們將這個私下舉行的活動搬到工作室裡，也開啟了後來的悠久傳統：迪士尼寫生課。比安卡喜歡這些課程，這讓她想起以前在芝加哥藝術學校的歲月。當她畫下模特兒的優美裸體時，心中也提醒自己，這個產業的核心就是用紙筆作畫。

比安卡是在工作室歷史上的光輝年代加入的。一九三六年二月，經過無數拖延，迪士尼的動畫師終於開始著手進行首部長篇動畫電影：《白雪公主》。這部電影在一九三四年二月某個工作日將結束時，闖進了他們的生活。華特在所有最信任的工作人員即將返家之際，攔下他們的腳步，給了每人五十美分去買晚餐，要他們盡快回來。當藝術家與動畫師一群人在七點三十分返回工作室後，他們發現攝影棚一片闃黑，只剩一盞聚光燈亮著。大家不明所以，緊張地坐下，猜想這一次老闆又想變什麼花樣。華特走上舞台，不只說出白雪公主的故事，還演了起來。在眾人面前扮演公主歡快騰躍時，他的聲音像孩子般尖銳；接著模仿女巫邪惡怪笑時，聲音又低又沉。演到最後，觀眾全入迷了。他們看見了未來，而那就是這位少女公主的故事。

華特的表演成了工作室的傳奇。往後幾十年，當晚在場的動畫師會回憶起那一夜——他是怎麼以《白雪公主》的故事擄獲了眾人的心。比安卡在那神奇的一夜之後才加入工作室，但在塔姆．歐山塔餐廳會面當下，她也被華特的故事給迷住了。她加入工作室時，正是這部電影的製作要如火如荼展開之際。

然而比起電影初成形的浪漫背景，影片製作的日常工作卻沒這麼美麗。故事創作部門的會議冗長又緊繃，腳本的每個細節都要經過辯論和修改。光是某一景的提案：青蛙跳進一雙鞋子裡，追逐小矮人糊塗蛋（Dopey）的情節，在歷經三個星期五次冗長會議後，最終還是被剪掉了。比安卡參與的某些腳本修改，是涉及重大概念轉變的決定，例如華特想為包圍白雪公主的森林賦予生命。狂亂恐懼的公主在森林中逃竄時，樹枝會變成手抓住女孩。風也會推著她到處跑，創造出自然世界也不友善的恐懼感。另外有些時候，創作者則會爭論一些極小的細節，例如，針對糊塗蛋跑下樓梯的精確動作，他們一再討論個沒完。

當團隊開始《白雪公主》的製作工作時，比安卡學會了名為「故事板」（storyboarding）的新技術。故事創作部門的主管泰德・希爾斯（Ted Sears）幫忙發明了這種技術。大致來說，比安卡滿喜歡泰德，他從一九三一年開始擔任主管職，是工作室裡最傑出的笑點編寫高手之一，非常擅長寫笑話、描繪喜劇片段，雖然他畫不出來。然而在比安卡的敬佩之情下，也有恐懼。泰德的批評常常不留情面，即使在會議的眾聲喧嘩裡，她還是能聽見他的高聲挖苦。

某一場就白雪公主該穿什麼衣服而辯論的會議裡，泰德的聲音拉高到了極致；但這不過是討論白雪公主衣著的二十五場工作會議之一。這些會議經常在晚間七點左右舉行，通常房間裡會擠滿創作者與動畫師。每個人爭相提出點子，華特則靜靜坐在一旁。動畫師麥隆・「冷酷」．納特威克（Myron "Grim" Natwick）將幾張公主的草圖釘在軟木板上。在他筆下，公主有黑色長睫毛，拉起裙襬會露出優美的小腿曲線，深紅雙唇嘟起。從一開始，華特就說他將白雪公主想像成純潔的孩子，因此看到她被描繪成性感世故的女性，這很刺眼。其他同事對公主的挑逗姿態吼叫個沒完，直到納特威克將草圖取下才罷休。最後，他們決定其中一套衣服要是農民穿的裙裝，裙角可以看見修補痕跡，再配上簡單的棕色木鞋。透過簡樸服裝與端莊態度，他們讓白雪公主有了健康的形象。

跟當時代其他卡通工作室一樣，在華特．迪士尼工作室裡，創作者發展故事想法的同時，也會跟動畫師密切合作創作初期草圖。包含比安卡在內，許多創作者認為在發展人物場景的初期圖稿時，有藝術背景是必要條件。一旦故事開始有些樣子了，創作者跟動畫師就會產出成堆的草圖，以捕捉對於這部影片的各種想法，裡面自然有好有壞。光是紙量就讓泰德不悅；這麼多草圖漫天飛舞，讓人很難評估動作流向。因此一九三三年創作《三隻小豬》（*Three Little Pigs*）動畫短片的時候，泰德就對不上主角跟發展出來的性格。故事創作者之一的韋伯．史密斯（Webb Smith）抓了一把圖釘，開始將場景跟對話依序釘在牆上。他釘完後，大家就能看到整齣卡通的進程。如此一來，要移動場景、決定哪些得刪、哪些得增加，就容易多了。在《白雪公主》的製作過程中，故事板成為重要關鍵，因為藝術家得面對數千幅草圖。

比安卡喜歡故事板的組織方式；她花了大把時間在重組場景上。這個過程中，故事創作部門的環境雖然緊繃，卻仍不乏友善的氣氛。這些男人們長時間膩在一起，比安卡的到來，就像悶熱盛夏末尾的一場暴風雨，打破潮濕，讓大氣變得清淨澄澈。雖然玩笑話跟打鬧常奪走會議的焦點，但比安卡的作品新穎，混和著感性與趣味，故事線很能反映出人際關係的複雜性。

她的初期作品之一是一九三六年三月上映的短片《小象艾默》（*Elmer Elephant*）。在這部卡通裡，一頭小象一直被其他幼獸調侃嘲笑，到後來牠運用自己的鼻子救了大家，也獲得認可，才終於苦盡甘來。當比安卡寫下腳本，畫出艾默圓滾滾又討喜的耳朵跟臉時，心中想的是自己要融入工作室男性為主的環境的困難。她希望跟艾默一樣找到歡喜結局——她的藝術才能可以發揮象鼻那樣的效果。

當比安卡試圖融入男性主導的動畫世界時，工作室卻拒絕其他女性加入她的行列。華特．迪士尼工作室寄給所有女性求職者的標準拒絕信如下：「女性無法從事任何跟製作卡通相關的創意工作。這項任務全部由年輕男性擔任。」信件會繼續說明工作室描圖上色部門裡女性可從事的工作，然而也警告她們，對這項次要職位也別抱太大希望。信中寫道：「並不建議女性前往好萊塢……相對於申請的女性人數，開出的職缺確實很少。」

幸運的是，其中一封拒絕函並未抵達洛杉磯羅倫大道四一九號。這棟堂皇的白色殖民時代建築門前寬闊的車道兩旁是垂下的橡樹。建築外觀散發著富貴氣息，內裡卻透露出崩解中的家族財力。杭亭頓家一度相當富有，然而就像多數美國人，在一九二九年的股市崩盤中失去積蓄，連支付帳款都很勉強。哈爾伍德・杭亭頓有三個孩子：查爾斯、海莉葉與葛麗絲。一九三六年，葛麗絲・杭亭頓才二十三歲，她沉浸在自己的夢想中。葛麗絲熱愛飛機，渴望體驗飛行的刺激。她也夢想著找到一份能發揮自己寫作和繪畫才能的工作，也許這樣就能賺夠錢，買下自己的飛機，或者至少讓她上飛行課程。不過她的父母親卻只想著把她嫁掉。

白天，葛麗絲依照父母的指示出入社交場合，晚間則用來寫作。葛麗絲會跑去威士塔戲院（Vista Theater）看卡通跟早期電影，回家路上喝杯咖啡。憑藉年輕人的活力，她會寫作寫到早上七點，筆記本裡充滿了她的故事。她的目標是進入離她家僅有五英里遠的華特・迪士尼工作室。

雖然感覺自己的故事還未臻完美，但靠自己編輯已經難以進步，因此葛麗絲決定要投稿。透過一位朋友，她把自己的故事送到泰德・希爾斯面前，他就是那位讓比安卡既恐懼又傾慕的人。當葛麗絲收到有面試機會的通知時，她覺得自己就像最喜歡的故事：巴利（J.M. Barrie）所寫的《彼得潘與溫蒂》（*Perter and Wendy*）中的溫蒂・達令一樣，輕盈飛躍整個倫敦。天真的葛麗絲認為自己為迪士尼工作的夢想很快就要實現了，卻不知她希望進入的部門更像個祕密社團，而不是一間公司。當希爾斯推薦葛麗絲的時候，故事創作部門是華特王冠上的珍寶，除非他親自邀請，沒人能進入這個部門。

因此隔了一週，葛麗絲會見華特時，雖然面試長達一個半小時，每分鐘都有如飛逝。他們最後終於討論了她的故事，談到她對材料的不同看法。很快地，華特說出她心中一直害怕聽到的話。「你知道我不喜歡在故事創作部門用女性員工，」他開口，「首先，訓練創作故事的人得花好幾年。若這個人是女性，她有很高的機會會結婚，讓工作室陷入困境。所有在她身上投入的訓練經費就統統白花了，沒有任何成果。」

想到她所認識的所有已婚女性，葛麗絲只能點頭。她的母親、朋友、鄰居全都是家庭主婦。沒人同時兼顧丈夫與事業。理解到這一點，憤恨讓她的臉漲紅，突然覺得自己一定要拿到這份工作——她找的第一份工作。正如華特所說，這也可能是她唯一的工作機會。

華特解釋的時候，似乎也發現了她的無奈，便放軟了聲線。倘若這個女孩會寫，也許婚後還是可以在家中工作，那就能持續貢獻她的點子。對華特來說，這些不是空話。他很快就會證明自己所言不假。

但對葛麗絲來說，還有另一道需要跨越的關卡。她也許是第二位加入專屬俱樂部的女性成員，但這不表示部門裡的男性沙文氣氛會有所改變。「對女性來說，要融入這份工作並不容易。」華特說，「男人不會喜歡妳。他們愛講髒話，這是紓壓的方式。他們要放鬆，才想得出好笑點，因此你不能干涉這種放鬆方式。如果你容易被嚇到或受傷，就會很難共事。」

華特說這些話時，也仔細觀察她的臉，等著看她睜大眼睛的反應。這一刻是個測試，華特以此判斷她在工作場合裡會有多大的韌性，因為這個地方會在發揮創意的愉悅跟令人厭惡的吼叫之間擺盪。但華特不了解的是，這些話在葛麗絲耳裡聽起來就像音樂一般。她的少女歲月大多都受到性別框限，令她心生厭煩。每當她想做的事被認為不夠淑女，或被說是女性辦不到的事時，葛麗絲就希望自己是男兒身。現在華特・迪士尼本人要提供她一頭鑽進男人世界的機會，從中她也能將所有對女性的限制拋諸腦後，這工作看起來就是她拘謹人生的完美解方。

一個星期後，她進入故事創作部門，感覺每雙眼睛都盯著她看。她一輩子從未吸引過這麼多注意力；男人投來好奇而謹慎的眼光，讓她覺得自己像外星人。她壓下自己的焦慮。**愛看隨他們看**，她心想。她已經決定：無論發生何事，不管誰做了或說了什麼，她都要保住這份工作。比安卡跟新進同事的目光越過房間交會，她露出微笑，希望自己能適當警告她在這裡可能碰上的情況。不幸的是，她從個人經驗得知，沒人能幫你面對第一次參加華特・迪士尼工作室故事創作會議上的可怕場面。

第二章

一邊工作，一邊吹口哨

她桌子底下有頭豬。葛麗絲難以置信地看著這頭活生生的家畜。那骯髒的粉紅鼻子塞進一堆報紙裡，旁邊的垃圾桶朝天翻倒。她環顧辦公室，試圖找出這頭動物出現在此的解釋，然而辦公室看起來並無絲毫不對勁的地方。故事創作部門的男人坐在自己的桌前，看似對這頭農家來的入侵者毫不在意。葛麗絲手插在腰上，對著辦公室大喊：「哈囉？這是怎麼回事？有頭豬在我的桌子底下。」

男人們轉頭看她，一開始面無表情，緊接著是安靜的辦公室一陣哄堂大笑。她周圍的故事創作者跟動畫師都在大笑和瘋狂鼓掌，彷彿他們剛看了一場明星雲集的演出。葛麗絲驚訝環顧四周，擠出緊張的微笑，試著假裝自己不介意成為笑話的主角。**這一定就是華特說的情形，我不可以太敏感**，她盯著棕色的豬眼這樣想，笑容凝結在她臉上。

葛麗絲努力融入亥伯龍大道二七一九號的工作室。這一區被稱為「銀湖」（Silver Lake），就在好萊塢的東邊。從外面觀察，華特・迪士尼工作室看起來很舒適，毫無威脅感。一小群紅瓦屋頂的白色灰泥建築外有刷白磚牆環繞。主建築頂上掛有一面精神飽滿的手寫招牌：華特・迪士尼工作室／米老鼠及糊塗交響樂有聲卡通。一隻卡通米老鼠站在頂端，舉手擺出歡迎狀。即便米老鼠如此知名，「老鼠工作室」仍舊令當地居民感到困惑，一些好心的鄰居還將不少流浪貓丟進圍牆裡。比起葛麗絲的第一印象，這些小貓發現新家相當舒適。白天在草地上睡覺時，不乏工作室員工來寵溺這些貓；華特本人也會彎腰拍拍牠們。

「貓口」不是工作室唯一成長的項目。一九三六年，公司在《大眾機械》（*Popular Mechanics*）雜誌上刊登廣告，以粗黑體刊出「華特・迪士尼徵藝術家」；接著是「米老鼠及糊塗交響樂的創作者華特・迪士尼為受過訓練的男性藝術家提供絕佳機會。欲知細節請來信並說明您的年紀與職業。」

這則廣告並非新登的，過去五年公司也登過類似廣告，然而這次選擇刊在知名雜誌，立刻引來大量的年輕男性求職者，所有人都跟葛麗絲同時開始工作。想在動畫產業開拓事業少不了一段篳路藍縷。表面上工作氣氛歡快，但競爭都是流血割喉式的。動畫師快速獲聘成為學徒，在稱為「附屬建築」的後棟中飽受折磨。新進人員都知道多數人撐不過幾個月時間。若想留下來，就得證明自己的能力，速度還得快。雖然穩定產出畫作的能力是這份工作必備的條件之一，但創造角色的藝術技巧，才是真正核心。一位動畫師能否為畫作帶來生命力，是決定他能否在工作室留下來的關鍵。在這樣的壓力下，附屬建築內的氣氛更顯劍拔弩張，即便已經擁有永久職的人也不例外。惡作劇成了釋放壓力的方式，年輕工作人員更是不手軟。即便他們在故事創作會議上折磨彼此，長時間相處仍在彼此間形成一種倉促造就的親密感。華特跟他的故事創作群雖會舉行小型會議，但動畫與故事創作部門的成員也會有大型的故事創作會議。

葛麗絲的第一次故事創作會議，就像比安卡所擔心的那樣讓人痛苦難過。當葛麗絲前往例會舉行的攝影棚時，一名保全擋住她的去路。

「抱歉，女士。這是故事創作會議，禁止進入。」

「我是這裡的故事創作者，我應該要參加這些會議。」葛麗絲一頭霧水地解釋。

「女性不能參加故事創作會議，只限男性。」保全生硬地說，然後轉頭。

「不是這樣的，你搞錯了。我是新進人員，我應該進去。」她指向那道門，「何況故事創作部門還有另一位女性！」

「沒有，所有女性都在描圖上色部門，」保全指向雜草叢生的空地對面的建築，「這裡沒有女性。我不能讓妳進去。」

葛麗絲感到一股怒氣上升，卻仍努力保持聲音平靜。「我現在就要進去。會議開始了，我是會議的一分子。」她邁著沉重步伐經過保全，對方被她的大膽嚇到，因此未能出手阻攔。

這場衝突讓她雙頰漲紅，她穿過兩扇大門，走過廊道。雖然進門時遭到阻撓，她到的時間尚早，房間裡已經有五十名男性。當她找位子坐時，男人開始鬼叫吹口哨，試圖引起她的注意，彷彿她是個身材曼妙的女性，正經過一群特別粗魯的高中男生面前。口哨讓她不舒服，也讓她感到不安，甚至比門外那位保全產生更強大、不可見的一道隔離障礙。葛麗絲無視他們緊抿或大張的雙唇，在一排空位中找到位子坐下，即便房間持續湧進更多故事創作者跟動畫師，她的肌肉仍舊緊繃。她等待另一位女性前來參加會議，這樣她就能指出保全錯得有多離譜。然而卻沒有其他女性進來；她附近

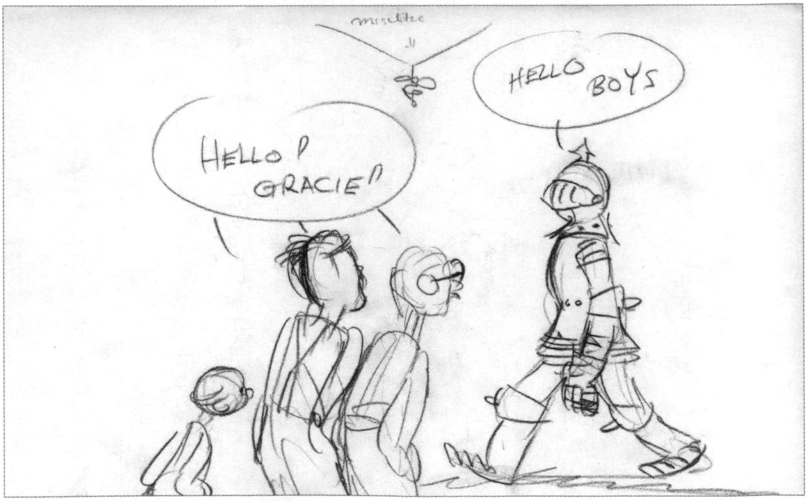

葛麗絲有時覺得自己需要穿上盔甲，才敢參加故事創作會議，如她的其中一張草圖所示。

幾排座位都擠滿男人。最終有七十五位工作人員擠進來，直到觀眾席上所有位置全都坐滿，全場只留下兩個空位：葛麗絲兩側的座位。

葛麗絲陷入難堪的孤立之際，比安卡則享受著自己的孤獨。她盡可能不參加故事創作會議。減少出席不完全是自尊或恐懼使然，單純只是她覺得時間可更有效用在其他地方。

有時她會躲到奇怪的地方。有一天比安卡接到期待已久的電話：一名新生兒將來到這個世界上。華特請聖地牙哥動物園在懷孕母鹿生產時通知比安卡。母鹿生產過程通常會持續十二小時或更久，現在這個時刻終於到來。比安卡丟下手頭的工作，往南開了兩個半小時的車。抵達動物園時，她看到一頭白尾鹿躺在草叢中，一對小小鹿蹄從子宮向外伸出。她立刻拿出素描簿跟鉛筆，開始畫起母鹿脖頸的長曲線。當小鹿出現在世上的那一刻，她緊握鉛筆的手不禁顫抖了。著迷的比安卡看著母鹿站起來舔舐自己的小寶寶。一團顫抖小身軀上黏呼呼的棕毛皮可以見到白色的斑點。

不到十分鐘，小寶寶已經開始試著靠自己的四肢站起身來，無法控制地踉蹌幾下，又再度跌倒。看著堅持的小鹿，比安卡笑出聲來。她沒預期會在此看到趣味的一幕，然而這正是讓她享受不已的——小鹿誕生的溫柔場景，加上踏出第一步的滑稽畫面。她認為甜美場景更能強化幽默感。她一而再、再而三描繪新生小鹿顫抖的四肢，也觀察母子之間初次相見的場景，還留下大量的筆記。在她心裡有個直覺：此刻將攸關下一個創作計畫的重要場景，她勢必要完整捕捉這一刻。

即便工作室全員為《白雪公主》努力奮鬥，他們也不知道這部初試啼聲之作究竟會是一次大成功，抑或只是讓觀眾不耐煩的卡通長片。華特看的是未來，比安卡則處於這場奮鬥的前線。工作室想要改編菲力克斯・薩爾坦（Felix Salten）的小說《斑比的林中生活》（*Bambi: A Life in the Woods*）；這部小說最初於一九二三年在維也納報紙上連載刊出。華特努力爭取版權時（當時已有另一位電影人取得優先授權），比安卡則開始探索故事創作的可能性。這本書寫得很優美，對於森林的描述是她前所未見；她感到無與倫比的平靜——直到人類出現為止。

一九三六年，人類摧毀珍貴美麗事物的能力變本加厲。當比安卡從薩爾坦的小說獲得藝術上的啟發時，此書卻多次被禁，不只因為作者是猶太裔，更因為書中關於反閃族主義的譬喻。書中有某個段落：當鹿群思考跟人類世界之間能否和平共處時，牠們彼此互問：「他們會停止迫害我們嗎？」

許多讀者認為這本書是猶太人在歐洲遭迫害之經歷的寓言。全書不斷重複邊緣化的經驗；即便是小說中的蝴蝶也經歷了程度不亞於猶太族群的流徙。斑比描述這種有翼生物為「老是要到更遠處追尋什麼的美麗輸家；所有好地方都已經被捷足先登了。」

書中的和平訊息讓這個計畫成為比安卡的心頭好。她進入工作室，就是希望找到自己生命的意義。然而華特・迪士尼工作室的主要產品是卡通短片，沒能讓她做到這一點。有時她自覺對粗魯笑話、粗糙的刻板印象及可預期的笑點毫無貢獻。她花了許多時間發展的短片故事想法經常被忽視。即便職場生活令人不快，自己也感到不足，她在工作室的職涯發展卻在起飛。她的《小象艾默》糊塗交響樂短片在戲院大受歡迎。華特給比安卡看了工作室銷售專員凱・卡曼（Kay Kamen）的報告，其中指出這個角色「深植人心」，「再來一部《小象艾默》是個好主意。」

小象試著融入群體，忍受拒斥，接著又從牠自以為是身體缺陷的地方，發現了自己的優點，也成就了一部意外的成功之作。《小象艾默》跟糊塗交響樂系列其他短片不同——比安卡在故事中融入的憂傷與渴望是華特・迪士尼工作室從未嘗試過的。那些笑鬧喜劇仍舊存在，卻不再重要，故事創作部門看到了新課題：憂傷改變了喜劇，讓笑中帶著情感——不只是搞笑，而含有更多真正的幽默。即便看到這個重要訊息，大家還不清楚華特是否打算製作更多類似比安卡創作的這種作品。

在最初尷尬的幾個月後，葛麗絲在工作室裡遭孤立的情況開始慢慢減少。她交了朋友，自信也開始增長。她發現在故事創作會議上，針對正在創作中的短片，以及奪去眾人最多能量的作品：《白雪公主》，自己都能帶來很大的貢獻。

也許是葛麗絲與比安卡的成功讓華特願意聘用更多女性。一九三六年的夏天，他讓一位名叫桃樂絲・安・布蘭克（Dorothy Ann Blank）的女性加入故事創作部門。大家很快了解到這次任用頗不尋常，因為她既不會素描也不會畫畫，這是多數創作者構思劇情時所需的技能。然而，視覺藝術上的短處，她能以靈動的散文截長補短。桃樂絲曾是《大學幽默》（*College Humor*）及《紅書》（*Redbook*）的記者，後來在公關哈爾・宏恩（Hal Horne）底下做事。宏恩出版了《米老鼠雜誌》（*Mickey Mouse Magazine*）這本兒童期刊，成績實在是不好，甚至到了一九三六年，華特跟他哥哥洛伊（Roy）出於同情，直接讓宏恩免付版稅出版刊物。

宏恩位於紐約第五大道的辦公室看來就像收集癖的天堂。好幾個房間充滿成箱的三乘五寸索引卡片，排滿整面牆，也占據了所有空間。這些卡片是他的「笑點檔案」——宏恩收集了六百萬則笑話，有時候會出租給喜劇演員或笑點創作者使用。這些卡片構成了積在他頭蓋骨下的各種喜劇想法，雖然都不特別有趣。連同一些過時、不怎麼有新意的俏皮話，這些充滿笑話的檔案被塞進各種分類中，例如「蠢女人」或「懶惰」之類的項目。也許是為了補償宏恩失敗的事業（他個人還損失了超過五萬美元），華特同意出一大筆錢購買這些笑點檔案：兩萬美元。

華特愈來愈習慣花錢買笑。在故事創作部門，他經常遞出五美金買一個笑話，希望能鼓勵創作者生出一般月薪水準之上更好的笑話。

這些白色卡片從紐約來到洛杉磯，卻不是單獨前來。伴隨笑點檔案來到新家的，是桃樂絲・安・布蘭克。雖然此刻華特還沒發現，但她即將成為比大批笑點檔更有價值的資產。這些索引卡很快便由桃樂絲跟工作室的圖書管理員莉莉安・格蘭傑（Lilian Grainger）整理成卡片圖錄的形式，整齊排放在抽屜櫃中，存放在後來稱為「百萬笑話室」的區域。

宏恩的笑話既僵硬又做作，因此故事創作部門很快就拋棄了卡片上的笑話，然而桃樂絲卻不是可輕易小看的人物。女性不再是故事創作部門的異數，而且很明顯地，她在創作者之間很能站得住腳。她散發著一股深明自我價值那種自信，並立刻投入《白雪公主》的創作中。到了一九三六年底，桃樂絲已經在《白雪公主與七矮人》的場景卡上發揮重要影響力，以她簡潔的風格，將摘要重新寫過。更重要的是，她也負責寫故事劇本，這將形塑整部動畫片的腳本。

桃樂絲了解華特對於《白雪公主》的各方面都很執著。在故事創作會議中，他會栽進每個場景的細節。然而他卻隱藏了一件影響所有人生計的事：工作室已經沒有錢了。截至目前為止，華特與洛伊已經在這個案子上花了一百萬美金，以當時的標準來看，這是投入單一電影的龐大預算，但他們還需要更多錢。好萊塢到處有人稱這部片是「迪士尼錢坑」，也認為大預算卡通片注定失敗。華特希望靠一部劇情長片終結工作室的財務窘境，因此他跟洛伊悄悄地跟銀行會面，急切試圖說服對方，這是一筆值得的投資。

對雇主窘境一無所知的桃樂絲開始投入修剪場景的工作，只留下必要的部分。在華特的指示下，她縮減台詞，一個字也不浪費。桃樂絲還寫了搭配場景的幕間旁白，這是一種納入影片的印刷文字。接近影片結尾時，七矮人等待白雪公主從睡眠中醒來，隨著季節遞嬗，桃樂絲寫下：「即便死亡了，仍舊如此美麗，矮人不忍將她下葬。」天空中落下雪花，「他們打造了一具玻璃金棺，在她身邊守候。」她以最少的字句推展劇情。最後是華特本人重寫了影片最後一張幕間旁白，簡化了桃樂絲的文字：「四處尋覓的王子聽說了在玻璃棺中沉睡的少女。」

桃樂絲不會畫畫這件事讓她成了故事創作部門中的異數。當多數藝術家坐在桌前，以紙筆描繪草稿，桃樂絲通常是在打字機上忙碌。打字機回車鍵的聲音固然大，但在整個部門常態的吵鬧聲中，卻幾乎聽不到，因為部門裡經常充斥藝術家作畫時熱烈聊天的聲音。許多創作者都不會打字；葛麗絲最多只能用兩指敲打，因此桃樂絲的打字機確實給了她空間的優勢。多數創作者都沒有自己一間辦公室，只能窩在一起工作，所以畫老鼠耳朵或公主禮服的時候，偶而會敲到彼此的手肘。桃樂絲跟她的打字機卻位在最好的角落位置，從這裡可以掃視整間辦公室。當她放空尋找點子時，眼光會掃過同事的臉龐。

桃樂絲注意到其中一位男性故事創作者經常回視她的眼神。喬・葛蘭特（Joe Grant）當時已經為華特工作了三年，一開始受雇創作諷刺漫畫，後來進入故事創作部門——不是因為他的文字能力，更多是因為他的藝術才華，能想出繁複的情節與精練的對話。然而此時他似乎迷上了桃樂絲的形象。她經常看到喬從附近的高處畫她，反覆端詳她之後，又回到畫紙上作畫。

多數新進者可能會閃躲他的視線，生怕攪亂故事創作部門的人際互動模式，還可能成為譏諷的對象。但桃樂絲很少懼怕任何人。「你在做什麼？」當她注意到喬在看她時，直接問道。

「你是繪畫的靈感。」喬微笑回答，但桃樂絲可不輕易吃這一套。

「你幹嘛畫我？」她逼問。

「我用妳的臉模擬一個《白雪公主》的角色。」

「哪一個？」

「惡皇后。」喬簡短回答。

桃樂絲忍不住笑了出來。他的答案出乎意料之外，很快喬也笑了。最後她說：「至少我不是老女巫！」

因為喬所畫的畫，電影裡永久留下的就不只有桃樂絲的文字，還有她的臉：彎彎的眉毛、杏仁眼、長直鼻樑，這些全都展現在美麗的邪惡繼母臉上。

在部門裡，動畫師經常在自己桌上架起鏡子，好捕捉臉部表情，為動畫注入真實感。他們會把草稿送去拍照，接著將底片送進一種剪接師使用的早期音像剪輯機（Moviola）裡，觀看每個鏡頭，以確定創造出來的動作具有真實性。同時間，故事創作部門則一遍又一遍檢討《白雪公主》的劇情，無情地刪減場景，好讓故事更加俐落聚焦。他們也與作曲家合作，將配樂編入故事中。然而，無論怎麼做，動畫師創作出來的作品總感覺扁平而缺乏縱深，少了些深度。

一九三〇年代中期，多數動畫都是靠著將角色手繪在賽璐珞板上，再以一次一板的形式，將賽璐珞板加在繪製好的背景上。動畫攝影機從上方拍攝結合起來的畫作，每個鏡頭都是影片的一格。每一格中，背景都會些微後移，因此觀看影片的動畫序列時，觀者會感覺到動作往前移動。然而比起會走路、說話的角色，背景卻少有變化。背景通常畫在長卷軸上，在角色身後捲動，因此它沒有景深，也缺乏細節。鏡頭帶近時，影像會嚴重扭曲，讓場景更加失真。這是工作室無法否認存在的問題。

解決之道來自實體劇院提供的一種技法，那就是調整場景，讓角色可以在其間移動，而不只是立於場景之前。除了把挖剪下來的圖樣跟物品適時放上或撤下舞台，動畫師也需要在不同背景元素之間創造景深。一九三七年初，由於動畫工藝中有一項相對新穎的發明，讓這件事情成為可能，那就是多平面攝影機（multiplane camera）。這種攝影機設置於十一英尺高處，以橫桿結合並架在設計來支撐大幅玻璃框的高鐵架上。

因此不像過去二維平面的背景，多平面攝影機拆開了場景的每個要件：前景、中景與背景。背景片的每個部分都分別畫在一片長玻璃片上，接著放進鐵架，可以獨立上下左右移動。從最上方俯視層層玻璃片的，是整套系統的「眼睛」：一架十六釐米維克多電影攝影機。有些玻璃片是以油性顏料手繪；最接近地板固定不動的那一片，通常會是天空藍色的。最靠近攝影機的那幾片通常比較清晰，好讓繪有動畫的賽璐珞片可輕輕置於其上。攝影機由上往下拍時，這項新發明讓畫面有了深度與真實感——平面的玻璃塑膠繪片變成了三維度的世界。

比爾．蓋瑞提（Bill Garity）跟一群工程師在工作室的動畫實驗室中測試這項新科技的極限，透過改變攝影機的速度與快門時間，他們也一面校正並改善設計。這項設備雖然看起來創新，卻也不無前例。

一般普遍認為，是德國導演夏洛特．「洛特」．賴尼格（Charlotte "Lotte" Reiniger）為自己的一九二六年動畫電影《阿基米德王子歷險記》（*The Adventures of Price Achmed*）研發出第一架多平面攝影機。為了創作電影中的角色，她從黑色紙板上剪下人物、花朵、動物與精靈的形狀，再將精雕細琢的剪影放上掛在電影攝影機前的垂直玻璃板。拍出來的效果相當豐美——她的童話電影帶著觀眾深入迷霧叢林、騎上魔法馬匹、飛越雲端，接著又讓他們墜入草原池塘中。

賴尼格的發明在加州找到了新用途。在華特開始測試多平面攝影機之前，他的競爭對手（有時也是朋友的）烏布．伊沃克斯也開始打造自己的多平面攝影機。伊沃克斯跟華特於一九一九年在密蘇里州的堪薩斯市相識。烏布在此製作了米老鼠與糊塗交響樂短片，也在形塑華特的動畫角色上發揮了關鍵影響力。到了一九三〇年，他離開華特成立起自己的工作室；一九三三年，他用一輛舊的雪弗蘭汽車底盤，打造出多平面攝影機。和賴尼格的垂直設計不同，這部攝影機的結構是水平的；除此之外運作方式大致雷同。伊沃克斯雖然為動畫短片創造了景深，卻不及米老鼠來得成功。他的工作室也在一九三六年關門大吉。

華特看見了多平面攝影機能為《白雪公主》帶來真實感的潛力。然而在華特．迪士尼工作室能將設備運用在劇情長片之前，他們得先取得技術。用來進行實驗的，是一部名為《老磨坊》（*The Old Mill*）的動畫短片。這部一九三七年出品的短片既沒有明確劇情，也缺乏核心人物，卻成為他們的實驗場，華特得以測試他想引進《白雪公主》的許多革新做法。除了首次使用多平面攝影機外，團隊也測試了繁複的燈光與水流效果、真實描繪動物，並打造緊張情緒和懸疑效果。成果相當驚人，這部卡通拿下兩座奧斯卡金像獎：最佳短片獎及技術成就獎。工作室為多平面攝影技術申請專利，並以這部精巧的新機器開始拍攝《白雪公主》。

到了一九三七年冬天，華特・迪士尼工作室面臨的壓力愈來愈大，財務窘境已開始威脅每位員工的生計。《白雪公主》的成本已大幅超越預算。工作室當時在這部片上已砸了一百四十八萬美元，相當於今日的兩千五百萬。它的未來端視能否讓觀眾坐滿一個半小時觀賞一部卡通。

十二月，比安卡跟工作室所有員工全都緊張兮兮期待著首映之夜。新片上映的光輝榮耀對他們來說是件新鮮事，因為短片從未獲得這樣的注意力。工作人員全都焦慮期待著媒體與大眾對這部片的反應。

十二月二十一日星期二，所有人的生命全都經歷了巨大轉捩。動畫師與故事創作者齊聚在桌邊或走廊上，興奮地討論當晚會發生什麼事。幾百名員工會出席晚上的活動，也早早就買好了票。描圖上色部門的一百五十位女性員工裡，只有少數人會出席，雖然她們花了很長的時間讓這部具歷史意義的電影問世，包含為這部片創造出一千五百種專屬色調。她們為白雪公主的臉頰和豐唇手工上色那種細心謹慎，遠勝過為自己上妝的小心翼翼。

然而並非所有華特・迪士尼工作室的女性都被排除在這一晚盛事之外。除了華特的太太莉莉安（前描圖上色部門女員工），還有她的姊妹海澤爾・西威爾（Hazel Sewell）也出席了；後者當時已是描圖上色部門主管。海澤爾的眼光純熟；她精心挑選了《白雪公主》的配色，也擔任這部片的藝術監督。葛麗絲也幸運獲得一張門票，她的胃在期待中一陣翻攪。

當晚，這群幸運的員工來到卡賽圓環劇院（Carthay Circle Theater）。這座電影殿堂刷白的牆面在專為特殊場合設置的環狀燈照射下閃閃發亮。眾人頭頂上高聳的藍邊鐘塔以霓虹招牌裝飾，在好幾英里外都能看見。現場有人山人海的群眾，街上塞滿了三萬名粉絲。多數人沒機會擠進只有一千五百個座位的戲院，所以他們沿著紅地毯的台階坐下，自動形成某種「峽谷」，單純想感受置身於活動一隅的喜悅。預售票房超越卡賽劇院先前辦過的所有活動，擠不進戲院的人寧願擠在街上，也不願待在家裡。

街道本身也成為值得一看的風景。華特將一塊洛杉磯的水泥街區轉變成童話幻境。附近有模擬的小矮人村莊，小屋還附有木板窗櫺、轉動的水車，以及花朵夾道的小徑。

眾家明星開始進入戲院。瑪琳・黛德麗（Marlene Dietrich）與小道格拉斯・范朋克（Douglas Fairbanks Jr.）微笑著向群眾揮手，在明亮的燈光下停下腳步，為攝影師擺出姿勢。九歲大的秀蘭・鄧波兒（Shirley Temple）兩臂各挽著一名小矮人出場，另外五位則跟在身後。他們走上紅毯時，她的身高與喬裝的矮人相當。肥敦敦的唐老鴨對著鏡頭揮手；米奇跟米妮擁吻，尖挺的鼻子撞在一起，讓群眾大樂不已。

工作室的藝術家與故事創作者都著急企盼著影片放映；作品中的每一景都是百萬幅手稿的成果，他們全都了然於心。電影上演，片名畫面後，銀幕上出現一段話。那是來自大老闆個人的感謝訊息：「我衷心感謝所有工作人員，他們的忠誠與創意成就了這部影片。」感謝話語下，是華特・迪士尼的簽名。這是對接下來幾個畫面——片頭字幕——的某種補償。

這些畫面中只列出六十七位工作室員工，雖然實際上有幾百人為這部片效力。未列名在銀幕上會成為未來幾年員工不滿的痛苦源頭，他們會開始要求自己的付出得要獲得認可。在許多為《白雪公主》付出心力的女性當中，只有海澤爾・西威爾與桃樂絲・安・布蘭克獲得列名。海澤爾為藝術監督，桃樂絲則是故事創作部門唯一認可的女性。

然而電影一上映，這些憤恨立刻消失了，特別是在最終幕：王子帶著白雪公主走上山坡，朦朧的城堡穿透雲層與粉紅、金燦光彩的夕陽，逐漸顯現在畫面上。葛麗絲環視戲院，急切觀望著觀眾的反應。即便在黑暗的戲院裡，只有放映機的光源間接照亮觀眾的臉龐，她還是看到他們淚痕濕潤的臉頰。先前她從未看過、也未聽聞有誰會被卡通感動到哭。然而眼前這整間戲院的人，卻在起身為影片鼓掌前，迅速擦乾眼角的淚痕。

第三章
當你向星星許願時

當比安卡在工作室待不下去時（確實經常如此），她最喜歡的避風港就是洛杉磯公共圖書館。位於洛杉磯市中心第五街林立的百貨公司、旅館跟銀行之間的公共圖書館，顯得跟周圍環境格格不入。都市地景反映出整個城市在過去三十年間的快速成長。由於此地陽光普照，氣候溫和，整年度都很適合拍攝，因此電影人在二十世紀初開始蜂擁到南加州來。同時間，洛杉磯盆地各處也開始冒現石油鑽探井架的「金屬森林」。

當鑽探業者在今日道奇球場所在區域鑽到石油時，引發了一八九三年第一波熱潮。到了一九二三年，當地已供應全球四分之一的原油。新產業湧入表示整個城市會以瘋狂的速度成長。一九二〇到三〇年間，人口翻倍成長到一百萬，洛杉磯成為美國第五大都市。快速成長反映在天際線上，急速蓋出的建築群混雜了新藝術風格辦公大樓與西班牙殖民復興風格的低調紅瓦房。

一天清晨，比安卡經過市中心多處建築工地的邊緣。周圍有大批行人跳下都市路面電車，這個運輸系統包括洛杉磯鐵路的黃車與太平洋電氣鐵路的紅車，是美國國內最大的公共交通系統，甚至比紐約還要密集。這讓上午時間的主要道路都打結了。比安卡要前往的圖書館有著這座成長中城市裡少見的綠意。走過經修剪的側柏小徑、三座反光長池後，她來到大門口的白色石階。

這座圖書館建築跟城市裡任一棟建築都截然不同。一九二六年的建築標誌著美國的埃及熱時期。不過四年之前，挖掘團隊在埃及尼羅河西岸的帝王谷發現了圖坦卡門王墓。發現年輕法老王圖坦卡門的木乃伊及他在人間的財富，是二十世紀的考古勝利。

西方世界很快陷入一陣圖坦卡門熱，這股狂熱影響了藝術、時尚、電影、珠寶，甚至是建築。洛杉磯中央圖書館採用古埃及神殿造型，建築頂端矗立的金字塔裝飾著馬賽克磚，最適合從空中俯瞰。西面的大門上，石造立面銘刻著拉丁文：「一如跑者，他們交接生命的火炬。」覆蓋閃亮金箔的金字塔頂端正是這句話的體現：抓著烈焰火炬的手伸向天際。

比安卡從銘文下方進入圖書館，這裡從許多方面而言都已經是她的殿堂。圖書館提供了工作室所缺乏的一切：安靜、尊重、充滿女性。她的手撫過樓梯頂端的斯芬克斯黑色大理石像後，便朝著書庫走去。雖然看起來像是逃避工作，但她其實是帶著目的前來的。華特剛剛宣布《木偶奇遇記》（*Pinocchio*）——而非《小鹿斑比》——將成為下一部推出的動畫長片。

雖然幾個月前華特剛剛拿到《小鹿斑比》的版權，卻對動畫師的初稿感到失望。他覺得小鹿就像「麵粉袋」，動物形象既沒造型也不立體。華特想要擺脫卡通感，以更真實的風格反映出故事本身的環境主義訊息。很顯然，這個故事還要經過更多時間琢磨。

比安卡則投入《木偶奇遇記》的改編工作。她坐在書堆中，有時就在童書區找一個安靜的位子，開始寫故事劇本。亥伯龍大道上的工作室有間傲人的圖書室，書架上主要是插畫家的作品；很多都是華特親自挑選，他會趁著一家人到歐洲度假的機會，將這些作品帶回美國。由於團隊的重心是歐洲童話故事，因此也難怪藝術家從里察・道爾（Richard Doyle）、加斯帕德・杜格（Gaspard Dughet）、保羅・蘭森（Paul Ranson）及格蘭威爾（J.J. Grandville）等人獲得靈感。員工將這些精裝書隨意攤在他們老舊斑駁的辦公桌角，素描臨摹其中的畫作。然而這數百本精采書籍中，小說的數量卻相對稀少。因此當比安卡需要創作故事的新材料時，通常都很開心能離開工作室，前往她最喜愛的市中心建築。

掃過圖書館中的小說，沒有一本比得上她手上的這一本，那是華特的個人藏書：卡洛・科洛迪（Carlo Caollodi）所寫的《木偶奇遇記》（*Le Aventure di Pinocchio: La Storia di un Burattino*）。這個故事一開始在義大利報紙上連載，一八八三年出版全書，英文版立刻大受英語系國家讀者的歡迎。

閱讀好幾次之後，比安卡對於這個關於可憐木匠與淘氣木偶的故事了然於心。華特就這個故事已經思考了超過一年，雖然他擁有好幾冊不同的英文譯本，但還是想要知道比安卡的意見。他看重比安卡是故事創作部門中唯一能讀義大利原文、並有辦法評估發展成長片可能性的人。圖書館是適合閱讀與工作的安靜去處，比安卡很快就一頭栽入文字之中，她的鉛筆在筆記本上飛舞，將部分母語對話翻譯出來。

隨著她深入探究小說劇情，內心卻開始對改編的可能性有所遲疑。小木偶皮諾丘的角色在許多方面都不值得同情。他本性殘酷，也經常自私自利，在木匠傑佩托為他刻腳的時候，還踢了他一腳。在原始的連載版本中，貓跟狐狸把皮諾丘吊死，以懲罰他犯下的罪行與不服從，因此童話是以小木偶栩栩如生的死亡場景收場：「他吸不到氣，也講不出話。他的眼睛閉上，嘴巴大張，兩腿一伸，抖了很長一陣子後，身體僵硬並失去意識。」

連載結束之後，以卡洛．科洛迪為筆名的卡洛．羅倫季尼（Carlo Lorenzini）已經打算結束木偶的故事，但他的編輯吉多．比亞吉（Guido Biagi）卻不放過他。這個系列很受歡迎，因此比亞吉要求他寫續集。他建議作者讓無良的木偶復活，並給他一條贖罪之路，在二十集的篇幅中，最終以藍髮精靈將懺悔的木頭小孩變成真正的人類男孩作結。六個月後，不只在編輯，也在讀者的要求下，羅倫季尼同意繼續寫這個系列，最終以「我很開心自己終於變成乖巧的小男孩了！」一語，結束了這個故事。

比安卡喜歡這個故事。小木偶對於生命的渴望有種強大的不可預期性。改編的可能性雖然清楚可見，劇情裡卻少了些什麼。最後的二十章中，皮諾丘夢想著最終變成人類男孩，卻未解釋他的動機。從原始的十六章故事，我們清楚可見，皮諾丘幾乎做得到任何人類男孩能做的事。他像其他小孩一樣吃飯、跑步、唱歌，甚至惡作劇。事實上，當比安卡替華特記下筆記時，她發現除非在動畫上清楚呈現木頭關節與偶線，否則觀眾無從辨別皮諾丘跟銀幕上其他孩子的差別。

比安卡心想，**倘若木偶做得到這些事，他為什麼想變成人類男孩**？他們得賦予木偶一個想要生命的理由，讓這個難搞的角色獲得同情，也讓這則故事更有意義的火花。比安卡列出一串可能清單：也許是為了愛，想要長大並親吻夢中女孩的渴望；也或許是有一天可以成人，而不是在存活期間永遠當個小孩。在安靜的避風港中，比安卡思索著人可能想要活著的所有理由。

一九三〇年代，各種奇怪裝置開始襲捲電影產業。新的攝影機與投影馬達可以讓快門速度同步，因此產生的背投影系統就能在演員身後加入改造的背景。例如兩個人可以坐在車裡，其實哪裡都沒去，但是背景會在他們身後或身旁呼嘯而過，創造出移動的錯覺。電影工作室也首度有了特效部門，在攝影棚內的大海上，他們打造海盜大戰的微型船艦；或用線拉開門，彷彿施魔法一般；又或是製作特效地板，讓無人腳印出現在雪地上。

雖然米高梅公司（Metro-Goldwyn-Mayer）是最後才轉而拍攝有聲電影的主要片場，到了一九三〇年代末，他們卻是特效界的佼佼者。一九三八年，米高梅的特效監督阿諾德・吉列斯彼（Arnold Gillespie）正在製作一部即將上映的電影：《綠野仙蹤》（*The Wizard of Oz*）。他拋棄了攝影棚中毫無生命力的橡膠龍捲風，那東西看起來更像花俏的橘色交通錐，而非具有破壞力的風暴。他去觀察機場中用來決定風速與風向、起伏不定的風向袋。他從未見識過真正的龍捲風，也沒去過堪薩斯州，卻在風向袋灌滿風的模式中，找到一些類似的地方。兩者都會像活物一樣移動。在這啟發之下，他將一具三十五英尺長的細布袋置於正確擺放的幾部風扇中間，讓風開始吹動米高梅攝影棚中的塵土。一九三九年，觀眾終於在銀幕上看到他創造出來的龍捲風，莫不深受震驚。全國各地的觀眾走出戲院時，忍不住轉向彼此興奮問道：這是怎麼辦到的？

華特也問了類似的問題。當所有真人電影都尋求逼真特效時，他也在思考如何將現實感帶進動畫的世界裡。為了不讓真人電影公司追趕過去，他也替《木偶奇遇記》聘來一位特效指導：羅伯特・馬爾許（Robert Martsch）。華特的目標是將新技術帶進電影裡，創造出藝術成就的高峰，好將卡通與動畫區分開來，並且讓他們的場景盡可能寫實——就像用沾滿塵土的長布袋創造出可怕龍捲風那樣寫實。

對於特效的狂熱漫進工作室的每個部門裡。在全是女性的描圖上色部門中，大家正在研究「混色技巧」（the blend）。部門裡一位名叫瑪莉．露易絲．威瑟（Mary Louise Weiser）的女性運用自己發明的鉛筆（她暱稱為「油性鉛筆」）開創出這種技巧。標準鉛筆只能輕輕刮過光滑無孔的賽璐珞片，但威瑟的鉛筆卻有一層蠟狀表層，這些女性可藉以摩擦色塊的邊際，模糊線條，創造出色調與深度。例如，可以用一種自然暈散的紅，來為角色的雙頰上色。威瑟在一九三九年為油性鉛筆申請專利，而它的用途最終不僅限於工作室內。一九五〇年代，油性鉛筆還成為軍事防衛與航空控制中心的必要用品，可在玻璃板上標註飛機、武器及燃料的位置。

在工作室中分隔開來的工作空間，描圖上色部門的女性持續實驗其他技巧，例如用海綿摩擦她們的賽璐珞片，接著將油性鉛筆薄薄塗過表面，讓角色的臉龐呈現青春的圓潤感。皮諾丘的身體則加上一兩滴生漆，賦予他一種松木拋光過的真實感。這些女性也用硬質乾刷在塑膠片的表面上，創造出費加洛貓的皮毛質地；同時間也在調色盤上增添銀幕前所未見的光鮮新色。

雖然這個團隊很少因為自己的貢獻獲得正式認可，描圖上色部門中的同事情誼卻是毋庸置疑的。這足以讓工作室內其他女性不時因自己更為孤單的處境而感傷。對比安卡尤其如此，她會想起自己在故事創作部門遭受的挫敗。

比安卡渴望為《木偶奇遇記》的劇本帶來情感深度，卻也對小木偶的性格躊躇不前。即便再怎麼努力，他仍舊是個調皮鬼，更令她擔心的是，他不討人喜歡。故事創作團隊似乎更熱衷於替他想出搞笑段子，打造一個呼應科洛迪原始故事中的傲慢角色，而這與比安卡對這部片的想法不相符。其他可以平衡皮諾丘強烈性格的角色，例如蟋蟀吉米尼，此刻也還沒完整發展出來。

比安卡身上還有其他包袱。她引以為傲的《小象艾默》短片獲得的成功讓她開始為這個角色構思更多故事。短片受到歡迎，加上華特的發行商暗示替大象做周邊商品可能有利可圖，都推動著她的工作。

不像其他動畫工作室的老闆，華特一早就投入角色品牌商品的銷售：一九二九年一名男子提出三百美元的價格，要把米老鼠的臉印在筆記本上，賣給小朋友。華特同意了，並不是因為他相信這筆生意多有賺頭，只是單純需要這筆錢。出乎意料之外，周邊商品化很快大發利市。到了一九三〇年代中期，殷格索爾－華特伯利公司（Ingersoll-Waterbury）已經賣出超過兩百五十萬隻米老鼠手錶；其他小玩具與玩偶也很快跟上腳步，為工作室帶來需要的收入。潛力明擺在眼前，艾默卻毫無進展。

即便深具才能，比安卡的故事卻遲遲未能過關。她寫了一個特別自豪的故事：《害羞的艾默》（*Timid Elmer*）。她用有趣的笑點讓溫暖的主角展現生命力，例如艾默會用象鼻絆倒猴子。她知道故事創作部門多半會喜歡這個橋段。即便如此還是不夠，華特絲毫不感興趣。一九三八年初，比安卡開始覺得她所做的一切似乎都是枉然，在她有機會證明它們的價值之前，就遭到拋棄。

然而，到了六月初，華特也同意比安卡對於《木偶奇遇記》故事碰上困境的看法。他也認為皮諾丘無法引人同情，疲軟的性格發展更拖累了劇情其他部分。由笑點推動的劇本造成了根本上的不成熟，甚至對華特來說，已經無可救藥。在工作室眾人的震驚之下，華特拋棄了一切。他無視團隊已為這個案子工作了五個月，產出兩千三百英尺的底片，還花掉了數萬美元——他們得從頭再來。

故事創作部門陷入危機。在《白雪公主》之後，有些故事創作者開始高談自己已掌握了動畫劇情長片的複雜本質，但此刻膨脹的自信一夕間消了下去。在一片消沉中，眾人覺得自己正在追逐不可能達成的完美標準，比安卡又回去看一年前自己做的筆記。她是故事創作部門中少數臉上掛著笑容的人。

華特不讓從頭來過影響他對未來發展的樂觀心情。他拋棄《木偶奇遇記》所有進展的兩個月後，便開始為下一個重大投資籌募資金。金錢已經不是主要的焦慮來源。《白雪公主》上映後的半年內，工作室不只付清債務，還淨賺四百萬美金。華特及哥哥洛伊為了在伯班克（Burbank）五十一英畝土地上建立夢想中的工作室，付出了一萬美金的頭期款。亥伯龍大道上的簡樸建築已經裝不下此刻約有六百位員工的華特．迪士尼工作室。

目前的地坪上有兩棟動畫師工作用的建築、一棟攝影棚、描圖上色部門的附屬建築，以及那一年才剛蓋好的嶄新長片大樓。然而空間仍然嚴重不足。動畫師只能擠在自己的桌子後面，手肘相碰，偶而還會讓米老鼠的頭頂長出鬍子。在故事創作部門中，噪音量已經達到新高。隨著新長片的製作如火如荼展開，還會有更多工作人員擠進亥伯龍大道上的建築裡。

一九三八年八月帶來的不只是新建築與寬闊辦公室的可能性，還有故事創作部門的第四位女性。她的名字是希爾維亞．莫伯利－荷蘭德（Sylvia Moberly-Holland）；從她坐在黑暗的戲院裡被《白雪公主》魅力包圍的那一刻起，為華特工作就成了她的野心。這部片改變了她的生命。當燈亮起時，希爾維亞轉向母親，以興奮的口氣宣布：「我要做這個。」她很快就在環球製片廠的華特．蘭茲製作公司（Walter Lantz）描圖上色部門找到一份描圖員的工作。她視這份工作為踏腳石，能通往她全心渴望之路：為華特．迪士尼工作。

到了一九三八年夏天，好萊塢流傳著在《木偶奇遇記》之後，華特的下一部電影會是音樂劇。這大大激起了希爾維亞的興趣，因為音樂是她童年裡很重要的一部分，是她與父親共同的興趣。她父親是英格蘭小鎮安普菲爾德（Ampfield）的牧師，她也在此地長大。結合音樂與藝術的可能性讓她感到興奮，希爾維亞向工作室求職，並獲得與華特本人面試的機會。

這很不尋常。工作室所用的多數女性都在二十出頭歲左右，未婚，也沒有固定對象。她們接受一項訓練計畫後，只有少數會進入描圖上色部門。一九三〇年代工作室登的廣告宣稱：「華特．迪士尼此刻需要女性藝術家！適合十八到三十歲、具有藝術基礎訓練的女性的穩定有趣工作。無須卡通繪製經驗；我們會提供訓練及學習津貼。請備作品，投迪士尼工作室藝術部門。」希爾維亞不符合這些條件——她是有兩個孩子的三十八歲寡婦——但她急需這份工作。

希爾維亞小時候收過一份禮物，是早期的柯達相機。她興奮拍起花園裡的玫瑰、崎嶇岩石，以及英格蘭鄉間遍布的野生石楠花。她在學校廁所裡沖洗相片，讓老師有些惱怒——女生臥室的水槽經常滿是沖洗中的相紙。

少女時代的希爾維亞被送到格羅切斯特郡家事學院，這是一間讓年輕女孩學習女性事務——烹飪與教學——的好學校。讀了兩年後，她轉往倫敦的建築聯盟學院，基本上就是從一間全女子學校，轉到完全沒有女性的學校。畢業時，她成為英國皇家建築師學會第一名女性成員。

就職業生涯的早期成果來說，她相當幸運。她初期經手的專案之一是設計一九二五年巴黎所舉行的現代裝飾與工業藝術國際博覽會中的英國館。她擁有學位、有意義的工作，以及一位同學兼愛人法蘭克．荷蘭德。婚後，兩人搬到四千多英里外的他鄉，在英屬哥倫比亞省的維多利亞展開建築工作。希爾維亞很快讓新國度的人留下深刻印象，成為第一位進入英屬哥倫比亞省建築學會的女性。

一九二六年，夫妻倆迎來一名小女嬰：希歐多拉（Theodora），他們暱稱為希歐。在家裡的書房中，希爾維亞趴在製圖桌上描繪光線充足的房室的線條，一邊輕搖腳邊搖籃裡的小女嬰。他們加拿大的家中充滿了活力與歡愉。法蘭克與希爾維亞年紀輕輕且深愛彼此，只有擴大中的小家庭，能讓他們對於設計藝術工藝風格房屋那股共同的熱情略顯失色。

懷孕生產經常讓女性重新思考自己的成長過程。對希爾維亞來說，懷第二胎七個月時，她特別想念在英格蘭的父母親，特別是從未見過孫女的母親。這是一趟昂貴的旅程，因此她帶著一歲大的希歐回到英格蘭，留下法蘭克獨自在家。

她離去後的英屬哥倫比亞陷入酷寒的十二月，溫度降到華氏十度，遠低於此地通常相對溫和的冬季氣溫。街道埋在雪中，卻未能阻止法蘭克進行聖誕採購。一想到希爾維亞即將返家就讓他情緒高昂。但他卻病了，只能發著高燒躺在床上。當耳內的疼痛與壓力變得難以承受時，他的病況迅速惡化。醫師的檢查證實了法蘭克心中所想：他得了耳部感染，然而醫生卻無法提供任何治療。細菌擴散進法蘭克的內耳，感染了耳朵後面的顳骨乳突。顳骨不像人體其他堅實的骨骼，乳突就像海綿一樣有孔隙、充滿氣室。細菌會入侵這些空間，導致感染最終擴散至腦部。一九二〇年代並沒有藥物或手術能阻止致命的感染。

就在三個月前的一九二八年九月，蘇格蘭細菌學家亞歷山大．弗萊明（Alexander Fleming）休假歸來才在髒亂的倫敦實驗室中，發現培養皿長出一種名為青黴（*Penicillium notatum*）的黴菌。這種黴菌有殺死多種會造成人類感染的細菌株的神祕能力。雖然弗萊明對此幸運的意外感到興趣，但還要等到十六年後，研究者才有辦法大量生產名為盤尼西林的抗生素。這樣的進步來不及救法蘭克的命。不到幾週時間，細菌已經侵入他的腦中，造成死亡。

希爾維亞返回加拿大時，已經成為一名寡婦。她才二十八歲，且懷有身孕；返家後不久，她生下一名男嬰，取名為波利士。雖然陷入哀傷，但稚子嬰孩仍仰賴她照顧，因此希爾維亞試著為生活找到新的步調。她一向認為自己獨立而強韌，因此一邊照顧孩子，一邊為此刻獨立經營的建築事務所規畫未來；她需要這股內在力量。然而，時代卻不站在她這邊。隔年，一九二九年帶來世界性的經濟崩盤。大蕭條之中，多數人失去了房子，而非蓋新屋。因此，希爾維亞失去了穩定的建築師工作。

幾年下來，希爾維亞的生活幾乎沒有改善。少少幾件委託案不足以支應帳單。無奈之下，她搬到城外的荷蘭德家族農場，向公公租房。就在他們的情況糟到不能再糟的時候，波利士生病了。孩子抓著耳朵叫痛，希爾

出自希爾維亞·荷蘭德所繪的一系列素描，描繪愛人身亡與在世者的哀傷。（希歐·哈勒代提供）

維亞看著孩子的眼睛，擔心他會跟父親走向同樣的命運。她請求醫生務必救救孩子，然而醫生也無計可施。耳朵感染是一九三〇年代兒童主要死因之一，便利可得的抗生素還要十年才會問世。然而醫生對恐慌的母親深感同情，因此給了最好的建議：「搬到沙漠氣候的環境去」，他這麼建議，並警告：「不然孩子可能會不保。」隔天，希爾維亞與兩個孩子就搭上往南的火車，往洛杉磯的療癒陽光前進。

這次遷移表示希爾維亞得離開建築事務所，然而這也避免了更痛苦的分離。在南加州，波利士康復後，希爾維亞將兩個孩子送進寄宿學校，保證她會盡快找到工作，好讓全家團聚。因此她帶著其他求職者少見的決心，在一九三八年一個晴朗夏日走進華特的辦公室，並拿出自己的素描。其他人看不見的是，過去幾年來她肩上扛著難以承受的重擔：哀傷憂愁、失去丈夫帶來的財務與情感上的痛苦壓力、兒子近期的疾病，以及與孩子分離的無助。少有人能在承受她的遭遇後，還能挺立不倒。她所珍視的一切，似乎全看這次面談成功與否了。幸運的是，華特立刻感受到希爾維亞的才華，當場請她進入故事創作部門工作。

雖然就像其他女性同事一樣，希爾維亞的薪水比男性同事來得低，待遇卻仍比前一份工作（大約每週收入十二美金）更高。在好萊塢，迪士尼工作室以薪水優於競爭對手而聞名。而即便有增加的收入，卻仍不足以讓小孩回家團聚。她渴望日常天倫之樂的甜蜜，這份渴望驅使她將能力發揮到極致。

一天下午，希爾維亞坐在桌前想故事點子，她聽到華特在走廊大喊：「誰會畫馬？」希爾維亞一秒鐘也沒猶豫，立刻跳起來大喊：「我會！」事實上，華特要求的事情，希爾維亞沒有不立刻回應要嘗試去做的。她走在老闆身旁，兩人走過走廊時，她就在紙上速寫。不消幾分鐘，她畫好一匹馬交給了華特。因為那一張匆匆完成的速寫，希爾維亞獲得一項機會，那是工作室其他女性從未擁有過的。它始於故事創作會議。

參加華特．迪士尼工作室的故事創作會議就像一腳踩進春天的柔軟爛泥，一旦踩進去，就幾乎不可能脫身。一九三八年，葛麗絲參與了無數這類會議。週一到週六，每天

希爾維亞在紙片上速寫的一匹馬，日期不明。（希歐．荷蘭德提供）

一早第一件事：部門會討論劇本跟故事板上的細節。葛麗絲正在製作一齣新的米老鼠短片，她難以置信無數小時就這樣花在製作僅八分鐘的家庭娛樂片上。

即便已為米老鼠短片工作了整整一週，故事創作部門的藝術家甚至都還沒完成開頭的部分。在華特同意劇本完稿及故事板之前，動畫師都無法展開工作，整個計畫寸步難行。早上九點半，葛麗絲與同事紛紛進入會議室，準備再度開始辯論米老鼠短片內容。眼前的牆面及團隊裡七位男性已經是她再熟悉不過的景象。

團隊安靜了下來，彼得．佩吉（Peter Page）開始一一說明故事板，摘要會有哪些動作，並讀出所有對話。對部門內的故事創作者來說，他的名字實在再適合這個職務也不過了。當他描述米老鼠碰到熊蜂之王克勞帝烏斯、神奇地縮小成熊蜂的尺寸時，他的聲音變得像米奇一樣尖細。整個會議室安靜了一下，那是暴風雨前的寧靜——另一位團隊成員會將故事內容批得體無完膚、攻擊其中每個細節。

葛麗絲很快提出她的批評：「整個故事一開始就建立在不真實之上，因為這些熊蜂有個國王，但大家都知道蜂類是由女王統領。雖然也不是太大差別，但就是不貼近現實。蜂巢之主是女王，男性除了飛來飛去享樂以外，沒什麼作為。」葛麗絲面帶嘲諷的微笑環視房間後說：「對我來說，若這個故事中有個女王，就能加分。因為最終是女王陷入困境，她被黃蜂抓住。

倘若可以讓米老鼠拯救女王，聽起來比較有故事性。他可以打敗敵軍，拯救整個蜂巢。」

「你又做了錯誤假設，因為女王從來不離開蜂巢。」彼得回應。

葛麗絲搖搖頭：「她不需要離巢。」

接下來數小時中，她們持續爭論者短片內容。葛麗絲建議以新方法讓蜜蜂更加生動，另外也能為故事線加分。她的蜜蜂素描增添了些許人性化的特色，黑腿是直接垂在身體旁邊。會議中的男人全都瞪大了眼：「沒穿衣服？」

「沒穿衣服。」葛麗絲回答。

葛麗絲離開故事創作會議時，覺得他們幾乎沒有任何進展。她對於自己的短片工作能夠往前推進感到滿意，特別是圖稿及高潮戰鬥場景的描繪；然而其他一切幾乎都令她不悅。就和比安卡一樣，她對自己的想法常遭到忽視這件事日益感到挫敗。她的個性並不溫和，會在會議中大膽發言；將自己的草稿貼到故事板上時，她就像任一位男性一樣充滿熱情。然而她仍須特別用力推銷自己的想法，才能贏得認同。

問題不在於葛麗絲缺乏吸引力。辦公室裡流動著一股調情暗潮，葛麗絲發現男性同事雖然對她的故事想法不感興趣，卻對跟她約會很有興趣。他們把注意力都放在她的年輕美貌上，經常漠視她的創作。她會跟比安卡抱怨，也將感受發洩到畫紙上，筆下常不斷描繪一隻令人厭惡

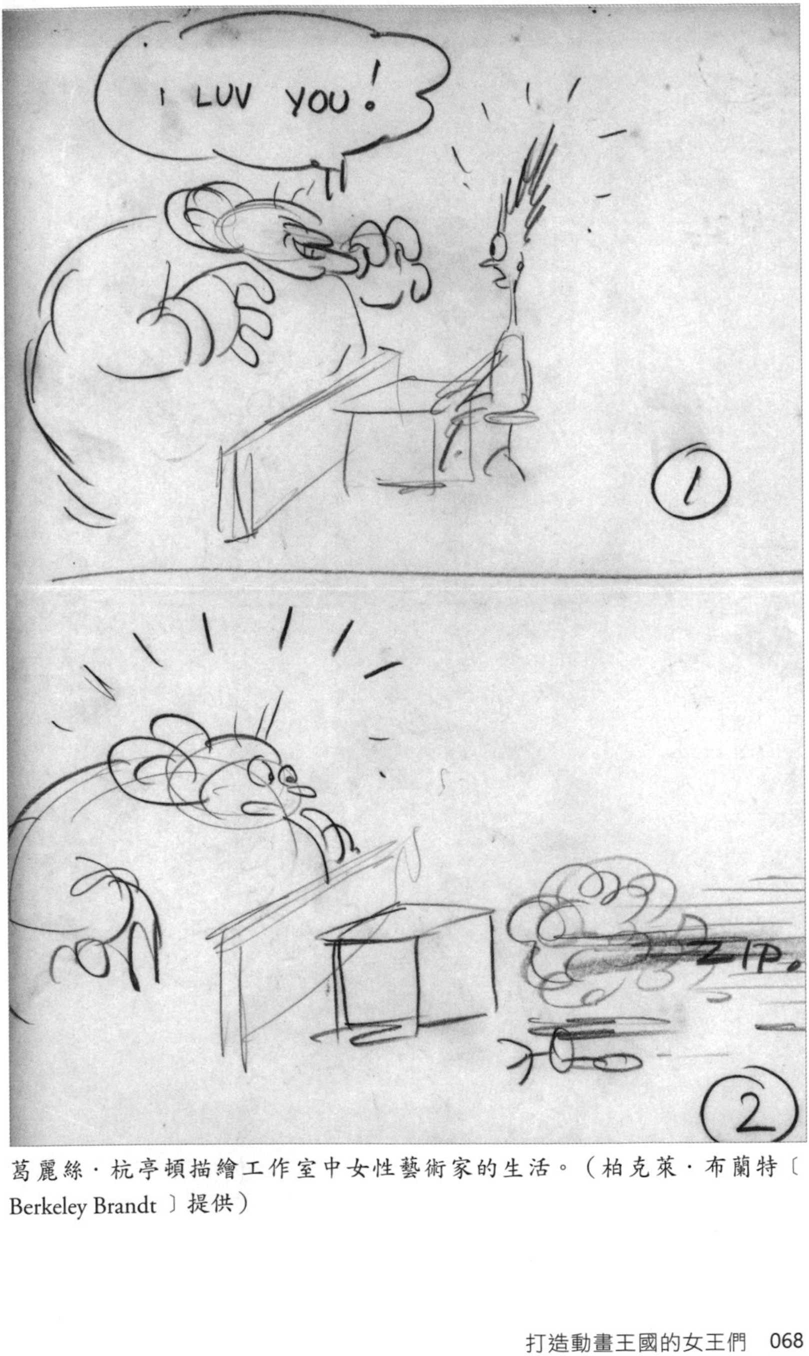

葛麗絲・杭亭頓描繪工作室中女性藝術家的生活。（柏克萊・布蘭特〔Berkeley Brandt〕提供）

的胖米奇。有時在她的畫中，胖米奇會色瞇瞇靠在她桌前，伸出魔爪，帶著捉弄的笑容，對著畫裡一臉驚恐的葛麗絲表示：**我愛妳！**下張圖充分顯示葛麗絲逃走的渴望：她身影消失，只留下一團煙跟一個字：「咻！」

閒暇時的葛麗絲若沒有畫諷刺惡搞版米老鼠，她就喜歡畫飛機，這仍是她的熱情所在。想像中的飛機浮在雲端上，她將自己放在駕駛座，臉上露出滿足微笑，尾翼上還畫著她名字縮寫。她仍舊夢想成為有照飛行員。至少在紙上，她可以自由逃出地上工作室的限制，飛上青天。

比安卡與葛麗絲認為自己的事業進展緩慢時，工作室整體卻持續開創新局。為了追求動畫中求更進步的特效，華特成立了新的噴槍部門，好創造出逼真的視覺效果，特別是針對背景。噴槍會運用壓縮氣流作為幫浦，吸進水閥裡的顏料，再噴出小水滴噴霧，以此創造出色霧。這項技術是在十九世紀晚期發展出來的，一開始被美國印象派畫家採用，他們認為這種溫和的噴霧非常適合用來描繪自然光擴散的暈亮效果。很快地，這項技巧為插畫家與壁畫家所採用，也用在相片後製處理中，這種細膩的上色方式會被用來再製或修整照片。

華特雇用了芭芭拉・沃斯・鮑德溫（Barbara Wirth Baldwin）來領導這個新部門。芭芭拉塑造了這個部門，使之成長為有二十五位男女員工的團體。男性藝術家中有人抱怨領導者是女性這件事。任何女性特質的展現都讓他們不滿，特別是芭芭拉堅持整個團隊都必須戴髮網，確保不會有髮絲或頭皮屑掉到賽璐珞片上。芭芭拉對他們的抱怨一笑置之，她的堅定展現了與生來的自信，也很快對工作職責表現出一絲不苟的態度。她開始運用起巨大的多平面攝影機，這部機器就單獨放在一間寒冷的工作室裡。她穩穩握著噴嘴，輕輕按下噴槍板機，直接在玻璃片上噴出彩霧。在工作室中首度進行噴槍上色時，異常緊張的她意識到即便是手指最輕微的碰觸，都可能毀了作品。

芭芭拉跟她的團隊與特效動畫師密切合作，為《木偶奇遇記》創造了一系列大家前所未見的視覺畫面，也促進了多平面攝影機發揮的效果。噴槍讓影片得以呈現細膩筆觸，例如煙霧及月光那種有穿透力的亮光。芭芭拉的團隊透過噴槍描繪陰影，並在攝影鏡頭安裝特製的鏡片，扭曲了金魚克里歐的魚缸邊緣。他們將真的閃爍燈泡裝在黑色帆布上，接著以噴槍在表面噴上灰色顏料，讓閃光看起來像是灼亮太陽之間的星塵。他們甚至也能表現出大洋巨浪噴出的鹹水沫，以及黑暗中閃爍的燭光；他們還讓藍仙子綻放出帶有仙氣的微光。

特效細膩的藝術性與故事的黑暗形成對比。在科洛迪的原版故事中，皮諾丘咬下貓掌，後來還殺了蟋蟀吉米。雖然故事創作部門隨後除去多數可怕的情節，影片的對話與人物仍籠罩著一股黑暗氛圍。影片的拍攝方式也反映出這股不祥氣息：全片八十八分鐘裡，有七十六分鐘的畫面都是在黑暗中或水底下。

工作室員工為《木偶奇遇記》創造的蒼涼概念藝術，反映著他們每日清晨所見的報紙頭條。一九三八年，比安卡驚恐看著統治祖國義大利的獨裁者墨索里尼通過一批種族歧視法條，剝奪所有猶太裔義大利人及其他少數族裔的公民資格。這明顯是嚴峻的不祥之兆。

許多有歐洲出身背景的工作人員都緊張地追蹤新聞；希爾維亞也緊盯來自英格蘭的消息。首相張伯倫（Neville Chamberlain）於一九三八年簽下《慕尼黑協議》後，他宣布：「英國首相由德國載譽歸來，帶來和平。我相信這是我們時代的和平……回家吧，好好睡一覺。」然而大眾非但沒有休息，一萬五千人來到特拉法加廣場發動抗議。對於反對張伯倫的人來說，很顯然他擔保的和平並不存在，眼前將有一場亂流。不意外地，也許正因為聽到這麼多令人不安的局勢發展，工作室的藝術家才選擇在《木偶奇遇記》中納入許多科洛迪原作中的黑暗元素。

然而，與陰沉相對的，是木偶的甜美良善。故事創作部門大刀闊斧改編，同時他們也擴充蟋蟀吉米的角色，影片變得更為接近比安卡原始概念中的版本，也就是試圖傳達身而為人意義何在的故事。

由比安卡塑造並在故事創作部門會議中積極提倡的角色，跟原本的木偶可說是南轅北轍。

她的角色並不是帶著惡意降生到世界上，而是跟許多不幸的人類一樣，經常被引導走向犯罪。他暴露在這個社會可能算是最黑暗的環境之中，不乏占他便宜的騙子，還有將他監禁起來、以謀殺威脅他的人，甚至遇上兒童人口販運。透過更接近我們的樣子的皮諾丘，動畫呈現了一個有瑕疵的生命試圖以一己之力在這個世界安身立命，比安卡最終放大了科洛迪探討生命意義的主題。不論四肢是木製的或有血有肉，人之所以為人不是因為這具軀體，而是我們對待彼此的方式。

比安卡對這部影片的貢獻，最終並未受到太多公開認可。其他許多人也沒有。影片的創作群名單——一如先前的《白雪公主》——成為憤怒不滿的來源。只有一小部分《木偶奇遇記》的藝術家與故事創作者獲得銀幕列名的待遇。即便芭芭拉・鮑德溫與瑪莉・威瑟在技術上貢獻驚人，兩人的名字皆未包含其中；其他所有女性員工更是如此。電影中完全不見對女性付出貢獻的肯定，恰恰也呼應了全片女性角色的缺乏，從頭到尾甚至只有一位女性：藍仙女能開口說話。

一九四〇年二月七日，比安卡到達辦公室時，她發現一群男人圍著一份在地報紙《好萊塢公民新聞》（*Hollywood Citizen News*）。比安卡一點也不訝異——這天是《木偶奇遇記》上映的日期，每個人都急著要看評論。

比安卡到她位子坐下時，一名男性叫住她。他大叫：「比安卡，這則跟妳有關。」疑惑的比安卡慢慢走到那群人旁邊取過報紙。當時的她對報導內容一無所悉。

「女性在男性工作領域據有一席之地已經不新鮮。然而當女性藝術家侵入華特．迪士尼工作室的全男性堡壘時，那就是新聞了。此事發生在五年前。那時工作室裡唯一會出現的女性是少數不可或缺的祕書，以及為賽璐珞片描圖上色的女性。引起騷動的女孩是一名年輕藝術家，小時候在芝加哥跟華特就讀同一間學校。」

比安卡笑看這則新聞，把報紙還給同事前，她在邊緣嘲諷地寫下：**那女孩是誰**？記者甚至不覺得有必要提到她的名字。

第四章

花之華爾滋

「這不是卡通，也不該只受限於卡通。世界等著我們去征服。我們在一小時四十五分鐘的影片裡，用美好的音樂創造美好事物。我們創造了喜劇、幻想，但不能一成不變。這是實驗性的事物，我很樂意用它來做實驗。這個媒介不只要讓人歡笑。我們喜歡讓大家笑，但也能兼顧其他事才對。」一九三八年的故事創作會議中，華特對一群故事創作者演講到一半，頓了頓又說，「這事情有更多、更豐厚的可能，就像繪畫。請原諒我有點生氣，因為這裡一直要極力避免的，就是用『打屁股』或『亂吞東西』的段子敷衍了事。」

當希爾維亞聽著華特講話，她發現自己的藝術魂又重新覺醒了。年少時代的喜悅一直埋藏在成人責任的重擔之下，現在又開始冒出頭來。華特描述他對新電影（在工作室中稱為「音樂會長片」）的野心時，他似乎講出了她最深刻的渴望。

從華特的描述聽起來，他們參與的不只是純商業性的創作，那種作品專門做出來偷走小朋友的零用錢，換得幾許笑聲也就罷了。他們的任務是運用藝術、以未曾想像過的方式感動觀眾。比安卡跟希爾維亞一樣，也被華特的一席話迷住了。他所描述的正是她一開始加入工作室的核心原因。她要的不是寫寫搞笑段子，而是渴望創造有意義的作品。

實際來說，音樂會長片是插隊的作品。《小鹿斑比》又得再等一輪。怎樣讓整座森林的動物顯得栩栩如生，對動畫部門來說是太大的挑戰，需要長時間推敲。

米老鼠卡通初期之所以取得成功，要歸功於開創性的卡通音效，因此華特會受到音樂結合動畫所吸引，實不令人訝異。《白雪公主》上映前幾個月，華特買下了《幻想曲》（*The Sorcerer's Apprentice*）的版權；這部甚受歡迎的音樂作品是一八九七年由法國作曲家保羅・杜卡（Paul Dukas）所寫。華特打算將音樂用在米老鼠第一部特映雙軸短片裡。在這部二十二分鐘的動畫片中，主角米奇會戴著巫師帽登場。

華特腦中正惦記著這件計畫，碰巧就看到知名指揮家利奧波德・史托科斯基（Leopold Stowkowski）單獨坐在西洛杉磯很受歡迎的切森餐廳（Chasen's）中。華特也經常在這裡吃飯，通常點的是燉肉醬。「一起坐好嗎？」華特問。史托科斯基跟華特同席用餐，後者開始描述起自己的計畫，希望用古典音樂賦予米老鼠生動的活力。史托科斯基甚為著迷，因此他表示自己可以免費指揮樂曲演奏。當他們談完作品細節後，短片升格成長片，華特向史托科斯基保證，為了報答指揮立刻找了費城交響樂團來演奏的安排，華特自己也會派出「頂尖人馬」投入這個計畫。

但這並不表示要用全男性團隊。早先華特曾要求比安卡來負責形塑這部影片。倘若工作室想將這部片發展成長片，史托科斯基不只要指揮一個樂團。華特需要一位腦中能發揮視覺想像力，又能同時聽懂音樂的人。因此他派了自己的第一位女性故事創作者出馬籌度這部電影的配樂。

比安卡對眼前的可能性興奮不已，何況可以離開工作室向來令她開心。她走進一間唱片行，要求聽一聽巴哈、貝多芬與柴可夫斯基作品的錄音；這些都是她最喜歡的作曲家。櫃台後的男性一開始只提供少少選項，但當她解釋自己在華特・迪士尼工作室工作時，大批唱片旋即堆在面前——遠超過她所需要的量。

整個下午，比安卡在唱片行後面的房間聆聽音樂。單獨一人在這個侷促的空間內，她閉上眼睛，開始思考每首樂曲可以如何運用，音符在她的想像中狂奔。當她帶著沉重的勝者（Victor record）唱片走向奧茲摩比汽車時，她認為音樂喚醒了體內某些事物。她深深感覺當下的她跟走進唱片行之前的自己判若兩人。雀躍之情跟著她回到了工作室。比安卡繼續一遍又一遍聽著音樂，特別是柴可夫斯基。

有一片柴可夫斯基的唱片讓她不斷回去播放，那就是一八九二年的芭蕾舞劇《胡桃鉗》。這部作品並沒有完整錄音，只有《胡桃鉗組曲》（*The Nutcracker Suite*）——從整齣芭蕾舞劇中選出二十分鐘。但比安卡覺得這段組曲很迷人。

全本芭蕾舞劇首度在俄羅斯以外演出是一九三四年的事，但當時從未在美國上演過，因此這齣芭蕾舞劇的音樂帶來全新且前所未有的美好。當比安卡聽見〈糖梅仙子之舞〉及〈花之華爾滋〉時，心情十分愉悅。她試著尋找全本芭蕾舞，卻未成功，當時並未錄製任何商業發行唱片。在一切都很不明朗的情況下，她選了一首驚人的樂曲，甚至已經開始想像可以構成哪些畫面。她對自己微笑。她知道工作室裡的男人不會喜歡她心中所想像的那種動畫。

當比安卡對華特提出自己所選的音樂時，樂曲的美妙也讓他驚豔。他立刻派比安卡投入《胡桃鉗組曲》的工作。有了音樂在手，他開始物色導演。希爾維亞．荷蘭德在故事創作部門會議上大膽直言，隨時樂意畫出馬或任何華特想要的動物，也在老闆心中留下深刻印象。結果就是，華特決定要交託給她工作室內從未由女性擔任的角色。希爾維亞成為《花之華爾滋》系列的故事督監。身為故事監督的她將擔任故事創意工作的領導人，負責發展角色、安排劇情。她負責故事板及最終定案的劇本，也負責管理故事創作團隊，並要跟全片導演密切合作。為了完成這些任務，她需要一名助理，因此來自描圖上色部門的女性艾瑟・庫爾薩（Ethel Kulsar）獲得拔擢。

艾瑟跟希爾維亞有許多相同點：兩人都有年幼的孩子，也都沒有丈夫。兩人共有的堅強單親母親經驗不僅讓她們在工作室中與眾不同，在社會上也是如此。當時的美國勞動人口中，十歲以下兒童的母親僅占了百分之八。能夠遇見彼此是種機緣。兩人在友誼中都感受到跟了解自己的奮鬥有多艱辛的人一同創造藝術作品的那種喜悅。

此外還有一名女性也加入《胡桃鉗組曲》的團隊。她的名字是瑪莉・固德利奇（Mary Goodrich）。就和葛麗絲一樣，她也是業餘飛行員，同時是九九女性飛行員組織（The Ninety-Nines）的成員。瑪莉也熱愛寫作。一九二七年，二十歲的瑪莉走進《哈特菲爾德日報》的市內新聞編輯室，希望成為一名記者。主編嘲笑她要求雇用女性的大膽之舉，但當固德利奇提及自己正在上飛行課時，他突然有個點子。「倘若你能拿到康乃狄克州第一張女性飛行員執照，」他這麼說，「我就用你。」瑪莉接受挑戰，幾個月後果然拿到執照。當她回到報社，主編雖然雇用了她，卻不打算讓她久留。然而，時人對飛行的興趣正濃，因此當瑪莉提議推出每日飛行專欄時，主編同意了。這位年輕的記者後來成為該報第一位飛行主編。

穩固了在報社的工作，固德利奇又在空中取得更進一步發展。二十六歲時，她完成了女性飛行員首度單飛古巴之舉。然而這次成就卻蒙上了一層陰影，她駭然發現自己的距離感出現問題。某天她降落時嚴重誤判距離：在她以為自己將要觸及跑道時，實際上離地面仍有一千四百英尺。即便戴上矯正眼鏡，她也知道自己不可能通過執照更新的體檢。沒有這張執照，《日報》就不會繼續雇用她擔任飛行主編。一年之內，她失去兩件心愛的工作：飛行與寫作。

她決定要重新開始。搬到加州後，她向華特・迪士尼工作室求職。一九三八年，三十歲的瑪莉受雇做故事研究的工作。她被分派到音樂會長片計畫後，就全力投入其中。為《胡桃鉗》系列寫作故事劇本的時候，她運用記者報導的技巧整理故事板，也刪減不合用的段落。「我得從這件事情開始，」她在最開頭寫下這則註記，「我將整部《胡桃鉗組曲》放在灼熱的小手上，一點一點撕下肉來。」整個團隊一同理清整齣芭蕾舞劇的頭緒，找到符合這群女性藝術家野心的想像。她們不受限制；沒人說要按照原本芭蕾舞劇的故事脈絡走；也不必包含任何特定角色。整整二十三分鐘的《胡桃鉗組曲》都任憑她們自由拿捏。

在友善的氛圍中，比安卡發現自己的困境獲得緩解。三年前，她曾提出一部名為《花之芭蕾》（*Flower Ballet*）的動畫短片，當年還畫了歡樂的金魚草跟扭動不休的蘇格蘭薊。然而一如她在工作室裡的多數工作那樣，這份提案從未由概念推進到製作階段。現在她有機會為優雅的花朵賦予生命力，甚至更令人興奮地，還能創造新角色。

比安卡聆聽《胡桃鉗組曲》時，她看到精靈隨著音樂起舞。在她的鉛筆下，閃爍的身影在花間跳躍、編織露珠閃動於網格上的耀眼蜘蛛網，還輝映著夜空中的星辰。她喜歡這些畫作，但她也知道故事創作部門那些男人一定討厭這些。他們害怕精靈；唯一的例外是《木偶奇遇記》中的藍仙女，因為她擁有成熟女性的外表。

工作室裡多數男性藝術家都拒絕畫精靈。少數人曾經試過，但他們畫的小精靈卻引來大量嘲諷與騷擾，因此一個個都放棄了。比安卡受不了他們的薄臉皮；希爾維亞則對這些人腦袋的狹隘感到不滿，就這樣放棄了她眼中大膽的藝術創舉。然而正因為這些怯懦的男人，音樂會長片中的精靈開始體現出工作室女性才華最佳的那一面。

並不是所有男性都認為這個系列會帶來威脅。例如，甫於紐約市共同創立美國芭蕾舞團的喬治．巴蘭欽（George Balanchine）就住在好萊塢大道不遠處。他帶著芭蕾舞團為這部電影編排舞蹈動作，也看過希爾維亞的故事板，相當合他心意。

巴蘭欽跟伊果．史特拉汶斯基（Igor Stravinsky）一起參訪工作室。史特拉汶斯基的芭蕾舞劇《春之祭》（*The Rite of Spring*）是音樂會長片另一個段落的靈感來源。俄羅斯作曲家與指揮家對於工作室將他的芭蕾舞劇轉為故事的描述方式並不認同。這段故事始於黑暗之中，接著描述宇宙擴張的大霹靂，從太空的角度觀看地球創生，真實攝影機要捕捉到這個畫面還得再等幾十年。生物由海洋湧出，恐龍的崛起與滅亡，最終出現了人類這個物種。人類的段落後來被認為是為了安撫宗教創造論者，雖然他們之中大多數人還是完全不喜歡這部散播科學演化論的動畫。史特拉汶斯基也不欣賞，但其觀感是奠基在對他作品的藝術詮釋的不滿上，而非以宗教為出發點。然而，顧及禮貌的史特拉汶斯基並未跟華特表示他的真實看法。一直到後來，他稱工作室的作品是「難以抑制的低能」。

巴蘭欽則比較享受這趟工作室參訪之旅。他喜歡精靈，它們隨著〈糖梅仙子之舞〉的音樂踩著硬鞋，舉手投足間展現出芭蕾舞者的優雅流線。當他看了希爾維亞的故事板後，隨之也看出《胡桃鉗》中還有一股沒發揮出來的魅力——對孩子的吸引力。這些影像讓他想起年少時在聖彼得堡跳舞的回憶。他清楚看見希爾維亞與這群藝術家正試圖創造的事物：他們要把一齣在美國沒人看過的俄羅斯芭蕾舞，轉變成美好及歡愉的展演。

巴蘭欽往後一直保有這股童心未泯的驚喜感與啟發。十五年後的一九五四年十二月十一日，他將在曼哈頓新啟用的林肯表演藝術中心首演《胡桃鉗》。他的編舞與俄羅斯前輩截然不同：以十歲兒童取代大人成為主角，取消了原始情節中的感情戲，卻融入熱烈洋溢的青春。由於巴蘭欽的遠見，每年十二月，《胡桃鉗》宰制了美國劇場，讓無數兒童與成人徜洋於芭蕾之美中。然而若不是華特．迪士尼工作室這群女性，美國人不會對《胡桃鉗》有這麼強的文化著迷反應。

老式留聲機音質普通，不過對好萊塢工作室的藝術家們已經足夠了。然而，工作室將更多注意力放在費城——他們正在為音樂會長片打造正規的音樂。華特不滿足於僅是做出電影配樂。當他思考提案段落之一的〈大黃蜂飛行〉故事板時，他想到若觀眾能感受到被生物嗡嗚環繞，那會有多棒。他想像若創造出逼真的聲音，男女老少都會想摀上耳朵。他對這個想法抱著深深的執念，一度還考慮也加入氣味，讓沉浸式觀影經驗模糊幻想與真實的界線。

華特與工程師團隊將此稱為「幻音」（Fantasound）。利用兩部三十五釐米攝影機，搭配多聲道光學錄音（將聲音轉變成光），他們捕捉下環繞整個交響樂團的三十三副麥克風的訊號，也包含一副獨立麥克風，它單獨設在大廳中捕捉遙遠的震動迴響效果。然而，對於錄音的重視只解決了一半問題。華特認為，要讓大眾真正享受交響樂團的樂音，戲院的音響系統也必須更新。工程師決定他們需要三具銀幕後音箱，而牆上與戲院後側則要有環繞音箱。雖然也有其他影片運用多聲道錄音，這將是首部使用環繞音效的電影。為了達成這個目的，《幻想曲》將採巡迴演出的方式播映，有人要帶著這些音響設備的大箱子上路，透過鐵路運往國內各地的戲院。新的音響系統無疑是重大財務投資，然而還有其他方式能讓聲音穿透整間戲院嗎？

音效工程師、音樂家及指揮們不斷實驗各種錄音方式，但每個音符還是都跟故事創作部門脫不了關係。每一次旋律響徹某個空間，都必須跟銀幕上發生的動作連結起來。每種環繞音效的技術進展，都源自推動故事本身的需求。一開始是音樂啟發了聆聽音樂的故事創作者。他們創作出來的故事板接著又影響了所選音樂的編曲。費城交響樂團錄下最終配樂後，動畫的每個動作都會經過微調，以確保兩者完美結合。藝術影響了科技，科技也形塑藝術，兩者在持續流動的創新中交互作用。

希爾維亞與比爾．蓋瑞提密切合作，這位發明家先前已經因為發展節拍音軌跟多平面攝影機，在工作室中備受仰慕。他們一起安排每朵花的舞動方式；也仔細決定戲院中每具音箱的位置，好讓中提琴的每個音符都能從一側反射到另一側，跟上銀幕裡仙塵閃亮痕跡的速度，讓那些仙塵有如掃過感到驚奇的觀眾頭頂。

沒有仙塵相助的葛麗絲返回康乃狄克州的家鄉參加祖父的喪禮。她心情低落，不只是因為喪禮，更因為二十五歲這個年紀常會有的深層不滿情緒。她感覺自己年紀愈來愈大，卻未能往專業飛行員的理想更進一步。

在某些方面，葛麗絲確實有所成長。一九三九年，音樂會長片的製作過程中，她利用假期時間拿下商業飛行員執照。葛麗絲飛往威斯康辛州的麥迪遜，去跟已搬到當地成為民用航空檢修員的老友一起參加考試。雖然她得單獨飛到當地跟他會面，葛麗絲認為跟認識的人一起考照應該比較不緊張。

這段航程本身並不輕鬆。此時還沒有現代航空管制，葛麗絲得仰賴無線電射程的基地台。這些低頻發射器以兩種摩斯電碼符號來通訊，一點一畫代表A，一畫一點代表N。這些訊號協助飛行員獲悉他們是否正靠近機場，卻缺乏其他訊息，例如方位。也因為這樣，當時許多飛行員會在空中迷失方向，葛麗絲也不意外。在某次特別危急的情況下，她甚至得降落在某個機場，問出那個令人難堪的問題：「我在哪？」葛麗絲驚訝發現自己身在賓夕法尼亞州，而非威斯康辛州。最終她仍通過試驗，取得執照。她對這張小小的紙本證書極為驕傲，卻也對它可能帶來什麼機會不抱太大期待。

葛麗絲雖然拿下商業飛行員執照，航空業沒人會雇用她，也沒有飛行學校會讓她接受更進一步的訓練。她請教比安卡有什麼建議可以給她時，透露出心中的恐懼與不安。比安卡的回應雖然溫暖，卻也曖昧不明：「重點不是做什麼，親愛的——開心就好。」

從康乃狄克州返程的泛美航班中，她將鼻子抵在冰冷的樹脂玻璃窗上，葛麗絲思考著什麼事情能讓她開心。數千英里外的下方，洛杉磯看起來就像一片童話王國中，如夢似幻的閃爍燈光綿延了數英里，以太平洋的深色海水為界。她想像著自己孤身一人追著太陽飛行、調整節流閥、突破高度的限制，眼前的星星全都清晰了起來。

那是一九三八年，當時最強大的火箭都還不足以突破地球大氣層，然而葛麗絲相信有一天飛機不只能離開地球，還會把人類送往太空。她心想，**能成為那些少數人之一，是多麼幸運的事啊**。不曉得他們如何挑選創造未來奇觀的飛行員呢？被選上的人想必要有飛行經驗，愈高愈好吧。通常不都會選擇已經打破高度紀錄的飛行員嗎？在洛杉磯上空的雲層中，葛麗絲醞釀了一個計畫。她心想，**我可以當那個紀錄締造者**。**我可以是那個上太空的人**。飛機下降到跑道上，她的想像卻仍有一部分還留在空中。

故事創作部門裡擠滿了描繪女性裸體的藝術家。他們在桌上畫，在走廊上畫，或在戶外草地上畫，風發出「啪啪」聲吹過紙頁。從《胡桃鉗》的仙子，到貝多芬《田園交響曲》中的半人馬——他們為音樂會長片構想出的許多角色都是裸體的。對藝術家來說，不斷練習描繪人體有其必要，然而對好萊塢電影來說，新的審查法規禁止出現裸體。

一九三〇年代初期電影中的性與粗鄙場景激起眾怒。關於女性淫亂的描繪特別引發觀眾反感，例如《埃及豔后》（*Cleopatra*，一九三四年）中克勞黛・考爾白（Claudette Colbert）的浴缸裸身場景，以及《儂本多情》（*She Done Hime Wrong*）中大膽的梅・韋斯特（Mae West）暗示卡萊・葛倫（Cary Grant）飾演的角色：「找個時間來看我？」

從一九二九到一九三四年間的前審查時代，好萊塢影片幾乎沒有守門人來把關劇情的尺度，因此一群意志強悍的女性角色展現出令人訝異的性開放程度。導演依循的三十六點「需知守則」清單，是由貴格派人士想出來、耶穌會神父起草，最終由前任郵政總局長威爾・海斯（Will Hays）定案。這張清單以天主教神學為基礎，旨在限縮關於裸露、非法藥物、褻瀆、性、犯罪及其他不道德（如嘲弄神職人員）行為。然而這些限制並無強制力；就算無視，導演也不會受到懲罰。

直到一九三四年，政治壓力讓「海斯法規」（Hays Code）取得公權力，此法規又稱《電影製片法》（Motion Picture Production Code）。好萊塢終於得豎起耳朵來。電影拍攝前，每部腳本都必須經過行政主管審查。然而動畫的規定卻有些模糊。製作前，腳本不須送審；但跟其他影片一樣，最終影片要讓美國電影製作人與發行商同業工會看過並同意，才能在戲院放映。

故事創作部門絲毫不將這些限制放在心上。對這些藝術家來說，描繪人類身體就跟手指轉動鉛筆同樣自然。他們全都學過繪畫，不論是正統美術教育的一部分，或是在工作室舉辦的課程裡。因此他們很習慣描繪人體的曲線形貌，尤其在眼前有個活生生的模特兒的時候。

在許多方面，故事創作部門並不認為音樂會長片是為兒童創作的，至少不是專為兒童創作。華特很清楚表明，他們創作的是藝術，以古典音樂為繆思。他們製作的動畫影片將讓交響樂獲得每個人喜愛——無論音樂品味偏好或年齡，大家都會樂意聆聽。

在故事創作部門中，希爾維亞的團隊為《胡桃鉗組曲》段落製作影片畫面的時候，他們也將這個想法放在心上。由於少了既有的芭蕾舞蹈動作干擾想像力，因此他們放手畫出修長且身軀纖細的精靈，有豐胸窄臀和閃閃發亮的翅膀（這一點要感謝多平面攝影機的魔法）。精靈之舞喚醒了大自然與季節變化。精靈有金色、綠色、紫色、粉紅色及藍色，身上一絲不掛。裸露的狀態反映出脆弱與純潔的特質，有如孩童般純真。

然而同時間，他們周遭卻有人對女性身體進行全然不同的描繪方式。當故事創作部門裡多由女性組成的希爾維亞團隊正在創作《胡桃鉗組曲》時，還有六組團隊也正在創作其他音樂作品，其中之一是由不屑希爾維亞來指揮他們描繪精靈的男性所組成。他們反而畫出肌肉結實的人馬及女人馬。故事搭配的是貝多芬的《田園交響曲》，音樂為這些神祕生物創造了一種宏大氛圍，堪可配得上古希臘榮光。最後，半人半馬外表雖然莊嚴，這些生物上演的卻是喜劇與調情的尷尬內容。角色的動畫風格雖有娛樂性，卻少了藝術的高度。

女人馬的臉讓人聯想到月曆女郎——長如扇的睫毛、誘惑的笑容、腰部以上全裸的身體，而且動作帶著性感誘人的特質。故事創作部門草擬的幾頁畫面展現出女人馬精心打扮，期待男人的到來。一群臉頰紅撲撲的邱比特，以及至少一位非裔美國女人馬（名叫向日葵）伺候她們梳妝打扮。向日葵是華特．迪士尼工作室長片中首次出現的非裔美國人角色，只有其他人馬的一半高，因為她是半人驢，而非人馬。此外她的角色是僕人，要將花朵編到白種女人馬的鬃毛裡，擦亮她們的蹄。這個角色是在一九三八年一個午後的故事創作會議中形塑出來的。當時有一位作者建議：「某個女孩應該要擦指甲油，大紅色，擦在蹄上，你懂吧。」他模仿那個動作。

「那個金頭髮的是長得挺美的馬。那就小黑馬來吧？」一位動畫師問。

「可以發生在追逐的時候，來點笑料，」華特指著故事板說，「這邊的女孩進來，小黑馬帶著西瓜，女孩們狂奔，或者讓男生追不上，然後看到了她們的蹄，哈哈！她們跳了起來！然後是帶著西瓜的小黑馬進來。我覺得她們很可愛，我們的笑點要有發展空間。」

希爾維亞專注在《胡桃鉗組曲》上，這是她身為故事監督的職責；但她也在試著改善《田園交響曲》的情況。她提出了女人馬的競圖提案，她不畫性感人偶，筆下的女人馬反而有強壯的女性軀體；肌肉精實的手臂可以抱起孩子；年輕與年長的人馬共同生活，膚色則反映出彩虹的顏色，沒有任何種族歧視意味。然而，她的圖稿卻被視為貶低性別與族裔，因而遭否絕。

向日葵不是獨立自主的角色，而是刻板印象的粗糙集合，意圖使人發笑。不幸的是，將她描繪得卑屈順服並不罕見，當時好萊塢動畫中的非裔美國人角色幾乎清一色帶著貶損意涵。

（數年後的一九四二年，美國全國有色人種協進會〔National Association for the Advancement of Colored People〕的執行祕書華特．懷特〔Walter White〕會試圖透過與好萊塢片廠高層協商，轉變潮流。根據《綜藝》〔*Variety*〕雜誌報導，高層「保證爾後將更如實描繪黑人，不限於車站搬運工、挑夫與其他勞力工作者角色，而是呈現他們在國內日常生活中扮演的所有角色。」然而這些承諾從未徹底實現。相對地，要等到背景更多元的電影人出現，才終於讓非裔美國人在電影中的形象有更精確的呈現。）

創造出性感女人馬及僕人向日葵的男性，是在某種同質性高的真空環境下工作。許多人後來也批評他們的作品。當時代的影評形容《田園交響樂》動畫是「整部片中唯一令人不滿的部分」；歷史學者則稱這些人馬為「幻想曲的水準最低點」；無數動畫師遣責了這一段內容。

向日葵的出現尤其在接下來數年帶來深刻的羞恥感。華特在一九六三年將她從《田園交響樂》中刪去，工作室的主管們幾十年來也假裝她不存在。然而從鉛筆素描首度勾勒出她的形象起，到之後許多小時的故事創作會議，再到好幾個月的動畫繪製、成形、上色、錄製成電影——從頭至尾，工作室中沒人有夠強的意志力，阻止向日葵一角的種族歧視設定。而那時距離工作室雇用第一位非裔美國人藝術家，也還有十年之遙。

向日葵的角色被刻畫得毫無尊嚴，但她畢竟是想像中的角色；然而非裔美國人的舞台劇與影視演員海蒂·諾耶（Hattie Noel）卻受到實際的羞辱。為了完成音樂會長片《時辰之舞》（*Dance of the Hours*）的部分鏡頭，動畫師要求這位女演員穿上緊身芭蕾舞裝，她的腹部不適地凸出在蓬裙之外。一群男性用這位女性當模特兒，並畫下穿著蓬裙的河馬隨著音樂起舞。他們拍了照片，描繪她的身體，還笑她是「掉出來的肥肉」。

其中一位無情嘲笑表演者的男性是新員工李·布萊爾（Lee Blair）。他對自己的動畫師工作跟海蒂·諾耶的尊嚴都不甚在乎。不過就是領份薪水付帳單罷了。他才剛結婚，跟妻子瑪莉·羅賓森（Mary Robinson）是洛杉磯邱納德藝術學院（Chouinard Art Institute）的同學。

瑪莉·羅賓森於一九一一年生於奧克拉荷馬州的麥克艾勒斯特（McAlester）。她來自一個有強悍女性成員的家族。她從小長大的家是瑪莉的外祖母名下的房子，不只瑪莉、她母親、父親、兩位姊妹，還包括兩位阿姨也住在一起。就體力和精神層面而言，女性都是家族的骨幹；她們照料家庭與孩子，也賺取收入。反觀瑪莉的父親卻是個酒鬼，經常失業。

即便年紀還小的時候，瑪莉已極為重視藝術表達。家族從奧克拉荷馬搬到德州，最終落腳加州的摩根丘（Morgan Hill）小鎮。當時瑪莉十二歲。在母親說無法將僅有的一點錢花在畫具顏料上時，瑪莉搖搖頭，伸出手來：「反正老爸總會把錢喝掉。」高中時，瑪莉成為副班代及學校報紙的助理編輯。她以班上第一名成績畢業，是那種總是準備好抓住機會就上的人。她的畢業演說裡談到「命運掌握在自己手上」；有鑑於她未來的複雜旅程，的確有先見之明。

從聖荷西州立學院畢業後，瑪莉獲得全額獎學金進入邱納德藝術學院。第一年結束時，她贏得坎農布料廠（Cannon Mills）全國競賽的首獎。她不光獲得一百美元的獎金，還可將她的設計——亮黃與亮藍色的特洛伊木馬——印在毛巾與地墊上。瑪莉所到之處，名聲似乎都會隨之而來。

為瑪莉著迷的不只是藝術評論者。一位名叫李．布萊爾的同學也難以抗拒瑪莉的魅力。李跟瑪莉一樣都是邱納德的獎學金生，當年正要大展身手。一九三二年的夏季奧運在洛杉磯舉行，李贏得繪畫水彩項目的金牌（直到一九四八年，藝術都是奧運競賽的一個項目）。

小倆口對於藝術跟逐漸加深的關係都抱有強烈熱情。「親愛的，我們是藝術家，」瑪莉在給李的信中寫道，「熱愛藝術及彼此。我們一定要讓兩種愛相輔相成，融合成美好、幸福而富足的人生。那就是我們真切而實在的未來。我們會幸福，也要以繪畫傳達我們的幸福。」然而在一九三八年，兩人都未能欣然追尋共同熱愛的藝術。從藝術學院畢業後，每週賣畫的收入不過十五美元，因此他們被迫在商業壓力下為五斗米折腰。幸運的是，他們住在洛杉磯，這裡永遠都需要願為金錢妥協的藝術家。

這對新婚夫妻輾轉於一間又一間動畫工作室。李受雇成為動畫師；瑪莉雖然有一模一樣的教育背景跟經驗，卻只能成為描圖員。在華特・迪士尼工作室裡，李被分派到負責音樂會長片繁複的配色工作；瑪莉則留在市區另一頭的哈爾曼–義欣工作室（Harman-Ising Studio），負責畫《豬小弟》。她獲得升遷，成為藝術監督，那是她先生離開後空出的職位。周圍的男性讚美她並表示：「她比先生好多了！」

週末時，瑪莉將卡通推到一邊，專注於自己的創作。她熱烈沉浸在作畫中，筆刷滴著水在水彩紙上落下時，她全身緊繃。一天下午，她畫出鄉村地景上不祥的陰暗雲層。她的畫筆捕捉了老家奧克拉荷馬的沉鬱之美。每位藝術家可能都會面對某些掙扎，但很少人知道一九三〇年代奧克拉荷馬女性的辛酸。她作畫時會從家族女性長輩身上汲取靈感。那些勞動並負擔家務及財務重擔的女性，少有人獲得感謝或鼓勵，也沒機會掙脫既定的角色。就算瑪莉生在奧克拉荷馬，但她不希望被綁在這裡或任何地方。畫筆在畫布上飛馳時，她想掙脫的是這樣的過去。

暴風雲之下，她畫了一個站在農場敞開大門前的人，背後房間的熾熱光線映出此人剪影。她給這幅畫起名《一日將盡》。畫中的光亮雖惹眼，黑暗中的不祥之兆才是需要關注之處。

音樂會長片的多數故事創作會議都充滿幹勁，甚至吵鬧不休，然而〈糖梅仙子之舞〉的會議卻相對平靜——至少一開始如此。通常充滿吼叫、卡通假音及各種搬演活動的會議室中，故事創作者靜靜坐著，手放在大腿上，專注聽著音樂演出。照慣例坐在一旁的祕書此刻手也閒了下來，因為沒有任何會議紀錄好記——眾人內心對柴可夫斯基音樂的反應難以形諸筆墨。

雖然故事創作部門多數男性仍舊對仙子精靈很反感，最終還是有些人同意在希爾維亞的領導下工作。這些男人安靜坐著，房間內女性人數頭一次超過男性。希爾維亞背靠椅子，音樂演出時，

瑪莉・布萊爾，《一日將盡》，一九三八年。（瑪莉・布萊爾遺產提供）

她的眼睛盯著天花板。華特在她旁邊，仍舊專注聽著豎琴與鋼片琴發出高低起伏、不似人間有的琶音。鋼片琴是一種鍵盤樂器，會發出鐘響般的聲音，在交響樂中並不常見，卻在《胡桃鉗》的第三樂章裡大幅使用。會議中他們不畫畫，也不提出任何故事材料。這些都可以晚一點再說。此時此刻，他們就是聆聽。音樂如此驚人，讓言語顯得無足輕重——音樂已說出了自己的故事。

這些沉默的故事創作會議催生出工作室最美的幾個故事板。那些圖稿不再是幾個月倉促急就章的產物，而是以多年來被拒絕的想法逐步累積而成，例如希爾維亞採用了比安卡早年的舞動花朵與仙子的概念。比安卡與艾瑟花了不少時間在工作室建築外圍素描從水泥間冒出來的野草，她們試著在紙頁上模仿野草在風中搖曳的方式。

藝術家的目標是要以最自然的方式，讓他們正在開創的銀幕世界飽滿而生動。他們研究雪花在冬風裡如何迴旋；葉片如何落到地面上。希爾維亞與團隊正在創作的故事讓華特無比入迷，他堅持表示，就算在這部作品加入升級過的動畫效果也不為過。「這像是眼睛半開半闔時看到的影像，」他在某次故事創作會議中說，「幾乎是想像出來的。葉片看起來像在舞蹈，水面上浮沉的花朵也好似穿裙子跳芭蕾的女孩。」他要求特效部門創造出與這些夢幻影像對等的效果；華特認為他們提案的抽象故事需要強大的技術力量支援，才能轉換成好的影片成品。

希爾維亞與特效部門密切合作，她渴望將《胡桃鉗組曲》形塑成一件結合藝術與自然的精緻作品。為了這個目的，她帶著手下一小群故事創作藝術家及特效部門成員赫曼・舒提斯（Herman Schultheis）前往洛杉磯東邊的聖哈辛脫山區的愛德懷自然中心（Idyllwild Nature Center）。他們太常待在這裡，甚至租下一間木屋並稱之為他們的「夏季工作室」。

藝術家們在山坡上分散開來，他們觀察微風中顫抖的耐寒葉片、才要結苞的野花、即將迸放的果莢，以及潮濕地面上群聚生長的可愛蕈類。藝術家們埋頭以筆尖作畫時，赫曼・舒提斯就用各類攝影機拍下蘇格蘭薊、罌粟花與松針的寫照。

團隊成員在中心裡觀察反射陽光的露珠，他們也同時思考起該怎麼在電影中創造同樣效果。在工作室這邊，特效部門拿了一座蜘蛛網狀的八角木架，在中心的黑色背景放上一幅樹葉與蜘蛛網的蠟筆畫。他們拍下照片；隨後又拍了另一組照片——這次的樹葉和蜘蛛網是以微小金屬碎片構成。圍繞著木架不同角度的八盞燈逐一亮起，這些碎片依序發亮。只要將第二組照片疊到前一組照片上，看起來就會像仙子逐一點亮了露珠一般。

動畫效果的挑戰只是開始。動畫師與描圖上色部門的女性在描繪和上色過程中被難倒的，是要畫出冬天到來的畫面。身為監督者，希爾維亞跟特效部門開會時，發現有個名叫李奧納德・皮克利（Leonard Pickley）的人樂意處理這個問題。棘手的畫面包含幾十名芭蕾舞者仙子穿著閃亮雪花紗裙，在冬季深藍色的夜空下飛舞。動畫師得讓這些芭蕾舞服裝看起來跟動起來都像雪花才行。解決之道在於一種創新的定格技術。

描圖上色部門的女性描摹真實雪花的圖像，採用的是直接影印機這種早期的複印設備——相機就接在一台顯微鏡上。攝影場地設在距離洛杉磯好幾英里之外的暴雪天氣下，一位攝影師一次將一片雪花放在玻璃板上，送到顯微鏡下，然後快速拍下照片。描圖者一邊將雪花的形狀描到賽璐珞片上，一邊讚嘆細節的精緻，接著再一筆一筆加上亮白色彩。她們小心將雪花從塑膠片上切割下來，接著將每一片都貼上可以獨立轉動的轉軸；這個轉軸可以在S形鐵軌上滑動，鐵軌則以黑絲絨包覆，遮去所有金屬的部分。一個畫面接著另一個畫面，特效部門順著鐵軌滑動，讓鏡頭愈拉愈近，以此拍攝雪花。團隊完成的影像是真實風暴之外，所能拍到最完美呈現雪花結晶的畫面。

雪花的問題也許解決了，但還是少了迎來冬季的仙子。為了將仙子加入場景中，動畫師拿到雪花的直接影印照片後，就在每一片雪花中心畫上小仙子，並運用渲染技術將影像轉拍到賽璐珞片上。接著他們運用光學印片機（optical printer）將靈動的仙子與雪花定格照片結合在一起；這種設備通常是電影界用來重新拍攝膠捲時會用的機器。每張賽璐珞片只占最終電影一秒鐘的幾分之一時間，卻要耗費無數小時艱辛而精確的工作來造就。這樣的辛苦是值得的：最終效果超越了先前所有手繪動畫所能創造的水準，也呈現出精采華麗的〈花之華爾滋〉。

瑞塔．史考特（Retta Scott）離開她跟朋友一起分租的好萊塢山橄欖峽谷公寓。她的車子開過聖費南多谷地，又穿過燥乾、多草的丘陵與扭曲的橡樹群。千橡鎮（Thousand Oaks）是個小鎮，只是大洛杉磯地區的一小點，卻對電影產業工作者有莫大吸引力，這種吸引力都源自蓋博野生動物農場（Goebel's Wild Animal Farm）。這裡是一群奇異動物的家，許多動物會在當時代的電影中出鏡；米高梅片場的吉祥物雄獅李奧也住在這裡。

然而瑞塔對於讓動物演電影並沒有興趣。她會在蓋博園區待上數小時，在素描本上用鉛筆描繪牠們睡覺、伸懶腰或在籠子裡踱步的樣子。這些野獸也許被關了起來，但在瑞塔的畫中，牠們沒有枷鎖，在開闊的空間自由奔跑。

在邱納德藝術學院裡，獲得獎學金入學的瑞塔以驚人而逼真的描繪動物能力聞名。洛杉磯盆地與瑞塔從小生長的華盛頓州歐卡諾岡山區（Okanogan Mounatins）的歐瑪克（Omak）小鎮截然不同。瑞塔從小在家族果園中奔跑，跟五位手足在蘋果樹間遊戲，移民之女的母親會向他們用瑞典語喊叫。瑞塔在五個女兒中排行第三；弟弟比她小七歲，集全家人寵愛於一身。

大蕭條奪走了史考特家族的農場，因為瑞塔的父親付不出貸款。為了找工作，全家人搬到西雅圖華盛頓湖附近一處租屋；一開始瑞塔擔心城市裡可能享受不到鄉下美好又開放的空氣。在這裡，學校讓瑞塔找到了快樂。從來沒有上過學的雙親對她在課堂上的表現很吃驚。打從小小年紀，瑞塔就表現出美術方面的能力，四年級時她贏得了西雅圖音樂文化基金會的獎學金，也藉此於就讀公立學校期間，不斷接受藝術課程的訓練。高中畢業後，她搬到加州讀大學。

在邱納德就學期間，瑞塔對卡通動畫毫無興趣。對她來說，這種粗俗、幼稚的媒介跟她成為藝術家的渴望毫無關係。因此一九三八年畢業前夕，邱納德校長問她是否願意申請華特·迪士尼工作室的工作時，她十分驚訝。他聽說《小鹿斑比》正在發展成長片，也立刻想到瑞塔跟她描繪動物的特殊才能。對米老鼠毫無興趣的瑞塔慢慢受到這個想法吸引。這並非她一開始會設想的職涯，然而在大蕭條仍咬著國家腳後跟不放的當下，光是能找到工作就謝天謝地了。

結果工作室跟她的想像大不相同。她被聘入故事創作部門後，對身邊藝術家的執著感到驚訝，沒有人像她以為的只是草草畫幾張圖了事。相反地，他們會花無數小時，只求讓作品中的美學得以完美呈現。她發現許多同事跟她一樣是邱納德畢業生，走入華特溫暖的內在世界後，也都拋棄了自己對於藝術的自負感。

跟華特一樣，瑞塔能把人吸引到她身邊來。光是出現在房間裡，她就能讓人開懷發笑。一頭金髮高高盤在頭上、嬌小的身影，以及活潑的個性使她看起來比實際年齡二十二歲還小。然而只要她一開口，周圍的人立刻就注意到她的自信與聰慧。比安卡、葛麗絲、桃樂絲、希爾維亞與艾瑟已經征服了故事創作部門的男性，讓他們習慣與女性共事。因此瑞塔的聲音縱然陌生而女性化，也被他們接受了。

然而華特卻沒有認真聆聽。還沒有正式片名的音樂會長片似乎消耗了他大部分的精力，他少有時間進行其他工作。到了一九三八年末，他明顯已經忘了工作室另外那部有些棘手的長片，甚至也根本不參加《小鹿斑比》的故事創作會議了。

飛機衝下跑道，螺旋槳嗡鳴，金屬機身震動並發出噪響。葛麗絲拉起方向盤，當飛機平緩升上陰天的灰色雲層時，震動便停止了。一九三九年那個週一下午，她跟平常不大一樣。這樣的日子她本該在工作室工作，然而因為加班時數過多，才有了這次起飛的機會。她穿的羊毛飛行裝比她的尺寸大好幾號；手上戴著鋪了毛皮的手套；硬皮靴下套著長襪。她獨自飛行，唯一的伙伴是氧氣筒、飛行儀及一具ＢＬＢ（Boothby-Lovelace-Bulbulian）氧氣面罩。氧氣面罩緊緊綁在曾是座位的空間，伸手就可取得。那個座位、位子上的靠墊、工具箱和其他葛麗絲認為會帶來不必要重量的東西，都被扔在機棚裡。

不過兩天前，她收到了發明ＢＬＢ氧氣面罩的醫師之一：藍道夫．洛夫雷斯二世醫師

（Dr. W. Randolph Lovelace II）的來信。這個面罩原本的設計目的是要提升施予病患麻醉藥的效率，但後來洛夫雷斯將其改造來輔助那些試圖突破高度紀錄的飛行員。就像之前許多醫師，洛夫雷斯原本也給了葛麗絲一封拒絕函，告訴她明尼蘇達州的馬約醫學診所新陳代謝實驗室的高度實驗並不缺飛行員。此時葛麗絲對於拒絕已經麻木，但仍感謝醫生建議她應在空中使用氧氣。

這一天地面上的伯班克是個溫暖的日子，然而隨著高度攀升，空氣變得愈來愈冷，每一千英尺會下降攝氏兩度。即便能見度不佳、溫度寒冷，葛麗絲仍舊感到興奮。多年的訓練及數個月來的準備，終於讓她盼到此刻。葛麗絲歷經一些困難，但仍舊從本地經銷商那裡借到兩架費爾柴爾德（Fairchild）飛機，廠商也想從她的飛行獲得一些曝光度。接著葛麗絲花了許多時間比較兩架飛機，還製作精細圖表評估油料溫度、油壓與歧管壓力。她借來哥哥的碼表，記錄每架飛機在空中上升一千英尺所需花費的時間。她換掉螺旋槳，找出比較沒有阻力的那一組；測試飛行時她在座艙中冷到發抖。為了這一刻，她付出的一切努力——不斷懇求機會、一路上各種犯錯的難堪——在飛機節節高升的當下，似乎全煙消雲散了。她終於做到了——她在追求單引擎單翼機的飛行高度紀錄。

飛機升到洛杉磯盆地上方的霧靄之上（或如葛麗絲所稱的「到樓上」），十五分鐘內她就爬升了一萬九千英尺。即便在那種只有有限氧氣的高度，還存在缺氧風險，葛麗絲仍然覺得開心。她甚至還沒碰氧氣面罩。然而飛機卻不怎麼對勁。葛麗絲無法相信，哪一天不挑，費爾柴爾德飛機竟選在今天出問題。她試了所有辦法，飛機就是無法超越一萬九千英尺。她已經抵達飛機能力的最高極限，此刻油量也逐漸下滑。每加侖油料重達六磅，因此葛麗絲盡可能減低攜帶的油量，不顧地面工作人員的懇求：「葛麗絲，拜託比上次多帶一點。妳上次回來的時候，油箱只剩下半杯茶的量！」當她開始返航時，這些話語在她耳邊響起，她知道一滴油都不能浪費。

她以自己認為安全的速度盡快下降，將聖嘉布里耶山甩在後頭，飛越帕沙迪那，朝著夕陽往西飛去。當她下降進入雲層時，能見度大減；她只看到眼前半英里的範圍。她開始擔心伯班克會關閉機場。倘若在機場關閉的情況下降落，就會違反民航局規定，並可能危及他人。她也不禁想起先前驚險的差池——飛越谷地時不夠注意，幾乎要跟一架大型DC-3運輸機相撞，僅靠著最後一秒鐘俯衝才倖免於難。她在伯班克惡劣的天候中盤旋，想著此刻在她下方的運輸機，決定還是別冒出事的風險。雖然知道燃料幾乎要耗盡了，她決定冒險一路飛回格蘭岱爾。

葛麗絲掃視機場時，橡膠機輪也同時觸碰到跑道。她停好飛機之後在機輪前方放置擋石，又抓起封裝好的氣壓計。這東西片刻不能離開她的視野，稍晚得送到華府去正式登記她的高度紀錄。接著她才衝到最近的一具電話，讓伯班克機場的朋友知道她發生了什麼事。

葛麗絲站著跟一位技師閒聊，一邊等待朋友來接她。此刻回到地面的七月熱度下，她在飛行裝下大汗淋漓。由於飛行裝底下什麼都沒穿，因此也只能耗著，等到回家再換衣服。

媒體跟她朋友抵達時，掀起一陣騷動。她在駕駛座上及飛機外擺了拍照姿勢，臉上帶著微笑。然而一回到家中，心中立刻升起窩囊的感受。她希望飛機可以爬得更高，就像試飛時曾達到的高度。她擔心若未創下新高度紀錄，所有的努力都算自費了。晚間輾轉難眠時，寂寞的情緒揮之不去。

次日她打開上午的《洛杉磯時報》，看到了自己的照片，脖子上還掛著氧氣管與面罩。頭條寫道：「女性飛行員寫下新高度紀錄」。葛麗絲整個人被遲來的幸福與成就感包圍，她興奮地將報紙拿給母親看。然而母親眼神中不見驕傲，反而是噁心。讓葛麗絲震驚的是，她酸溜溜地說：「你就只想著要出名。」

火車在軌道上往前衝，卻沒人造好車站讓它停下來。這就是一九三九年秋天，音樂會長片在工作室中的進展狀況。這部影片沒有明確的完工日期，有些藝術家猜想這會不會讓華特功虧一簣，成為他第一部收不了尾的電影。巧合的是，這也是華特的想法，即便他較不那麼悲觀。

他視音樂會長片為不會終結的交響樂組合，其中的古典樂可以持續抽換，以新的動畫來重新構想創作，因此可以一直在戲院上映。然而即便眼前有這樣的理想可能，華特也知道火車總是要在某個地方停下來。他開始要求故事監督將他們的萊卡帶（拍攝靜畫後以動畫方式呈現，再搭配聲音的故事板）提出來讓他看。

希爾維亞向華特提交第二組萊卡帶時，精神極為緊繃。她的心裡被猶豫啃咬著，但跟音樂會長片無關，工作上她一直得心應手，其實希爾維亞是想跟華特要求更高的薪資。她不知道該現在提出，或等華特看了之後再說。她認為，倘若華特喜歡作品，她的加薪幅度應該更高。希爾維亞雖是故事監督，也有個家庭要養，她的薪水卻比男性同僚少上許多。她每週的薪資是三十美元。其他的故事監督都是男性，週薪在美金七十到八十元之間。關於加薪一事，她一直有所猶豫，因為她不想表現得太貪婪，因此又克制了下來。她轉而專心製作萊卡帶，在工作室花了很長的時間仔細看著她安排好的動畫分鏡以彩色印片法拍攝下來，接著再「消除雜音」，也就是配上音樂的意思。

希爾維亞的小心翼翼其來有自，因為某位男性不斷在偷走她的工作成果。這部影片的監督之一有個惱人的習慣：喜歡偷走希爾維亞的點子，再跟華特宣稱是自己想出來的。一再看著同僚因為自己的工作表現而受到讚美，希爾維亞卻束手無策。二月五日，她決定要報復。那天是這位監督的生日，為了給他一些特殊禮遇，她在上班前溜進他的辦公室，用許多衛生紙條裝飾整個空間。那天早上他上班時，迎接他的是許多笑聲與叫好聲。眾人笑鬧之間，他也沒選擇，只能對著新裝飾一笑置之。希爾維亞也笑了，原因自然不盡相同。

整個工作室都洋溢著想要完成音樂會長片的急切心情。他們已經在這部片上努力了三年，因此每個部門都感受到加緊趕工的必要性，甚至包括宣傳資料。這是由一位名為藤川恭（Gyo Fujikawa，恭發音為「吉歐（Geo）」）的藝術家負責的。藤川恭出生前，由於父親認為這胎應該是個男孩，因此以睿

希爾維亞的同事之一歡喜領受辦公室的新裝飾。頭上的光環是希爾維亞・荷蘭德加的。（希歐・哈樂代提供）

智慈愛的中國皇帝之名，將孩子命名為「恭」。之後來到世上的孩子顯然是個女兒，他頑固拒絕改名。因此她就成了「恭」——一位來自加州柏克萊的第二代日裔美國人女性，具有與那位皇帝相符的好脾氣與學術實力。她從聖培德羅高中畢業時，所有朋友都結婚了，甚至她一度似乎也要加入這個行列——十九歲時她也訂婚了。但最終她決定取消婚約，令她的母親相當難堪。羞愧的母親甚至將她送回日本一年，雖然這對恭來說實在稱不上懲罰。她在當地飽覽幾百年來傳統藝術大師——包含雪舟等楊（Sesshu）、喜多川歌麿（Utamaro）、歌川廣重（Hiroshige）等人——的作品，並沉浸於和服絲綢上煙燻色調那種用色風格。

當她返家時，所有進入平凡家庭生活的想法都消失了，取而代之的是想要投身藝術的強烈渴望。她憑著獎學金進入邱納德藝術學院，打包行李前往洛杉磯，接下來十年，這座城市將成為她的家。從學院畢業後，她決定留在學校並加入教師群。身為教授的藤川恭引導了無數藝術家，其中之一就是安靜卻意志堅定的瑪莉・布萊爾。對藤川恭來說，比同齡人看來更成熟睿智且擁有設計才華的瑪莉，終將在藝術世界發光發熱。

經歷四年教學生涯後，藤川恭發現自己身為藝術家的需求超越了她對藝術學校的感情，因此她選擇離開，開始進行壁畫、百貨公司的陳列設計，並在家中精進自己的插畫風格。一位朋友將她介紹給華特・迪士尼工作室，從此她便開始在宣傳部門工作。

藤川恭的藝術風格很快吸引了眾人目光。不少藝術家圍繞在她的桌旁，其中許多人是她在邱納德學院教書時就已經相熟的舊識。新仰慕者之一是亞特・巴比特（Art Babbitt）——工作室的首席動畫師。巴比特邀請藤川恭出去，她很快同意了。消息在工作室傳得沸沸揚揚，沒多久藤川恭收到各種不請自來的建議及下流的警告——例如，光是跟巴比特走進同一個房間，她就可能懷孕。藝術家之間約會並非不尋常，因此招來的閒言閒語也是如此。然而藤川恭不喜歡引來這種他人目光。與其忍受沒完沒了的謠言，她決定取消約會。

藤川恭在工作室的生涯正在不斷拓寬。她為即將上映的音樂會長片設計產品，例如鹽罐、瓷器組與玻璃器皿，並繪製了一本相關的電影故事書。她為特定城市的電影首映會設計了舞台表演節目。文宣不僅重要，更獨樹一幟。音樂會長片是第一部沒有創作群名單的美國上映電影，甚至連標準的「華特・迪士尼獻映」都沒有。取消影片開頭的名單，是為了讓觀眾有置身真實音樂會（而非電影）的感覺。影片是從拉開舞台序幕開始，音樂家陸續就位，也會預備演出前的調音動作。

工作室電影的片頭創作群名單長久以來都是爭議焦點。動畫師對於要擠破頭這件事充滿抱怨，只有最無情的人才能成功將自己的名字擠到銀幕上。工作室內既有的傳統：至少得產出膠捲長度達一百英尺的作品，才能躋身銀幕名單之列。但事實真相卻更為複雜——尤其有些故事創作者的貢獻無法以英尺來衡量。

希爾維亞也開始感受到這種不公帶來的惱人感。她、華特跟一小群故事監督一起在華特所謂的「烤箱會議」中檢視未剪輯的毛片，員工們汗如雨下；然而汗水究竟是狹小擁擠的空間使然，還是華特尖酸的批評造成的，則未得而知。這場會議裡，希爾維亞並沒有特別緊張。她對於他們正在檢視的影片很有信心，很快也發現華特很滿意，因為他以慣常的鼓勵方式讚許她的作品。

隨著會議緊張的部分結束，希爾維亞放鬆了下來。創作群名單最終雖然只會印在節目單上，當時也被放到銀幕上檢視。她隨意瞥了瞥，心裡從未懷疑自己是否會列名在上面。然而名單放出來後，她震驚地發現找不到自己的名字。希爾維亞通常是冷靜理智的人，但就算對她這樣好脾氣的人來說，這也太過分了。她不發一語站起身後，走出房間。「希爾維亞？希爾維亞！」其中一名男性叫她，她卻沒有轉身。她一臉暴怒，拒絕跟他們任何一人說話。感到情況不對勁的華特跟著走出去。「怎麼了？」他問。憤怒湧上希爾維亞全身，一開始她甚至氣到不想回答。一片安靜在空氣中默默沸騰一分鐘後，她轉向華特爆發。「欺人太甚！」她大喊，接著要求她的作品必須標註正確的創作群名單。

希爾維亞也許會為看到自己的名字而滿意，其他許多人卻沒有這種待遇。雖然音樂會長片的銀幕上沒有創作群名單，但這不表示爭取列名的鬥爭會稍減其醜惡特質，又或者會比其他影片更加包容。例如，以《胡桃鉗組曲》來說，節目單上的創作群最終有二十二位藝術家，不到全體五十三名男女工作人員的半數。希爾維亞當時確保了不只是自己的名字，還有兩位跟她一起奮鬥的女性——比安卡．馬喬利及艾瑟．庫爾薩——也得列入名單。她們三人是整本節目單中唯三的女性。

工作室還得想個可以印在節目單封面上的片名；總不能永遠都叫音樂會長片。答案來自意料之外的人：指揮家史托科斯基，他會在銀幕上與米老鼠握手。他建議了《幻想曲》（*Fantasia*）這個名稱；這個字最早在十六世紀的時候用於音樂界，指的是一種不受結構限制的自由作曲形式，跟他們打破疆界的電影精神吻合。

那個星期五，奧斯卡．費辛格（Oskar Fischinger）跟過去九個月的每一天一樣，出現在工作室中。他是《幻想曲》的動畫師，同時也是實驗性電影創作者，他的動畫會運用驚人的技術，如停格、縮時及幾何圖紋的繁複拼貼手法。多年來，他的前衛短片已在整個歐洲放映，除了他出生的德國以外；在德國，他們受到納粹黨的激烈批評，納粹成員稱他的作品「墮落」。一九三〇年代，第三帝國的宣傳部門開始關閉藝術學校，將畫作從博物館中移出、燒毀書籍，同時也接管電影片廠。一九三六年，費辛格激烈批評納粹後就逃出故鄉，前往美國。

亞洲的衝突也在持續升溫。一九三九年的夏天，十萬名日軍與蘇維埃軍隊在蒙古與滿洲國的邊境發生衝突。八月結束時，日軍士氣低落，大規模失利後，他們宣布戰敗。展示軍事力量的蘇維埃跟德國在一九三九年八月二十三日簽訂了互不侵犯條約。此一同盟締結促使希特勒在一週後的九月一日星期五，旋風式入侵波蘭。對工作室中的許多人及城裡的一般人來說，這一天不過是另一個週間日，但對費辛格卻不同。幾個同事在他辦公室門板釘上納粹符號。這究竟是出於敵意還是玩笑，不得而知，但無論如何，結果都一樣。對一個曾被蓋世太保質疑為何拒絕展示此符號的人來說，這已經是他的極限了了。那些嘲諷費辛格德國出身背景的人對他一無所知，因為他在故事創作會議中通常很沉默。他們也無從了解這個人了：兩個月後費辛格離開了工作室。

華特．迪士尼工作室中那些在歐洲和亞洲有親朋好友的員工，如費辛格、希爾維亞、比安卡與藤川恭等人，聽到海外新聞而深感不安，大眾的反應也是如此。美國的孤立主義者同時包含進步派與保守派，加上一次世界大戰傷亡及大蕭條的壓力仍舊記憶猶新，因此美國內部少有人願意冒著風險涉入變局。

也因此，衝突在大西洋與太平洋的另一端升溫時，華特．迪士尼工作室團隊持續他們的工作，也預備搬家。裝滿家具箱子的卡車綁上標語宣告：「米老鼠與新的華特．迪士尼工作室」。

這次搬家已經籌畫了兩年，要將華特與此刻高達千人的員工群，從擁擠的亥伯龍大道工作地點，搬到伯班克嶄新又寬敞的五十一英畝園區。然而並非人人都很肯定工作室會一帆風順。華特的父親伊萊亞斯．迪士尼（Elias Disney）參觀過新的動畫大樓後，將兒子拉到一旁問：「這可以用來做什麼？」他很擔心，倘若華特的公司破產，需要處理資產時，要怎麼變賣這個巨大空間？華特回答：「喔，應該也很適合改建成醫院。」此後這棟建築就被暱稱為「醫院」。

工作室的搬遷終於在一九四〇年初完成，伊萊亞斯．迪士尼對兒子事業的擔憂似乎其來有自。無論公司怎麼使盡力氣，也無法再忽視戰爭對這個行業的影響。即便在恐懼之中，仍有餘裕的歐洲人還是會持續前往社區電影院，欣然把握逃離現實的機會，窩在戲院椅子上，讓自己沉浸在幻想世界裡。在納粹德國、法國跟義大利，米老鼠都同樣受到熱烈歡迎；雖然在這些國家，角色在影片中的大冒險展開之前與之後，分別會播放非常不同的新聞片與政令宣傳。

米老鼠雖然持續受到歡迎，售票收入卻未能回流到加州。戰爭中斷了工作室發行商的付款，因此華特宣布他們得削減一百萬美金的支出，裁員三百到五百位員工。支出裁減讓希爾維亞心裡覺得不安；華特剛剛給她加薪，每週提高二十五美金，她的助理艾瑟也獲得每週十美元的加薪。她猶豫了幾個月的請求，現在終於見到現金入袋，但她動畫職涯的未來發展卻空前令人不安。

隨著海外衝突升溫，華特決定《幻想曲》的世界首映要是一場募款活動，在紐約百老匯戲院上映「看得見的音樂及聽得到的圖像」。這場活動在一九四〇年十一月十三日舉行；每張門票十美元——對當時的電影票來說是天文數字，活動利潤百分之百捐給英國戰爭救難協會。

《幻想曲》是工作室在一九四〇年出品的第二部電影，第一部是二月的《木偶奇遇記》。《木偶奇遇記》獲得很好的影評；《紐約時報》稱：「《木偶奇遇記》……的每個部分正如我們所期望的那樣精緻——可能有過之而無不及。」然而票房卻不如預期。這部片的成本是《白雪公主》的兩倍，超過兩百萬美金，回收卻少得多，年底時只收入一百萬美金左右。驚人的赤字讓華特對《幻想曲》寄予厚望。

兩個月後在洛杉磯卡賽圓環劇院的首映中，希爾維亞帶著當時已十三歲的女兒希歐走下紅毯。多年的痛苦掙扎終於換得應有的尊嚴與喜悅。看著擔任電影旁白的作曲家迪姆斯．泰勒（Deems Taylor）介紹她作品中的音樂時，希爾維亞露出微笑。「這是出自全本芭蕾舞劇《胡桃鉗》中的一系列舞曲，」泰勒解釋，「該劇不是太成功，今天也沒人演出了。」

希爾維亞唯一的遺憾是遠在英格蘭的家人未能親睹她的作品——《幻想曲》沒有海外發行計畫。即便失望，也面臨即將到來的裁減措施，希爾維亞卻感覺自己的事業正在往前推進。她正在進行振奮人心的新計畫，華特也承諾讓她升遷、加薪，這將帶給她長期以來一直渴望的財務穩定。

比安卡並未參加首映，也不看最終完成的影片。即便她所創作最優異、最富於靈感的其中一些作品終於能躍上銀幕，比安卡卻陷入抑鬱中。她開始更疏遠同事，將自己孤立起來。許多同事嫉妒她的成就，特別是男性。在新辦公室安靜的獨處環境中，她開始養成喝波特酒的習慣，一瓶瓶酒精甜美的氣味充盈小小的房間。酒精不只帶走她的痛苦，也奪走了她的意識，讓她陷在憂鬱迷霧中。然而一九四〇年從遠方開始漫開來的暗影，即將籠罩所有人。

第五章 四月小雨

參與《小鹿斑比》工作的藝術家圍繞著一疊圖稿。沒人知道這些畫是從哪來的，但所有人都同意它們驚人無比。眼睛炯炯有神、肌肉結實的獵犬似乎就要躍出紙面。圖稿中，齜牙裂嘴的猛獸逼近母鹿芬妮，斑比衝了進來，用他的鹿角擋住凶惡野獸，一幕幕場景栩栩如生。狗的背痛苦弓起，每一景都完美捕捉並突顯了斑比鹿角的力量。藝術家們面面相覷，問道：「誰畫的？這是誰的畫？」動畫師全都假設這位神祕藝術家是個男人，卻沒人承認。這些草圖彷彿從天而降。接著瑞塔．史考特走進來了，肇事者揭曉：不是男人，而是個年輕女性。她的金色捲髮盤在頭頂，滿腦子想方設法要讓攻擊的野獸看起來更恐怖。

華特．迪士尼工作室剛剛搬進伯班克的新家。對瑞塔來說，搬家的時機實在太恰到好處。在亥伯龍大道時，《小鹿斑比》的故事創作小組被分到西華街（Seward Street）上一間小房子，此地被（沒好氣地）稱為「白蟻巢」——牆壁已經開始向內彎，整棟建築基本上要垮了。相對地，伯班克工作室的三層樓流線式現代設計就像宮殿一般。華特本人親自參與建築計畫，希望能打造出巨大的八翼建築，由兩棟相連的H形建築構成，要有大量窗戶，讓自然光可以照進辦公室。動畫師與概念藝術家在一樓；作品監督、背景與空間構圖藝術家在二樓；故事創作部門與華特的辦公室在三樓。

若搭乘私人電梯來到屋頂，便會進入一個全然不同的世界。走出電梯，你會看見一堵壁畫，畫著十四名裸女圍繞著一個男人。這裡被稱為頂樓俱樂部，有一間酒吧與餐廳、理髮廳、按摩桌、健身房、蒸汽浴、床、撞球檯與牌桌，以及大片露天區域，以裸體日光浴聞名。這間全男性俱樂部會費不貲，入會資格更是要求極高。員工的收入必須超過每週兩百美元，這個數目只有少數動畫師可以達到。這是工作室新的菁英時代，也惹惱了許多藝術家；過去他們認為，一起擠在亥伯龍大道破爛建築中的這群人是個大家庭才對。

瑞塔在三樓的故事創作部門工作，為《小鹿斑比》畫草圖。華特終於把他的注意力轉回這部森林長片；他承認：「我從來不覺得《小鹿斑比》是我們家的作品。」四年前，當比安卡首先根據小說為這部電影書寫故事劇本的時候，她就已經注意到這本書傳遞的和平訊息，以及描述自然世界的本質之美。但其中的政治訊息在此時此刻更加重要，因為歐洲跟亞洲的戰事正在升溫。

一九四〇年，摧枯拉朽的戰爭正襲捲全球各地，然而美國卻閉上了雙眼。《小鹿斑比》的作者菲力克斯．薩爾坦對於周遭如影隨形的危機一向十分警醒。生於一八六九年的薩爾坦是猶太教正統派拉比的孫子。一歲大的時候，他的家族為了尋求包容猶太信仰之地，由今日的匈牙利布達佩斯，搬到奧地利維也納。十八世紀啟蒙運動遍及歐洲各地後，一八六七年維也納開始給予猶太居民公民身分，這是許多歐洲城市不做的事情。於是，大批猶太人受到吸引而遷徙到維也納，尋找社會與經濟上的機會。

薩爾坦身為年輕藝術家，是個熱情的猶太復國主義者，也透過寫文章跟演講，鼓吹讓猶太人在巴勒斯坦建立家園。納粹在一九三六年禁止《斑比的林中生活》一書時，宣稱這部作品是「猶太人在德國的遭遇的政治寓言」。這只對了一部分；薩爾坦作品的真正意義其實更加深遠。

在《斑比的林中生活》一書中，薩爾坦點出了文化同化的危險。書中數種動物宣傳免受人類傷害的做法，也就是順從人類意志，並與其為伍。然而，對那些順服殘酷獵人的動物來說，事情並沒有這麼簡單。一匹生病小馬戈博（Gobo）告訴斑比：「我不用再怕他們，現在我們是好朋友了。」戈博相信牠戴的韁繩能讓牠安全，然而當牠在草原上天真地靠近獵人時，卻被人類射殺了。就連瑞塔筆下巧妙描繪出的惡犬，也在薩爾坦書中扮演了複雜的角色：跟動物所厭惡的獵人合作的幫手。斑比的父親如此描述牠們的信念：「牠們在恐懼中度過一生；牠們痛恨（人類）及自己，卻又願意為他們而死。」因此《小鹿斑比》終於在一九四〇年慢慢成形，並非偶然。這是對法西斯主義興起的反動；那些緊密追蹤海外新聞的員工熱切想要訴說這個故事。

瑞塔構想《小鹿斑比》的劇本，同時搭配繪製的草圖被華特看到時，她的才華深深撼動華特，因此他下了前所未有的決定：讓瑞塔成為動畫師。她是第一位躋身菁英之列的女性。倘若故事創作部門是「組織之心」（語出華特），那麼動畫師就是流經其中的血脈，每一位藝術家都是華特親手挑揀的。升遷為動畫師可不是小成就。許多男性與部分女性會擔任「中間人」，將動畫師的畫清理乾淨，並繪製連接作品與作品之間的重複畫面，賦予角色動作。有些人可能會在這個職位待上好幾年，才能成為助理動畫師，最終成為角色發展動畫師。就算是那些爬到頂峰的人也得持續努力，以留在這個位置上。瑞塔知道是自己在故事創作部門的表現，讓她獲得了只有少數人能得到的職位。

公司內部關於瑞塔升遷的公告讀起來有戲謔之意：「動畫師一直期待他們的愉快生活不會受到闖入他們工作的女孩影響。」瑞塔到新部門報到時，發現男性同事用辦公空間的裝飾來諷刺她：掛上女性化荷葉邊窗簾，還將蕾絲花邊桌墊放在她的椅子上。

瑞塔不只專注在《小鹿斑比》的工作上，也到處尋找自己可以提供協助的地方。她開始為《幻想曲》畫女人馬，精準畫出男性同事已經定下的線條。《田園交響曲》系列已經無可救藥，瑞塔能做的就是將她的技巧應用到眼前這些有瑕疵的場景上。

一九四〇年，華特．迪士尼工作室中女性的機會大增。瑞塔就像是個指標，為其他想要跟上腳步的女性照亮了通往動畫樓層的道路。當時只有五名女性擔任中間人與助理動畫師；其中之一是藝術家米爾德瑞．福維亞．迪羅西（Mildred Fulvia di Rossi），朋友都叫她「米莉」。

米莉曾為《幻想曲》中的〈荒山之夜〉（Night on Bald Mountain）段落畫出惡獸查立保（Chernabog）駭人的草圖。她描繪這隻鈷藍色調、生著白色閃亮大眼與長爪有翼怪物時，也對怪獸萌生了情感。米莉與瑞塔這兩位動畫部門的女性正在打造工作室裡最恐怖的怪獸。接下來還有更多。

隨著女性在動畫部門為自己取得一席之地，部門內流傳的備忘錄開始要求男性注意自己的言語，並說：「華特一直希望工作室是受雇女孩不用擔心尷尬或羞辱情形的地方。」愈來愈多女性也進入了特效與故事創作部門。當時工作室所聘的一千零二十三名員工中，三百零八名為女性，多數仍限於描圖上色部門，然而已經有百名以上分布在其他部門中。在女性員工比例這一方面，華特．迪士尼工作室遠遠超過好萊塢其他大片廠，甚至也超過當年美國多數職場。當時的勞動人口中，平均四分之一為女性。華特決心拉高這個數字，並且開始付諸打動。然而工作室中其他男性一面觀察華特的招聘過程，一面感到不安。

一九四〇年聘用的女性之一是瑪莉．布萊爾。三年半後，她終於離開哈爾曼－義欣工作室；她發現那裡的同事之一喬．巴伯拉（Joe Barbera，後來成為漢納－巴伯拉製作公司〔Hanna-Barbera Productions〕的創辦人）不停找她麻煩。據說他一直向她求愛，經常攬住她的腰，不讓她離開，甚至在辦公室中也如此。瑪莉恨透了每日不斷的騷擾，懇求丈夫幫她在華特．迪士尼工作室找個工作，那時的李已經在此工作了兩年。

李幫她在角色模型部門找到工作，藝術家要在此製作角色的立體塑像，以協助故事創作藝術家與動畫師的工作。這對偏好水彩的畫家來說是份奇怪的任務。當瑪莉的才華終於被看見時，她被送到故事創作部門。他們正在進行一項新計畫，暫時取名為「小姐」。於是瑪莉開始為這個小狗界的成長故事，描繪一隻咖啡色的垂耳幼犬。

瑪莉來到新工作場所時，嘴巴驚訝得闔不起來——到處都是女性，跟哈爾曼－義欣工作室大相逕庭。就連上司希爾維亞．荷蘭德也是女的。雖然比安卡覺得希爾維亞有時有點強勢，因此叫她「母雞媽媽」；瑪莉卻在希爾維亞身上看到藝術家富同情心的靈魂。在希爾維亞的指導下，瑪莉開始參與「寶寶之舞」的工作，這是《幻想曲》的提案曲目之一。男性員工認為畫寶寶不如畫仙子來得有男子氣概，因此拒絕做這份工作。女性則一點也不怕，所以就一同設計這個曲目的內容。瑪莉與希爾維亞創造了一群族群背景多元的小嬰兒，從一張大家一起睡的大床上冒出來，開心共舞。這個工作很令人快樂，卻不大自由。她先生享有工作室裡的藝術創作自由，而瑪莉卻覺得在這個自己所扮演的小了許多的角色裡快窒息了。

跟瑪莉一起工作的另一位男性藝術家黃齊耀（Tyrus Wang）也覺得自己被大材小用。黃齊耀（Gen Yeo Wong）生於中國一個小漁村，一九一九年他九歲的時候就跟著父親離開中國，前往穩定與經濟機會的應許地：舊金山。黃齊耀向母親與姊妹輕輕道別，此後未曾再見。

移民抵達舊金山後，會依照國籍分開來。黃齊耀睜大眼睛看著歐洲人與那些頭等艙旅客立刻獲准進入城市；他跟父親及其他亞洲人、一些俄國人與來自中南美洲的人，則被送到位於惡魔島與金門大橋之間的天使島移民中心。

一九二二年，美國移民署署長宣布天使島骯髒污穢、不適人居，他形容當地有「一大群破爛不堪的建築，除了容易起火以外，別無長物」。他寫下：「衛生設備糟糕。倘若是某個人擁有這種設備，應該會被當地衛生機關逮捕。」天使島一開始被設想為「西部的埃利斯島（Ellis

Island）」；然而在埃利斯島，尋求庇護者只有百分之二會遭拒絕入境，多數都是在登陸的幾小時內便能入境美國。然而在天使島，約有百分之三十的移民會遭拒絕入境，通常是在他們被拘留數個月之後。

黃齊耀與父親最早感受到美國的種族歧視，是一八八二年的《排華法案》（Chinese Exclusion Act）。這是美國第一部明確限制移民的法律，旨在暫停所有中國勞工移民移入，而那也是美國政府首度針對特定族裔團體而立法。

兩週後，黃齊耀的父親獲准進入美國，卻得將兒子留在天使島。最後經歷一個月拘留後，這名少年獲准收拾行李，搭上渡輪。他終於自由了，但生活並不見得就比較好過。黃齊耀與父親住在沙加緬度華人會館（Sacramento Chinese Community Center），他開始就讀當地小學。他的老師之一認為他的名字齊耀太難發音，因此替他改名為泰勒斯（Tyrus）。學校課業對他而言很辛苦，特別是他得邊學英文，邊學其他課程。

兩年後，他父親搬到洛杉磯找工作，將齊耀留在華人會館。十一歲的少年在雜貨店打工，工作之餘也在此購買食物，自己煮晚餐。十四歲時，他也前往洛杉磯與父親會合，很高興終於不再孤單一人，也在學校跟工作之間勉強找到一點平衡。晚餐後，父親會教他中國書法；因為沒錢買紙、墨，他們就用筆刷沾水，在舊報紙上寫了起來。美麗的字體出現一會兒，就會揮發、消失在空氣中。

藝術生涯似乎就跟這些消失的字一樣不可捉摸，直到就讀初中的一個夏季，齊耀得知他獲得洛杉磯奧提斯藝術學院（Otis Art Institute）的部分獎學金。即便入學將帶來很大的財務壓力，他仍舊決心要前往奧提斯學院。他在奧提斯意外享有舒服的生活，不只來自寫生、繪畫與插畫課程，還因為他擔任餐廳服務生，年長的女侍堅持要給他剩菜吃。這間學校不只提供顏料畫布，還讓他找到了為當地商家設計招牌的工作。看到兒子靠設計賺到二十美金後，他父親感到相當驕傲。這是齊耀最後一次從父親口中聽到對他藝術能力的讚賞。不久之後，父親去世了，當時齊耀甚至還沒畢業。

齊耀就像許多一九三〇年代的藝術家，畢業後成為美國公共事業振興署（Works Progress Administration）的畫家。在打工的餐廳裡，他遇到一位名叫露絲・金（Ruth Kim）的女子，兩人很快就結婚了。成為人夫且很快就要當父親的齊耀，眼下必須找一個收入更好的工作，還有住的地方。他找公寓找了好幾週，房東都不願意租給這對年輕的華人夫妻。

穩定的工作也同樣難找。向華特・迪士尼工作室求職時，齊耀的履歷上除了教育背景，還羅列了洛杉磯郡美術館及紐約世界博覽會的展覽經驗。即便擁有這些傲人成績，他只受聘為中間人，而非動畫師。上工第一天，他就碰上有人以他的種族發動言語攻擊，分派到的工作更是繁瑣。然而就在這時候，他得知工作室正在製作新影片：《小鹿斑比》。

齊耀讀了薩爾坦的書，深受內容啟發。到了晚上他開始用畫筆畫草圖，以粉彩著墨森林的自然之美，唯一可見的動物是一隻孤單的鹿。他帶著這些畫去見這部片的藝術監督，後者將畫拿給華特看。他的正面反應很是當機立斷；藝術監督說：「看來我們把你放錯部門了。」齊耀很快也參與了故事創作會議，他創作的藝術概念為了整部電影的風格定調。他製作了故事板，還設計背景，其藝術風格為《小鹿斑比》帶來一種神祕感——森林裡點點陽光灑落其上的樹葉、清晨迷霧、陰暗的荊棘叢——同時也補捉到薩爾坦作品中的詩意。

黃齊耀並非工作室唯一的亞裔美國人。在夏威夷出生長大的楊左匋（Cy Young）是華人移民後代，在工作室成立早期就已加入團隊。到了一九四〇年代初，他成為有影響力的特效動畫師。此外還有故事創作者鮑伯．桑原（Bob Kuwahara）、助理動畫師克里斯．石井（Chris Ishii）、動畫師詹姆士．田中（James Tanaka）等等。然而黃齊耀經常被誤會成餐廳侍者，在故事創作會議中他通常很安靜，喜歡讓作品為自己說話。他在工作室中的檔案記錄了身高、體重、婚姻狀態，以及一句話總結他的長處：「擅長運用靈感繪圖，不過是以東方手法和風格創作。」

就在黃齊耀慢慢突破工作室內的偏見與貶低時，瑪莉發現自己的野心仍舊遭遇阻礙。她正在進行的案子相當有趣，尤其有一部關於小女孩潘妮洛普的劇情片，她會在片中穿越時空、探索世界。然而不同於黃齊耀，瑪莉無法掌控自己手上作品的創意面，也看不到自己的作品搬上銀幕。她的信心開始崩解，但黃齊耀精采的作品撫慰了她的心。他為《小鹿斑比》所畫的幾百張藝術概念，跟瑪莉本身的風格截然不同，不過她喜歡背景描繪的輕柔筆觸及他筆下鹿隻的精緻體態。兩人在三樓的位子距離很近，只要聽到有人大喊：「人類進森林了」——這是《小鹿斑比》的台詞——大家就知道華特離開辦公室，往他們這裡來了。他們會趕緊把最好的作品放在桌面物品的最上方，急著想讓華特留下深刻印象。

一如瑪莉，葛麗絲也覺得在這裡找不到真正的人生意義。一九四〇年，她正在尋求離開工作室、進入飛行世界的管道。她寫信給很多人求職；雪片般的拒絕信多不勝數。幸運的是，耗在故事創作會議上漫長時間的磨練，已經教會她如何面對拒絕。因此她只管埋頭繼續寫。她加入了美國火箭學會（American Rocket Society），詢問噴氣推進與火箭飛船的事情。她寫給知名的工程師與物理學家羅伯特·哥達德博士（Dr. Robert Goddard），他告訴她加州理工學院有一群學生對火箭學很有興趣，所以葛麗絲也寫信給他們。這群被稱為自殺小隊的學生將成為現代火箭學與太空探索的先行者，但這群年輕人也不知道該拿這位大膽的女性飛行員怎麼辦。

她夢想著能從上往下俯視地球弧線，並將希望寫在日記裡：

我知道星際旅行是不可能在我這輩子實現了……目前為止，只有地面上的十二英里被實際探索過。我們可以猜測更高地方的樣子，我們可以透過科學來推論，然而除非有人到過更高的地方，所有目前認定的知識都只是猜測而已。這種探索不只是為了未來的星際旅行，也會增進人類知識……我可以學習在高空掌控飛機，這對於需要飛行員帶回實際資料的科學家與工程師來說很有用。未來也許是火箭飛船或氣球帶回這些重要資料，不論是何種發明，飛行員最好都是選自有平流層駕駛經驗的人。倘若我可以累積經驗、建立名聲，縱使機會很小，但我還是有可能被選中的。

這些夢想也滲透進葛麗絲的工作，當時她正在為《小鹿斑比》構思對話。故事創作部門也在苦思該如何傳遞這本書的哲學意涵。不像《白雪公主》或《木偶奇遇記》，這部電影沒有引導性的劇情轉折。相對地，劇中敘事隨著森林本身的生命循環週期而轉折起伏。故事創作部門想用幽默段落帶起情緒，但不能是米老鼠短片所仰賴的那種沒質感的笑點。

故事創作會議中，華特細數最初研究挖掘到的許多點子。他看到比安卡觀察小鹿出生後留下的早期筆記，遂提議做出初生小鹿顫抖邁出第一步的動畫。有些點子則沒那麼迷人。在故事板上很重要的一景裡，斑比的父親帶兒子去看人類死屍，好讓他知道人對自然的力量並非毫無上限。華特建議表現出燒焦的獵人屍體，他們在林中生火卻讓火勢失控。故事創作部門卻摒棄這個點子，認為那種影像對許多大人來說已經過於強烈，更別提觀影的孩子了。最終，人類從頭到尾都沒有出現，連影子也沒有。

要在忠於原著跟為低齡觀眾改編之間取得平衡，愈來愈困難。故事創作部門特別在意斑比母親之死——這一幕在所有讀過小說的人心中激起沉痛的情緒。他們本來討論要讓斑比的母親死在雪中，後來決定這樣太過頭。即便少了影像，這一幕仍舊令華特不安，他問團隊：「你們會不會覺得太哀傷，太令人揪心？」他們不斷來回檢視斑比跟父親之間的每句對話，每個人都貢獻了想法，討論著該如何形塑這一刻，卻又不過度渲染。他們小心處理，因為這是迪士尼電影中首度描繪死亡的場景。最終他們決定讓斑比的父親只說一句話：「你的母親不能待在你身邊了。」

「隨著公鹿離開，」華特站在故事板前面說，「這個小傢伙獨自在那裡，試著勇敢在暴風雪中繼續前進，後面跟著大公鹿……很快地，他們也消失了。一切消失，只餘落雪。」

黃齊耀的藝術手法讓故事創作部門看到精簡劇本的功力。最終整部電影的對白只有一千字，甚至不到《木偶奇遇記》的五分之一。黃齊耀的畫——而非語言——承載了整個故事的情緒感染力。對某些人來說，完成後的影片部分場景依然過於強烈。華特九歲大的女兒黛安（Diane）看完後流下眼淚，問父親說：「為什麼一定要殺了斑比的母親呢？」

這部遭到擱置許久的影片終於獲得應有的注意。工作室中，乾草的甜美芳香充斥了整個攝影棚，兩頭失去父母親的小鹿搭乘火車從緬因州到好萊塢來，就窩在地上。十幾位藝術家坐在圍成一圈的折椅與板凳上，素描睡覺中的名叫斑比與芬妮的小鹿。專精動物生理學的講師李柯・勒布倫（Rico Lebrun）也在場協助這些人。他們的目標是創造出栩栩如生的小鹿形象，要跟之前為《白雪公主》所畫的卡通風動物截然不同。瑞塔經常是唯一跟男性一起素描的女性畫家。他們輪流用裝著牛奶的嬰兒奶瓶餵小鹿。

即便是那些不用餵養小鹿的人，素描簿上也充滿了其他小動物。希爾維亞正為插曲〈四月小雨〉（Little April Shower）設計場景。她畫的不只是鹿，還有兔子、鵪鶉、松鼠、臭鼬與小鳥，動物全都在林子裡亂竄。這首歌是法蘭克・邱吉爾（Frank Churchill）所寫，他根據簡單的故事概念作曲的能力，已經在工作室中備受肯定。他為《白雪公主》所作的原聲帶歌曲，包含〈一邊工作，一邊吹口哨〉（Whistle While You Work）、〈嘿荷〉（Heigh-Ho）及〈有天王子會到來〉（Someday My Prince Will Come），獲得了奧斯卡金像獎提名。希爾維亞立刻被〈四月小雨〉的節奏吸引，它讓人想起困在暴風雨中的感覺。管樂器的斷奏讓人想起雨珠落下的聲音；管弦樂的聲音之間還交雜著真實的雷鳴。為了創造出呼嘯風聲，邱吉爾寫了一段受到葛立果吟唱啟發的音樂，這段音樂沒有任何可辨識的歌詞，只有合唱抑揚起伏的歌聲。

希爾維亞努力賦予這個短落一種真實感，展現出暴風雨襲捲森林的感覺。她的團隊希望能從精神層面演繹自然，既掌握薩爾坦作品的精髓，又不需要用到任何語言。為了做到這一點，她需要在短時間裡放入大量的動作。她運用快速剪輯，將畫面從一種動物轉移到另一種身上：鵪鶉衝過樹叢，松鼠與老鼠逃回家，斑比跟母親窩在荊棘叢中。希爾維亞讓動作的節奏與音樂一致，選擇適合的攝影角度來突顯森林之美與暴風的戲劇性。《幻想曲》的工作讓她理解到音樂在說故事上的力量。

精確再現真實世界是傳達出其中的壯麗的關鍵。希爾維亞與特效部門確保每滴雨都符合自然律。它們以拉長的球形落下，濺到水上，造成漣漪。為了達到這個效果，團隊拍攝黑暗中水滴落下的情況，聚光焦點就放在擴散效果上。他們放大影像，而每滴水濺開的樣子都凝結在落下的瞬間，接著再將複雜細膩的水滴轉移到照片上。水落下造成的漣漪不是墨水畫出來的，而是一環環生漆在賽璐珞片上堆疊而成。有些微妙的細節希爾維亞不認為觀眾能看清楚或徹底欣賞，然而結合起來卻能帶來真實感。

還有一些令人振奮的時刻。隨著每道閃電落下，團隊使用X光的效果，讓整座森林瞬間亮了起來，他們強調畫面中樹葉的葉脈紋理，最終效果十分驚人。故事監督、故事研究、劇本寫作、藝術監督及場景時間調控，這當中似乎沒什麼是希爾維亞做不到的。

另一方面，瑞塔還在學習中。雖然多數動畫師都有中間人幫忙手工描繪過渡畫面，好形成每個角色的動作，瑞塔卻只能靠自己。她沒有分到助理，甚至還沒有自己的桌子，因此只好在一間祕書室工作。

就像其他新進動畫師，她也依靠周遭較有經驗的藝術家協助精進技巧。她花了很長時間畫了幾百張惡犬圖稿。這些動物看來就像一隻疊著一隻，凶猛攀上芬妮害怕站立的滑溜山崖。牠們像海浪打過岩石一般發動攻擊，吞沒斑比，撕咬他的脖頸與腿腳。動畫師部門裡唯一的女性畫出了森林裡最凶猛的野獸。

瑞塔以鉛筆在紙上畫初稿，再以印度墨描摹。完稿後，她會將圖稿交給描圖上色部門，那些女性會以極敏銳的鵝毛筆描摹她的作品。經過描圖上色部門外的走廊，這些藝術家走路時都盡量貼著地，而不抬腳，避免腳步震動了筆觸。她們描摹圖稿的賽璐珞片傳統上是用硝化纖維製作的。形成纖維化合物的長鏈糖分子也是所有植物細胞壁的組成要素——從樹幹到棉花田中迸放的蓬鬆花苞都是。當硝化纖維跟樟腦混在一起，就能形成有彈性的透明塑膠，適合動畫師繪圖使用。不幸的是，這也是高度可燃物，甚至可能自燃。華特一直渴望能採用新科技，迪士尼工作室也是首先改用更穩定的新塑膠片——醋酸纖維（cellulose acetate）——的公司之一。

同時兼顧動畫師與中間人的工作相當累人，但對瑞塔來說，也是最好的訓練。她渴望學習及樸實的個性，很快就讓她在動畫師群之中交到朋友。週末時，她經常跟另外兩位年輕動畫師馬克．戴維斯（Marc Davis）及梅爾．蕭（Mel Shaw）一起出門素描。

她在工作室的其他部門也交到朋友。瑞塔跟瑪莉．布萊爾很快就從泛泛之交變成好友。她們有很多相似之處；兩位年輕女性都是藝術學院畢業生，也都對自己將才能用在畫卡通上惴惴不安。瑞塔已經對這個決定釋懷，並在工作中找到成就感；瑪莉仍舊感到徬徨，她有時覺得自己不屬於這裡。瑪莉經常邀瑞塔去她家，聊起種種動機與期望。瑪莉跟李所住的單臥房小屋位於好萊塢丘陵之間，小而寧靜。屋內只有五個空間，面向森林的玻璃牆面卻讓房子感覺比實際來得大。另一間獨立小工作室是適合作畫的地方，那裡是瑪莉的天堂。

瑪莉跟李的家小歸小，卻不減他們在家待客的興致。他們辦的派對相當知名，充滿來自工作室與藝術圈的朋友。一群人會圍繞著超大型壁爐，或分散在陽台上，下方則是浮華之城的燈火閃爍發亮。李一邊抱怨斑比令人生厭的可愛形象，一邊製作一壺又一壺的馬丁尼調酒，他四處招呼大家並送上雞尾酒與橄欖。瑪莉與瑞塔在這些夜裡建立起緊密的友誼，在涼冷夜風中，她們一起喝酒、大笑、抽菸。瑞塔外向愛玩，她愛講故事和戲弄同事。瑪莉比較安靜，性格嚴肅一些。她跟群眾保持著距離，禮貌地將自己的感覺與野心包裹起來。然而這些差異卻將兩人湊在一塊。

《小鹿斑比》製作團隊的藝術家比往常來得放鬆。故事創作會議上，華特清楚表示他們並不趕。他鼓勵所有藝術家專注讓創作更加精緻，他說：「重點是放慢腳步。以自信穩定的步伐前進，而非急就章、出錯而讓品質（打了折扣）。」這部電影的製作時間已經長到就算再用更多時間來製作，也沒有太大影響了。尤其此時的華特剛決定要做另一部長片，它將會有大象的力量來助陣。

第六章
我的寶貝

灰色的象鼻從欄杆後面扭動伸了出來，搖動著孤單的小象寶寶。母親的眼睛耳朵雖然看不清楚，然而她擁抱小象的方式、肌肉的扭動、焦慮不安的扭曲象鼻，都讓你清楚知道她的情緒狀態。瑪莉．布萊爾焦慮注視看著她圖稿的華特。他什麼都不用說，即便只是揚起一道眉毛，她就知道自己有麻煩了。然而這次不同，他露出了一抹微笑。

《小鹿斑比》的製作速度始終快不起來，但《小飛象》長片卻迅速且穩步地推進。故事創作者與藝術家取材的一本小書，是海倫．阿柏森與哈洛德．柏爾（Helen Aberson and Harold Pearl）所著的《小飛象呆寶》（*Dumbo the Flying Elephant*）。這是本不過三十六頁的卷軸童書；這種特殊的裝幀形式將所有文字與插畫印在卷軸紙上，收在盒子裡。讀者可以轉動小輪，打開卷軸。因此他們可以利用的材料並不多，但故事創作部門卻設法將這麼少的文字轉化成超過一百頁的故事劇本。若沒有比安卡，這是不可能達成的任務。

他們正在製作的長片大部分是根據比安卡的《小象艾默》來的。她曾為這個角色寫了無數劇本，這隻心胸寬大卻與大家格格不入的小象雖然很受歡迎，也有印上他形象的商品，終究只製作成一部短片。在所有動物寶寶中，艾默就像個外人，還因為象鼻而受到嘲諷。然而當老虎提莉在樹屋中遭到大火包圍時，是艾默將象鼻當成消防軟管，拯救了提莉。克服嘲笑、運用自己覺得難堪的身體特徵來幫助他人的大象，一直都是故事中強大的敘事基礎。華特卻花了很長時間才有所體認。

故事創作者瑪莉．固德利奇撰寫劇本時，將比安卡設定的主題放在心上。固德利奇才剛為漢斯．克利斯汀．安徒生（Hans Christian Anderson）的童話〈冰雪女王〉（The Snow Queen）寫完故事劇本。同名主角一開始在童話中是以雪花之姿現身；它逐漸長大，「直到最終變成一名女性，身上穿著最精緻的白色紗衣，彷彿由數百萬片星形雪花組成。她美麗而優雅，卻如冰一般晶亮，她就是閃閃發亮的冰雪。」然而，這個計畫卻停滯不前，因此固德利奇轉而投入《小飛象》的工作，也很開心這個故事正迅速進入製作階段。

《小飛象》在工作室中帶給大家的吸引力主要在於速度。比安卡先做好的工作讓劇本簡單而迷人。華特說：「呆寶就是直接明確的卡通。」影片甚至可以做得跟《小象艾默》差不多，不必包含最近他們推出的長片那種複雜性。跟《小鹿斑比》不同，他們不必深入研究動物生理學，因為這部片中動物都是用漫畫風格創作的。背景也沒有黃齊耀的印象派風格，簡單的水彩畫就夠了。片中也不會運用《木偶奇遇記》的特效，那些特效是花了好幾年時間的成果。這部長片也不像《幻想曲》需要藝術性及作品與音樂的搭配。這是一部便宜、能快速製作的電影。

成本是華特心中的首要考量，因為工作室已經債台高築。《白雪公主》的空前成功後來證實很難再複製一次，工作室雖然對自己美好的新空間感到自豪，卻無力支付，雖然並不是沒嘗試過。工作室對《木偶奇遇記》寄予厚望，投入很多資源；故事創作、動畫與特效全數結合，製作出一齣真正令人難忘的影片。不幸的是，這部片卻不賺錢。《白雪公主》賺進數百萬美元，而《木偶奇遇記》還深陷泥淖。

《木偶奇遇記》從一開始就有問題。華特跟哥哥洛伊花了大把金錢製作《木偶奇遇記》：兩百六十萬美元；在《白雪公主》上卻只花了一百五十萬美元。因此他們決定要調升電影票價，每人為一點一美元，這是一般戲院票價的兩倍。對於猶豫該看哪部片的成人與家庭而言，通常是選擇票價較低的選項。為了回應慘淡票房，華特又調降票價，但傷害已經造成。

然而，比起海外情況，這些混亂還不算什麼。二次世界大戰在歐洲各地的戰況愈來愈緊繃，美國電影只是受害者之一。《白雪公主》的外語配音有十二種語言版本，《木偶奇遇記》卻只有一種。影評高度讚賞這部片，《紐約每日新聞報》稱之為「銀幕上最迷人的電影」，但大家很快就發現它是座錢坑。

《小鹿斑比》還在製作中，《幻想曲》的進度緩慢推進，華特需要快速變現的方法，而只需花點力氣就能完成的《小飛象》似乎正是解方。為《小鹿斑比》寫下故事劇本的四年後，比安卡眼看著這部作品的製作又再度觸礁，這一次是被以她的設計為基礎的笨拙小象插隊了。

這部影片沒有特效，也不追求高深藝術性，因此掌握好故事中的情感衝擊最為關鍵。團隊沒時間打磨角色；這部片是目前為止最短的長片，僅有六十四分鐘，比起《白雪公主》跟《木偶奇遇記》的一個半小時短上一截。要在一小時內打造一個世界，還要讓電影看起來不像長版的《糊塗交響樂》卡通，他們就得以討喜的方式塑造角色，還得讓簡單的劇本打動人心。

瑪莉・布萊爾身為藝術家的長處之一，就是在單一畫面中帶動情緒的能力。她的水彩畫以強烈、栩栩如生的角色說出獨特的故事，角色臉上會有明顯可見的情緒。她為《小飛象》繪製的圖稿就運用了這項長才，電影畫面清楚呈現了母子之間的連結。

瑪莉趴在桌前，以鉛筆跟紙畫下〈我的寶貝〉一景。在這一景中，呆寶晚上去看望被單獨監禁的母親。由於她被關在籠子裡，小象看不到她的臉，因此他將小小的象鼻從欄杆後探進去。母親試著碰他，但腳鐐鐵鍊卻把她禁錮在原地。她只能伸長象鼻穿過欄杆，回應呆寶。這個動作中盡是深深的渴望，最後她終於摸到呆寶的臉。兩條象鼻交纏，當搖籃曲〈我的寶貝〉

響起，呆寶的眼睛盈滿淚水。瑪莉跟寫下這段動人旋律的工作室內部作曲家法蘭克・邱吉爾密切合作。這一幕本身不過幾分鐘的時間，但有賴瑪莉的藝術概念，才成功傳達了母子之間的親情。當呆寶的母親以象鼻抱起兒子小小的身軀，隨著音樂搖動時，這一幕捕捉到的愛與無奈超越了任何對話可以表達的境界。

瑪莉很了解渴望的感覺。畫下這一幕時，她自己也正經歷著心痛的煎熬。瑪莉能夠懷孕，卻有數次早期流產的經驗，醫生也說不出所以然，這讓瑪莉感到無助，卻又充滿渴望。在當時，即便第一孕期流產的比例很高，卻不是女性會拿出來談的事情，甚至女性之間也很難開口談論。她無法公開哀悼自己消逝的孩子，因此瑪莉將痛苦轉移到畫簿與筆刷上。她以黑暗、陰鬱的色調描繪母子相會的情景，這一幕注定將成為代表性的影像。然而在畫紙邊緣，層層水彩就像自她眼中落下的淚，洩露了繪者的哀傷。

整部電影中的感人場景陸續到位，所有工作人員快馬加鞭，然而瑞塔很快注意到顏色不對勁。在工作室裡，描圖上色部門將動畫師的畫描摹上色到賽璐珞片上，看起來相當生動。然而在電影畫面中，影像卻看起來呆板失色：大象變成褪色的灰調，幾乎跟土黃色的背景難以區分。色彩繽紛、動作活躍的馬戲團，也全都褪色，變成一團單調的景象。

十年前，一九三〇年時，電影產業很少有人能預期到，彩色攝影會對娛樂產業整體有如此巨大的影響力。演員抱怨彩色影片奪走了黑白影片中光影神祕的交互作用；放映師也批評彩色影片會碰上的技術難題；公司高層則注意到新科技對票房並沒有影響。然而彩色力量最早期的一群信徒，就是華特跟他這群藝術家。

一九三二年，華特簽下一種新三色（three-strip）技術的獨家合約。拍攝彩色影片的攝影機需要在鏡頭正後方安裝三稜鏡。穿透鏡頭的部分光線會被金箔鏡面反射，穿越濾色鏡移除綠色光後，紅光與藍光分別投射到兩卷三十五釐米的膠捲上。一卷感應紅光，另一卷則是藍光。剩餘的光則直接穿越濾鏡，將綠光投射到第三卷膠捲上。三色技術要有體積龐大的攝影機才行，其重量達四百五十磅，整個過程會產生三組感光膠捲。每一組雖然都看似普通黑白膠捲，灰階卻會因其中彩色濾鏡的不同而有所差異。藍光濾鏡膠捲上，藍色成分會顯示為白色；紅光濾鏡膠捲的紅色成分呈現白色；綠光濾鏡的綠色成分呈現白色。接著每組膠捲會染上對比色，藍膠捲染黃色，綠膠捲染洋紅色，紅膠捲則染青色。底片上最白的部分會吸收最少量的染料，這就表示，例如紅色成分會吸收非常少青色染料。接著三組膠捲交疊起來，形成的色盤雖然亮麗，卻未能反應真實顏色。此刻就如廣告所宣稱的，電影進入「榮耀的特藝三色時代」。

華特早年的生意是跟賀伯・卡爾穆斯（Herbert Kalmus）談的。卡爾穆斯連同其他兩人在波士頓的火車廂實驗室裡，創立了特藝電影公司（Technicolor Motion Picture Corporation），並以卡爾穆斯的母校麻省理工學院為公司命名 。華特將特藝三色技術運用在動畫上的獨家合約雖已過期，但他跟這間公司的緊密關係如舊。當華特向卡爾穆斯抱怨褪色問題時，以特藝一向飽和強烈的色調來說，這很不尋常。公司派出娜塔莉．卡爾穆斯（Natalie Kalmus）前來協助。

此時娜塔莉．卡爾穆斯跟賀伯．卡爾穆斯已經沒有婚姻關係。兩人在一九二一年祕密離婚，卻繼續住在一起，共同研發特藝彩色技術。工作室使用特藝彩色技術，不只是買攝影機而已；隨著這項科技而來的，還有十多位操作攝影機與處理底片的技術員。這項服務還包括一位色彩指導，他會閱讀劇本，為影片製作色表，並與製作團隊討論——特別是跟服裝及美術部門討論，哪些顏色最能相得益彰。

特藝彩色攝影不是工作者能輕易上手的技術。它需要現場大量打光，還需要嫻熟掌控整個過程的技術。特藝彩色攝影經常決定了整部影片的色調。例如《綠野仙蹤》裡桃樂絲腳上經典的那雙鞋，她得交扣三次的鞋跟原本應該是銀色的。部分史學家注意到在法蘭克．鮑姆（L. Frank Baum）的原著《奧茲國的魔法師》中，銀鞋與黃磚道的金色調可被視為代表一八九六年主宰金融世界的金銀本位之爭。然而彩色影片的絢麗畫面裡，卻流失了小說的政治訊息；因為在特藝三色中，完全看不出銀色。因此在娜塔莉．卡爾穆斯的顧問意見之下，鞋子變成寶石紅，跟黃磚道形成亮麗對比。

娜塔莉．卡爾穆斯稱自己是「通往彩虹的領班」，也因此她在這個時期許多電影中扮演了關鍵角色。她對化妝有決定權，要求皮膚色調應更自然，好讓臉頰、眼睛跟嘴唇的顏色不會顯得過度飽和。她也改動燈光與布景、更換服裝，例如《亂世佳人》中的服裝。她堅持採用更低調的顏色，以平衡特藝三色產生的亮麗色調。她偶而會站到攝影機後扮演攝影師的角色，對於顏色如何影響情緒並升高場景中衝突感，她特別感興趣。

然而自信又有能力的卡爾穆斯卻不一定受到拍攝現場人員的歡迎。她經常跟化妝師及場景設計師發生衝突，後者依據舞台經驗已經習慣選用更大膽強烈的顏色。製片與導演也討厭跟能力強又有意見的女性共事。在《亂世佳人》拍攝現場，導演大衛．塞爾茲尼克（David Selznick）就抱怨：「我們現在應該知道，別相信那些特藝專家跟我們說的話。我難以想像我們怎麼會被說服放棄使用亮麗色彩的機會……也許拍成黑白片也不過如此。」一九四〇年代，多數電影人確實選擇拍黑白片，只有百分之十二的好萊塢電影是彩色的。

然而在迪士尼工作室裡，娜塔莉．卡爾穆斯很受歡迎。特藝彩色施加在實體動作上的光影限制，在卡通這種媒介中大多不存在。在卡通裡，色彩擁有很多的可能性。這裡既沒有原有色素干擾，也不存在要與現實相符的惱人需求，動畫是特藝最好的朋友。除了《小飛象》以外。

就跟瑞塔一樣，工作室中其他工作內容跟顏色有關的人（特別是描圖上色部門的員工）都很擔心大象看起來毫無光澤。她們在茶敘時間聊起顏料色彩的問題；這個全女性部門每天有兩次茶敘時間，一位穿制服的侍女會從瓷壺中倒茶，偶而還會提供一盤羅娜敦奶油餅乾。在新的伯班克工作室中，這個部門的孤立情形更加嚴重，工作空間設於園區另一側的建築裡，跟華特、動畫及故事創作部門分隔開來。隔開來的建築有自己的午餐室與室外陽台，很快就讓這裡得到了「修女院」的外號。

描圖上色部門的女士穿著絲綢罩衫，戴上輕薄的白棉手套，以確保棉屑或指印不會染上手頭工作要接觸的平滑塑膠表面。不過每個人都有一隻手套可讓大拇指、食指與中指露出來，這是要避免布料影響她們掌握筆刷或鵝毛筆的手感。描圖員被暱稱為「女王」，原因是她們在描繪動畫師圖稿時，有辦法不在易刮傷的賽璐珞片表面留下擦痕。

上色的每個細節都很講究。色料本身是由公司內部製作；用細緻的貂毛筆上色之前，藝術家必須確定顏料碟中沒有加太多水。首先要上最亮麗的顏色，將顏色擴展到墨線邊緣，接著用布吸乾多餘的液體。在多平面攝影機下方的玻璃板壓到賽璐珞片之前，顏料看起來有種奶凍感；一旦壓上去後，就會擠出看不見的水分，作品會產生不透明的平滑感。

製作自己用的顏料不只省錢，也可嚴格執行品管。顏料的化學組成成分、表面張力、對濕度和溫度的反應，以及在賽璐珞片上的表現力，全都仔細經過最佳化。也因為如此，加上描圖上色部門的女性勤奮工作，她們知道《小飛象》黯淡色澤的問題不在她們身上。也跟攝影機無關。一定是賽璐珞片本身的問題。

工作室近期改用醋酸纖維被視為安全性的一大改進。然而降低火災風險卻造成另一項意外支出：顏色跳不出來。工作室只好轉而向娜塔莉．卡爾穆斯與她的色相環求助。為了簡化實驗，描圖上色部門僅選擇了一百五十種顏色，這不過是過往數千種顏色的九牛一毛，然而有限的色彩也與《小飛象》故事和動畫風格的極簡主義吻合。考慮到特藝彩色的特性，描圖上色部門運用了不同灰色調，最終為呆寶跟他的朋友老鼠提姆選定在銀幕上得以完美呈現的色調。

工作室的財務困境持續加深。由於動畫長片發展過程經常曠日費時，華特需要現金來維持續營運，因此一九四〇年他決定踏出自己長久以來都在迴避的那一步：讓公司上市。這個決定能讓華特透過發行工作室股票來籌募資金，也讓銀行與投資人可以加入，好支持這間兩年前才剛法人化的公司。然而這麼一來也衍生出新的透明化的需求：公司花錢的方式——特別是薪資——現在得攤在陽光下受檢視。華特．迪士尼工作室的員工發現數字背後藏著意想不到之事。一九四〇年，華特每週賺進兩千美元，這還不包括股票選擇。即便以好萊塢的標準來說，這也是一筆大數目。

華爾街的介入也改變了工作室的氣氛。人人都是藝術大家庭的一分子、共體時艱、為了共同目標前進、反對建制的幻象就此破滅。在豪華的新辦公室裡，怨恨開始蠢蠢欲動。華特領著一份相當優渥的薪水，但很多工作人員並非如此。

當時羅斯福總統新政的一部分，就是在美國國內推動保護勞工權益。一九三六年小羅斯福競選連任期間，一位來自麻州貝德福的年輕女性手上拿著信封湊到總統跟前。一名警察將她擋下，但小羅斯福要助理去接下信封。裡面有這樣一封信：

> 希望您可以幫幫我們女孩……我們在縫紉工廠工作……直到幾個月前，還拿著每週十一美元的最低薪資……今天我們有兩百人被減薪到每週只剩四、五或六美元。

如此讓人心酸的契機促使總統建立起勞工保護機制，包含先前多被忽略的婦女與兒童權益。在一九三八年《平等勞動標準法》（Fair Labor Standards Act）中，小羅斯福禁止壓榨童工，並且訂出美國最早的基本工資：每小時二十五美分，同時也定義了何謂公平的每週工時。

他一開始認為每週三十五小時是合理工時，最終妥協為五天、每天八小時、一週四十小時。美國勞工獲得了他們所需的保障以及較高的起薪。然而雇主對這些新規定抱怨連連。

華特．迪士尼工作室中的員工——尤其是那些故事創作與動畫部門的人——工時遠超過每天八小時，也不限於一週五天。星期六開會就跟白雪公主特餐（餐廳裡很受歡迎的雞肉沙拉三明治）一樣普遍。薪水落差很大：一小群頂尖動畫師每週能賺到兩、三百美元，然而描圖上色部門的女性只有可憐的十二美元。工作室內的藝術家平均週薪為十八美元，只比當時代男性收入的中位數略高一些。

華特．迪士尼工作室的動畫師並非唯一對自己的處境感到不滿的人。一九三八年，銀幕卡通繪者工會（Screen Cartoonists' Guild）在洛杉磯成立，由比爾．利托強恩（Bill Littlejohn）帶頭，他是當時米高梅片廠的新短片《湯姆貓與傑利鼠》（*Tom and Jerry*）的動畫師。隨著工會人數壯大，涵蓋的範圍也擴張了，而華特是城內雇用最多動畫師的工作室，自然也是目標之一。

即將吞沒工作室的動盪開始風起雲湧。員工的要求開始增加，即便華特給予承諾、甚至減少自己的薪水，卻也沒能付給員工更多薪資。公開募股並不順利，股價一開始是每股二十五美元，很快跌到每股三點二五美元。

同時間，工作室最珍視的藝術之作《幻想曲》卻成了一場災難。它最終於一九四〇年十一月十三日上映，以巡迴演出的方式，只在十三個戲院間巡迴。原因出於這部片需要的環繞音響（或稱「幻想音響系統」〔Fantasound〕）的開銷。幻想音響系統需要十一個放大器架、幾十具音箱、四百個真空管，以及一組經過特殊訓練的技術人員，才能維持所有設備的運作。這套系統重達一萬五千磅，要花一週的時間組裝。每間戲院會因此產生高達八萬五千美元的開銷，很少有戲院老闆願意投資。

他們不只苦於有限的上映地點，《幻想曲》也遭到影評挑剔，《新聞週刊》表示：「迪士尼的失誤，在於創造了傻笑的人馬、『藝術月曆風格』的邱比特、忸怩作態的年輕女人馬跟漫畫版酒神，這些全都褻瀆了為貝多芬《田園交響曲》所挑選的奧林匹亞場景。」《紐約先鋒論壇報》的專欄作家桃樂絲．湯普森（Dorothy Thompson）則寫下：「貝多芬《田園》的插畫足以招來一支軍隊大動干戈，倘若文化還有足以自衛的血性……乾淨純潔的聲音——那讓人難以忍受的乾淨純潔的之聲——在我們看著有如蔓越莓與棉花糖般的奧林帕斯山時，就飄送於四周。這純淨而強大的音樂似乎正流下冰冷、沮喪的淚水。」當時一如今日，《幻想曲》的弱點在於路線走歪、後來更被視為性別與種族歧視的《田園交響曲》段落。

這部影片的製作費高達兩百三十萬美元，比《白雪公主》多了一百萬，工作室卻看似永遠都無法彌補損失。因此此刻必須加緊《小飛象》的製作腳步，甚至連理想化的《小鹿斑比》也得加速。在這些壓力下，華特既沒有心也沒有資金來回應員工的要求。工作室積欠美國銀行四百五十萬美元；不過一年前華特還享有給員工加薪的自由，此刻已今非昔比。股東已確實掌控了他的公司，除非有戲劇化的轉變，他們才是能夠決定未來所有長片計畫推出的人。華特的工作室已經不再完全是他的了。

「向錢看」也讓某些藝術家不滿；許多人到零售商店工作，收入還比在工作室的薪水多。瑪莉・布萊爾就跟周圍多數員工一樣不滿，但理由卻不同。她只想要一份合理的薪水，對於自己的名字能否出現在銀幕上，她並不在意。但她仍舊覺得自己跟工作室格格不入，彷彿不屬於這裡。只有當她跟瑞塔坐在一塊，兩人一起對著被帶進工作室協助藝術家的大象梅寶寫生的時候，她才能從工作裡找到一絲快樂。

跟瑪莉與瑞塔不同的是，比安卡覺得工作室的生活幾乎是折磨。充滿針對個人的批評、令人疲憊的故事創作會議變得愈來愈緊張。比安卡在《幻想曲》中的成就，以及她提供的《小飛象》靈感，不但沒讓她的道路更加平順，反而引起男人的反感，他們一抓到機會就大肆批評。她知道自己的點子深具潛力，卻無法有效付諸實現。

比安卡當時正在進行兩項計畫，都是她喜歡的故事，分別為《仙履奇緣》跟《小飛俠》。她認為《仙履奇緣》在戲劇性方面擁有跟《白雪公主》同樣的潛力——落難公主將帶來扣人心弦的影像。他們可以在故事裡運用動物，而且她認為有幾個景能打造出戲劇張力。在畫簿上，她畫下仙杜瑞拉穿著蓬鬆的藍色禮服跑下黑黑的階梯，閃亮舞鞋則落在身後。

同時她也在創作《小飛俠》裡讓她特別有興趣的一個角色。比安卡一直很受精靈仙子的吸引，在這本書中，有個淘氣的角色叫「小叮噹」。她一次又一次畫下這位小仙子，給了她頑皮的表情，也讓她周遭圍繞著飛翔的小朋友與金色仙塵。

比安卡在工作室中進行各種計畫已經很多年了，卻沒有取得太大進展。最新的故事劇本也沒能引起華特的注意。有時她會想，也許要他對這些點子產生興趣的唯一方式，就是讓給其他人來說。她感到疲憊不堪，又不受重視，比安卡決定要休個長假，好找回藝術感性中的活力。剛搬到洛杉磯的時候，她覺得這是個「年輕、美麗、充滿天使」的城市。然而現在的她迫切想離開此地，就算是暫時的也好。

然而當她銷假返回辦公室時，卻感到困惑不已。辦公室跟她離開時不一樣了，她的鉛筆、素描簿跟故事創作筆記全都消失不見。一個她沒見過的男人坐在她桌子後。震驚的她退出房間，以為是自己搞錯——也許走錯辦公室了。但不對，這是她的辦公室。走廊上其中一個男人看到一臉震驚的比安卡便對她說：「你知道你被開除了吧。」比安卡不知道，沒人告訴她。她的高中同學華特甚至也沒來說再見。

第七章
巴西之泉

拉起節流閥讓飛機起飛時，葛麗絲通常動作輕柔，但今天她把顧忌拋到一旁，放開裝置，放膽讓飛機盡速升空。她在一千英尺的高度飛越伯班克大樓，飛機仍舊繼續攀升。她要將地面上的失望與痛苦全都拋諸腦後。那是一九四〇年，她錄取了一份新工作，簡直像天上掉下來的禮物，因此她突然離開了工作室。然而過了幾週，就在她辭職離開工作室後，新工作的希望卻被升溫的戰火威脅給粉碎了。費爾柴爾德飛機公司（Fairchild Aircraft）的阿奇博．布朗（Archibald M. Brown）撤回最近發出的錄取資格，信中解釋，這是出於「除了阿道夫．希特勒以外，沒人有辦法控制的環境因素」。

葛麗絲崩潰了，但悲傷中的她意志更加堅定。她決定要挑戰更高的飛行紀錄。一位擁有愛國姓名的二十歲女性貝蒂．羅斯（Betsy Ross）試著用輕航機締造新紀錄卻未果，僅在賓夕法尼亞州上空飛到一萬八千英尺的高度。葛麗絲知道自己不只可能擊敗羅斯，還能刷新自己在一九三九年創下的紀錄。倘若她辦到了，也許能藉此獲得工作機會。她向想要打知名度的經銷商借到了飛機，那是一架兩座的泰勒飛機（Taylorcraft），有光亮的紅邊黑機身。葛麗絲為飛機取了「黑美人」的綽號。

起飛前四十五分鐘，葛麗絲開始伸展肌肉，從面罩吸入純氧。這是一種從血液裡去除氮的新技術，以避免大氣壓力快速變化造成的影響。葛麗絲走向飛機時把腦袋放空，哥哥查爾斯在她身旁提著她的氧氣筒。

起飛後，她迅速飛越伯班克上空，直到似乎再也無法上升為止，高度計奇異地停在兩萬一千英尺。她看向自己帶上飛機、靈敏度更高的高度計，注意到這具機器已經讀到兩萬兩千七百五十英尺。她驚呆了；她沒料到自己會飛超過兩萬英尺高。此時她知道自己將創下紀錄，但她還想繼續攀升、飛得更高，看看自己能力的極限在哪裡。在高空中，她並未感覺到可怕的暈眩或噁心感，只有持續遞增的無趣感——直到她突然聽到「碰！」的一聲。

這是駕駛員最害怕的聲音。眼睛掃過機身與儀器後，她知道可能是引擎著火，也可能是管線斷裂。因此她試著冷靜下來，也一面尋找駭人巨響的可能原因。答案近在眼前，擋風玻璃裂了。她發現玻璃從上到下裂開，倘若擋風玻璃撐不住，葛麗絲很可能會完全失去控制。她從座位上小心檢視玻璃，認為它看起來還行。她決定要冒險繼續往上飛。

直到這一刻，葛麗絲才意識到自己有多冷。靈敏度高的高度計也停止記錄了，然而從溫度感覺起來，她顯然還在繼續爬升。現在是零下十二度，葛麗絲的手顫抖地抓起鉛筆，出於習慣，她試著在筆記本中寫下已經不再改變的錯誤高度。即便擋風玻璃破裂、身體顫抖，葛麗絲仍舊繼續往上飛；一直到油表告訴她只剩足夠飛回家的油量時，她才開始下降。

飛機著陸後，媒體問的第一個問題：「飛了多高？」臉上掛著微笑的葛麗絲回答：「高度計記錄到兩萬兩千七百五十英尺。」直到正式的氣壓計送往華府分析，她才知道自己飛到了兩萬四千三百一十一英尺的高空，比先前紀錄多出了四千多英尺。回到地球表面時雖是失業狀態，在飛行界的發展前景也毫無保障，而且她對自己飛到的高度也無明確答案，但她感覺很好。

然而工作室裡事情就沒有這麼順利了。葛麗絲離職後，在故事創作部門留下一個空缺。她的同事——特別是跟她共事的女性——尤其有深刻失落感，雖然也不是太驚訝。多年來，葛麗絲一直談著要在飛行界一展長才，即便她在劇本編寫及統整故事板這方面極有才華。葛麗絲的成就已經在她的雇主心中留下印象；四年前華特雇用葛麗絲時，對於雇用女性的遲疑不定明顯已經消散了。

女性在工作室中大步向前邁進，這種情況不限於故事創作部門。一九四〇年代初期，華特設立了一個新的訓練計畫，要讓描圖上色部門的女性轉進動畫部門。倘若你是為華特・迪士尼工作室工作的女性，那麼這等於突然擁有動畫產業中前所未見的機會，而且是城裡其他工作室都未曾提供過的機會。

那個時代給予女性類似機會的其他動畫工作室，只有東京的日本動畫映畫（Japan Animated Films），後來改名為東映動畫（Toei Doga）。就像伯班克的迪士尼工作室，這間公司的特殊之處在於它直接雇用女性進入動畫部門。它的女性員工如中村和子（Kazuko Nakamura）與奧山玲子（Reiko Okuyama）後來成為日本動畫之母，她們創造出一種融合情感與藝術的優雅動畫類型。

女性在工作場域中的崛起，無論在世界上哪個地方，對某些男人來說都令人畏懼。他們應對威脅的方式，就像害怕床底下怪物的幼兒一樣：大哭大鬧。一如幾個世紀以來有些美國人責怪移民奪走他們的工作，有一群男性員工也責怪女性奪走他們自認屬於自己的工作。迪士尼工作室中有些男人指責華特雇用女性只是為了要省錢，因為她們的薪水較少。在恐懼與不快樂的氣氛下，一九四一年二月十日，華特在伯班克工作室裡召集全體員工，直接回應這些抱怨。

另一個醜陋流言謠傳我們試著培養女性進入動畫部門，目的是要取代比較高薪的男性。這是我聽過最蠢的事情。我們對廉價幫手毫無興趣；我們要的是有效率的人手。之所以訓練女孩成為中間人，是有道理的。首先是培養她們的多種技能，(因此)就能消化中間人與描圖員工作高峰期的負擔。相信我，我們的組織愈多元，對員工就愈有益，因為這能確保員工有穩定的工作，以及工作室穩定的作品產出。

其次是戰爭爆發的可能性，更別說承平時期也有政府的徵兵，那可能會讓許多我們雇用的年輕男性進開崗位，尤其是許多年輕的求職者。我認為，如果戰後要讓這些年輕人可以回來就業，戰爭期間就必須維持這個事業。女孩可以幫上忙。

第三，女性藝術家有權期待跟男性享有一樣的升遷機會，我真心相信她們最終可能帶來男性永遠做不到的貢獻。在現行訓練中間人的團體裡，看得到明確的潛力前景；很好的例子是艾瑟·庫爾薩跟希爾維亞·荷蘭德的《胡桃鉗組曲》。還有小瑞塔·史考特——你們看到《小鹿斑比》之後，就知道我的意思了。

這是在戰爭或經濟壓力之外，對於女性價值的強力捍衛，華特的發言尤其強化了希爾維亞、艾瑟與瑞塔的自信。然而，對許多男人來說，那卻減輕不了他們的恐懼。他們還沒準備好面對如此徹底的改變。

無論是否做好準備，動亂已經來到所有人面前。一九四一年初，即便美國表面上尚未涉入歐亞地區的暴力與破壞，對多數美國人來說，脆弱的和平穩定持續不下去，他們最好開始備戰。

伯班克閃亮新辦公室中的生活，也將面臨動盪。整個春天，華特都在跟銀幕卡通繪者工會的領導人及迪士尼工作人員開會，他們要求更平等的薪資與銀幕列名。一如許多工作室老闆，華特討厭跟賀伯．索瑞爾（Herb Sorrell）講話，這位強大的工會組織者與領導人特別擅長談判。華特公開譴責共產勢力作亂，但私底下他對某些自己最青睞的動畫師的立場卻感到不悅。其中最主要的人，就是畫出《白雪公主》惡皇后、也創作出高飛狗的動畫師亞特．巴比特。巴比特沒法說自己不受重視。他是工作室裡最高薪的動畫師之一，名字也經常列入創作者名單中。他的生活奢華，住在大房子裡，擁有傭人跟三輛車。在華特看來，工作室給了他這麼多，卻還成為他敵視的對象，似乎相當荒謬。

對巴比特來說，他認為以自己在工作室中的權力地位，在幫忙周遭較弱勢的藝術家這方面，他就有一份責任感。巴比特的關切範圍不限於男性，而是盡可能跟工作室的員工都講到話，另外也經常造訪描圖上色部門。事實上，巴比特宣稱是出於對一位描圖員健康狀況的關切，才促使他參與工會；這位女性因為買不起午餐而昏倒在桌子上。

一九四一年五月二十八日，會議變得更加不堪。索瑞爾對華特吼道：「我可以把你的工作室搞成沙塵暴區！」嗆聲威脅都沒能讓雙方達到目的。充斥怒氣的協商破裂，華特也挾怨報復。他立刻開除巴比特跟十六名支持工會的藝術家——正是工會發動罷工所需的彈藥。

五月二十九日上午，一切全都變調了。數百名員工擋在布納維斯塔街的工作室入口，手舉標語：「我身上沒有操控線，我們是老鼠還是人？出面叫停就看華特。」

突然間，迪士尼工作人員因為忠誠問題而分裂，一些人的友誼也因為同情工會而破裂。華特的外甥女瑪喬莉・西威爾（Marjorie Sewell）當時是工作室的上色員，也跟一位描圖員同事分租房子。當她們各自擁護罷工的兩造，屋裡的氣氛也跟著緊張起來。早上西威爾會載著室友到工作室，把她放在外面參加抗爭，自己再開進工作室上班。

工作室裡許多單身女性並沒有參與罷工的財務能力，無論她個人支持工會與否。瑞塔心情沉重地開過罷工糾察線，她知道眼前的某些怒意是針對她來的。男人因她膽敢奪走屬於他們的工作而憤怒。她才成為動畫師沒多久，也擔憂會失去這寶貴的職位，即便她想要，也承擔不起參加罷工的代價。當她開車經過數百人群時，有男人開始捶她的車，一邊大喊：「妳在這幹嘛？滾回家生小孩！」

罷工中，希爾維亞也擔心自己的工作前程。她不能影響自己的工作，家裡每個人都靠這份收入生活。然而，工作室裡她的一位好友卻有不同的看法。艾瑟同樣有兩個孩子要養，卻決定加入罷工糾察線。這兩個有許多相同之處的女性，又曾密切合作過，陣營不同的隔閡感相當明顯。然而她們也只是這場罷工裡斷裂的其中一段關係。

不像艾瑟，希爾維亞沒有家庭以外的其他援助。她知道若少了收入，她就會失去孩子。她寧願忍受低薪長工時，也不願意冒這個風險。她現在的每月薪資，已經比前一次升遷中保證的數字還少了六十美元，而減薪似乎還會持續下去。面對如此動盪情況，她並不怪罪華特；相反地，她認為是公司的律師未能找到跟罷工者達成妥協的方案。她盡可能努力工作下去。

要做的事情確實很多。罷工前，艾瑟才剛為漢斯・克里斯汀・安徒生的〈小美人魚〉寫了故事劇本。現在希爾維亞花很多時間在準備這部電影的故事板，並在跟華特一起開的故事創作會議上負責主導全局。她坦然講出自己的想法，經常主控會議走向，華特對她的自信跟忠誠都印象深刻。

希爾維亞、瑪莉・布萊爾或瑞塔都沒有參加罷工。但尤其對瑪莉而言，持續的混亂讓她難以好好工作。她不想被扯進關於錢或銀幕列名沒完沒了的討論；她寧願回家畫畫。她突然辭去工作，認為這是為自己的藝術前程做了最好的決定。

華特・迪士尼工作室面對多重困境：財務困難、員工動盪，以及即將到來的世界大戰，華特想著這是離開此地的好時機。機會來自意想不到之處：美國國務院。美國政府想派華特與幾位工作室員工前往南美洲進行親善之旅，希望能阻止納粹德國將政治觸角伸入這片大陸。

一九四〇年，尼爾森．洛克斐勒（Nelson Rockefeller）給小羅斯福總統寫了一份備忘錄，表達憂心。他擔心美國可能會失去在西半球的政治和經濟主導權，因為在穩固拉丁美洲利益上，他們做得還不夠多。軸心國與拉丁美洲之間的貿易量相當可觀，白金、銅與棉花全都被運往歐洲。對於巴拿馬運河連結大西洋與太平洋戰略地位的掌握，也令人憂心。小羅斯福回應這封備忘錄的方式，是成立汎美事務協調辦公室（Office of the Coordinator of Inter-American Affairs，OCIAA），交由洛克斐勒掌舵，以統籌整個新時代的合作、宣傳並穩固關鍵的商貿利益。這個辦公室的業務不限於戰爭期間，目標也放眼未來。

汎美事務協調辦公室的初期目標之一是讓拉丁美洲充滿美國文化，他們要推廣美國電影、雜誌及廣告，甚至派出名人前往南半球。接著要進一步掌控新聞來源。戰爭期間新聞紙用短缺，美國及拉美國家幾乎全數仰賴加拿大進口。由於配給的關係，多數報紙都得縮版，汎美事務協調辦公室透過只供紙給立場傾向美國利益的媒體，來抑制對美國不利的情緒見報。此外，掌控政治、經濟變化的需求至關重要，因此他們也要加強情報蒐集。

送華特．迪士尼與這群歡樂藝術家踏上南美洲，只是這個多方計畫的其中一部分，目的是要讓南美脫離納粹德國的掌控。羅斯福政府想像這趟行程可能會有隨之而來的新電影，可於片中禮讚南美風情，以此強化外交關係。因此不只是旅費，政府還提議贊助此行產生的影片製作費用，甚至還給華特保證：倘若影片上映後，工作室未能回收投資，聯邦政府會支付經費。這就是華特想聽到的。脫離財務問題的逃生門神奇地出現在對的時間點上。

瑪莉一辭職，幾乎是立刻感到後悔。李以及一小群藝術家被選中，要陪同華特踏上南美洲之旅。瑪莉嫉妒不已。**若沒辭職**，她想，**我也可能是這趟冒險旅程的一員**。李搖搖頭，但瑪莉的父親卻另有想法。「瑪莉，」他說，「你怎麼不整理一下，過去工作室跟迪士尼先生約時間碰面，跟他說你也想去呢？」瑪莉喜歡這個建議，於是她走進華特的辦公室，以真誠謙卑的心情，詢問她能不能陪同先生一起去。華特說可以，也讓她復職；瑪莉與高采烈離開了辦公室。她又回到工作室，即將展開她第一次海外旅程。

一排巴士等著華特與他精挑細選的藝術家上車時，一些忠誠的員工也站在外面，惆悵地跟代表團道別。希爾維亞也在行列中，華特從建築裡走出來時，她就坐在階梯上。他停在她面前問：「你不去嗎？」

「我沒受邀。」希爾維亞溫順地回答。

「你不去？」華特說；他相當驚訝。似乎有什麼事弄錯了，雖然希爾維亞後來也從未得到一個解釋。她看著他們離去，希望自己也是其中一員，她嫉羨著眼前等待他們的旅行經驗。

一九四〇年代初期，海外旅遊對美國人來說並不常見，因此這趟旅程的新鮮感也激起眾人滿心好奇。這個團隊有十八個人，包含華特跟妻子莉莉安，另外就以故事創作部門的員工為主，其中包括李跟瑪莉．布萊爾。此行中只有一位動畫師：法蘭克．湯瑪斯（Frank Thomas），以及一位音樂家：查克．沃考特（Chuck Wolcott）。他們全都很年輕；即便華特本人也是一張三十九歲的年輕面孔，平滑的額頭上少許皺紋也許出自近期的壓力。

一九四一年，可跨國長途飛行的飛機還不多。因此華特與他的藝術家要從一個城市轉往另一個城市，抵達邁阿密之前，先經過了沃斯堡（Fort Worth）、納許維爾（Nashville）及傑克森維爾（Jacksonville）。他們在邁阿密搭乘泛美航空水上飛機，飛往波多黎各的聖胡安（San Juan），再由此飛往巴西小城貝冷（Belém），接著繼續前往里約熱內盧（Rio de Janeiro）。

全球化尚未縮小這個世界不同地方的距離，因此他們遇上的每件事都很新鮮。他們以前從未嚐過石榴的酸甜，也未嚐過濃郁的黑豆燉肉（feijoada）。他們從未見識過巴西人的時尚——鮮豔的色彩與串珠。所有旅程經驗中，最迷人的還是音樂。藝術家們在里約首度聽到森巴樂；有如脈動的節奏源自於安哥拉及西非奴隸貿易，是巴西文化認同的一部分。瑪莉隨著克拉維棍與鼓聲的節奏舞動時，耳朵後面戴著一朵蘭花，她在地上四處轉動身體，興奮感不斷升高。森巴樂中的豐沛能量讓一整團人跳了一夜的舞，直到星星沉入露出魚肚白的天際才返回旅館。

華特住在豪華的科帕卡瓦納宮（Copacabana Palace）旅館，珍珠白的石造立面距離同名的白沙灘只有幾步之遙。其他藝術家則住在葛羅莉亞旅館，位於市內的中產階級地段。這個地方很適合他們，當華特暫住在格圖里歐・瓦加斯（Getúlio Vargas）總統與其他外國貴賓所在處時，每天都有派對與晚宴要出席，其他藝術家就能趁機自由進行探索。他們花很多時間走在彎曲馬賽克磚鋪成的街道上，坐在戶外咖啡座，畫下瓜納巴拉灣上的糖麵包山（Sugarloaf Mountain）剪影。這個國家充滿能量與活力，他們的畫受到森巴樂心跳般的節奏與各處地景恣意迸發的色彩的啟發。瑪莉以鮮豔又互相對比的粉紅與黃色垂直條紋來描繪脖子繫蝴蝶結的金剛鸚鵡，從中她感受到前所未有的自由。

有天晚上，這群人穿著正式晚宴服裝坐在旅館大廳，一名侍者喊著：「團……迪士尼團。」眾人聽到全都笑了出來，這個綽號真是太貼切了，他們堅持整趟行程要繼續這樣自稱。當晚他們被帶到伍爾卡賭場（Cassino de Urca）；卡門・米蘭達（Carmen Miranda）在百老匯與好萊塢成名之前，就在這間豪華賭場中演出。這晚，舞廳裡裝飾著出自《幻想曲》的物品，音樂家、舞者再加上閃爍的舞台都讓觀眾一嘗嘉年華的滋味，這是世界最大型的四旬期前慶典。

來自家鄉的消息跟巴西文化給予人愉悅與生猛之美形成反差。由於沒有英文報紙可讀，迪士尼團有些自外於其他地方而存在，卻也是一次不壞的喘息機會。然而信件與電報仍舊告訴了他們，由於罷工的關係，工作室已完全停擺。此時此刻，迪士尼團的成員是華特手下唯一還在工作的藝術家，且是在遠離家鄉的異地。而在伯班克，塞滿幾百張桌子的美麗新辦公室裡則呈現一片空蕩死寂。

華特與迪士尼團閉上眼不看工作室的慘況，逕自飛往下一站：阿根廷的布宜諾斯艾利斯（Buenos Aires），一行人將在此地度過三個月旅程中的一個月時間。這一次，他們一起住進阿爾維爾宮（Alvear Palace）旅館，並將偌大的頂樓套房空間變成一間小工作室，裡面會放滿故事板、一架音像剪輯機、畫架與畫簿。在連接房間的開放露台上，他們舉辦了民族舞蹈與音樂活動。華特很欣賞馬蘭博舞（malambo）這種源自南美牛仔——高卓人文化的踢踏舞。

伯班克的工作室關門，團裡有些旅人的藝術性格也跟著發作，他們認為家裡算是自生自滅了。他們害怕回到以前的職場及那裡的一堆問題；也理解到他們的未來很可能就繫於眼前這一役的成敗。這促使一行人更積極擁抱周遭的文化。他們探索城市與鄉間、結交新朋友，也創作藝術。

一天早上，他們開了兩小時車，前往阿根廷小鎮艾爾卡門（El Carmen）的牧場。盛放的桃花園中擺了好幾張長桌，是為了戶外烤肉而準備的。那天下午，瑪莉跟其他團員喝著雞尾酒，等待穿著傳統高卓服飾的華特現身，這套完整行頭包含靴子上的馬刺（esporas），以及脖子上的鮮紅領巾（lenço）。大伙聽著現場的音樂、看著華特在一群興致高昂的阿根廷藝術家面前騎馬——這個悠閒午後有種不真實的夢幻感。這些也滲透到後來瑪莉所畫的高卓人與馬中，她的用色經常會脫離現實。

就如同許多旅人，瑪莉也在南美找到了自我。這趟旅程完全改變了她的藝術生涯。她在旅行中發現了自己獨特的色彩風格，她創造出的色調與對比將永遠成為她的身分認同與藝術創作的一部分。在這趟親善之旅前，瑪莉的水彩有時會讓人以為是李的作品。回國後，她的作品再也不會被誤認成出自他人之手。

瑪莉也對自己在工作室中的角色有不同想法。她不再是局外人——只因先生的關係，才進得了工作室大門。這趟旅程讓她成為華特核心圈內人之一，也讓她更加欣賞動畫的藝術性。隨著工作室的價值在她心中水漲船高，華特也對瑪莉有了新評價，她在旅程中發展出的色調與技法是他前所未見的。她會大膽並用紅色與粉色，也加入其他藝術家不敢嘗試的古怪圖紋。她的肖像畫打動人心，特別是那些捕捉兒童甜美純真一面的作品。華特驚呆了。他有了新的愛將。

看著華特對妻子愈來愈強的偏愛，李有些擔憂。畢竟這是屬於他的旅程；瑪莉是懇求之後才能加入的。他心中湧現嫉妒之情。妻子的才能獲得較大的肯定並不常見，這讓李自覺受輕視，即便他仍愛著瑪莉。

迪士尼團在阿根廷分成幾隊，有些人搭飛機跨越安地斯山前往波利維亞的拉巴茲（La Paz）；另一群人則前往阿根廷北部；擔心會犯高山症的人則往西，前進智利聖地牙哥（Santiago）。前往拉巴茲的飛機在一萬八千英尺高空飛越白雪皚皚的山頂，由於機艙並未加壓，因此藝術家們很驚訝機上非但不能抽菸，還得準備好可能用得上眼前的紅色管子，在頭暈目眩時吸入氧氣。

飛機降落拉巴茲後，瑪莉的高山症發作，但她不想浪費時間休息。她硬是帶著鉛筆跟畫簿探索周遭環境，接著又騎上駱馬搖搖晃晃前進。他們搭船渡過的喀喀湖（Lake Titikaka）廣闊的藍色湖面。探險固然累人，但瑪莉一點也不想放慢腳步。

華特跟妻子搭乘聖塔克拉拉號（SS Santa Clara）返回紐約，瑪莉、李與幾位藝術家卻繼續他們的旅程。一行人遊覽祕魯的小鎮，還前往首都利馬（Lima），此後又飛往墨西哥市（Mexico City）觀賞鬥牛，最後終於跳上飛機返回加州。然而，返家後的世界卻感覺像他們剛遊歷過的國家那麼陌生。

第八章
此刻，身在軍中

罷工延續了一整個夏天。停工期間，未跟團一起前往南美的希爾維亞心頭留下了這件事帶來的傷疤。七月時她得知跟工作室主管進行協商的仲裁人只提高了罷工員工的薪資；對公司一貫忠誠的人則未獲得加薪。洛伊．迪士尼在一九四一年七月二十四日送出的備忘錄中寫道：「任何人在工作時間於公司設施中討論工會活動，或侵害既有公司規定者，將被立即開除。」對自己的未來感到憂心焦慮的希爾維亞在一張粉紅色備忘紙背面不快地畫下塗鴉。

七月底，工作室內外的動盪仍舊持續著，剩下的員工也在籌畫他們自己的罷工行動。然而很快地，協商又再次破裂。希爾維亞繼續工作，即便感到焦慮，她仍舊找到自由發揮創意自由的時刻。《幻想曲》專案中她的前作品監督一直讓她有如芒刺在背，他會偷走她的成果，不讓她靠近華特，還下重手改動她的畫稿。現在，他因罷工離開辦公室，希爾維亞也鬆了一口氣。

華特前往南美之前曾將希爾維亞叫進辦公室，要她開始寫自己的劇本。這是她迅速進步的跡象，甚至可能很快會被賦予更多職責。雖然她可能更渴望那趟刺激的親善之旅，但改編《小美人魚》也帶來許多有趣的挑戰。一如工作室很多的原始材料，這個故事也相當黑暗。在故事裡，喪偶海王最小的女兒愛上了王子。渴望變成人類的小公主跟邪惡的海中女巫做了交易，以她的聲音與舌頭交換一雙腿。在原版故事裡，她獲得的腿讓她疼痛難當，踩下的每一步都像踩在刀鋒上那麼難受，而且這對有魔法的下肢同樣會流血。結局並不圓滿——王子娶了鄰近國家的公主，小美人魚得在割破王子的喉嚨，或自己消失在海洋泡沫中做出選擇。最終她選擇饒過王子，自己殞命。然而她並未變成泡沫，而是進入煉獄。倘若她持續行善三百年，就能逃出生天，屆時她可以在進入天國的人類之間得到一席之地。

除去這個故事中的不祥成分之後，希爾維亞看見了渾然天成的發展潛力。她開始改編時，華特人還在洛杉磯；他走了之後，她更能深入探索悲劇與浪漫的結合。她的故事板與劇本聚焦在小美人魚的困境。她在原著中並沒有名字，但希爾維亞認為她值得擁有更好的結局。從一開始，她就覺得音樂會是這部電影的核心要素。在提案中，她打算讓電影開場結合交響樂，鏡頭不斷往下探入海底，穿越魚群與海中生物，直抵海王的宏偉宮殿。

然而這些靈光乍現的片刻帶給希爾維亞的振奮感卻不長久。一九四一年八月十五日，在沒有任何預告或給薪的情況下，希爾維亞發現工作室要關門了。她仍舊開車前往工作室，然而看著空蕩蕩的停車場，她驚訝地張著嘴；這裡過去整齊停放過上千輛車。她心中充滿無奈。孩子都靠她的收入過活。她總覺得自己的生活得克服重重困難，才能提供他們所需的穩定。然而無論她多努力，即便有些進展，一切似乎就是會四分五裂。她終於有寫劇本的自由、擺脫了令人厭惡的主管，甚至還加薪了。到頭來都是一場空。

對她來說最沮喪的，也許是工作室未能向員工解釋到底發生了什麼事。停擺期間，她被解雇了；但她不懂這是什麼意思，以後還能回來工作嗎？她只知道自己領不到薪水。

一九四一年九月十二日，華特仍在南美洲，爭議終於獲得解決。全職人員的薪水將加倍；工作室也會在銀幕列名上採取更公平的方式。然而背後是要付出代價的。跟工會領袖達成的協議中，工作室的多數員工會被裁撤；被裁的員工裡，有一半是罷工者，另一半為非罷工者。希爾維亞深刻感受到其中的不公。她等著，心中期望自己是回到工作室牆內的幸運兒之一。

華特已經不是真正發號司令的人。因為工作室積欠美國銀行巨額債務，現在是銀行家掌控局面。《小飛象》已經完成，《小鹿斑比》也將近完成。華特不在那段時間，未參與罷工的員工花了很長時間完成這些電影。尤其適逢戰時，華特無法負擔製作另一部電影的費用——除了受到政府補助的南美計畫。然而考慮到未來幾年還是有編劇與故事板的創作需求，他本可以留下一些員工為未來做準備。但他沒有——在改變的氛圍下，工作室選擇僅保留核心的兩百八十八位藝術家進行南美影片與短片的製作。其他一千兩百位藝術家則被告知遭到暫時裁員，不保證未來會再聘用。

美麗的伯班克工作室也變了。動畫大樓關閉了一半，留下來的少部分藝術家並不需要寬闊的內部空間。剩下的工作室空間由美國飛機製造商洛克希德公司（Lockheed Corporation）進駐，他們要為國家勢必會捲入的全球衝突做準備。過去員工可以駐足休息的優美環境：小徑、樹木與草地等，全都被鐵絲網與保全擋住了。

希爾維亞不是被留在工作室的少數藝術家。隨著幾週、幾個月過去，對於回到曾經熱愛的職場，她已經不抱希望。她需要錢，也不可能一直等待或許已不存在的工作。然而即便有她那樣的經驗與技能，希爾維亞依然無法在另一個工作室找到工作。當時有超過千名動畫工作者剛進入業界，所有人都在求職。而城裡多數工作室的故事創作與動畫部門都對雇用女性毫無興趣，無論這名女性的資歷如何。對希爾維亞來說，機會之井已經枯竭。

她在加州愛德懷沙漠之日學校（Desert Sun School）謀得一職，這是一間供一到九年級學生就讀的菁英學校。度假村一般的校園、大量的課外活動讓這間學校吸引到許多名人送子女來就讀。多年來，包含法蘭克・辛納屈（Frank Sinatra）、彼得・塞勒斯（Peter Sellers）、佛雷・

亞斯坦（Fred Astaire）與洛克希德家族都將子女送進這間學校。希爾維亞在這裡的工作還有一項額外好處：她的孩子可以用優惠學費在此就學。

雖然如此，希爾維亞的人生並沒有比較順遂。學校人力不足，因此她得工作十四小時。她要在空氣仍冷冽的早上五點半起床，再為整棟建築的壁爐生火，好讓教室暖和起來，預備上課。她教的是上午課程；下午則替馬上鞍，教孩子騎馬，還要接送孩子往返學校及靠近索爾頓湖（Salton Sea）的牧場。晚間她要看著孩子晚自習。雖然有更多時間能跟自己的小孩待在一起是很理想，卻也十分累人。她渴望自己在工作室的往日生活，以及那所帶來的藝術自由。

出於跟希爾維亞類似的理由，黃齊耀也沒有參加罷工。他的忠誠不是針對華特（兩人從未見過面），而是對工作室本身，畢竟工作室在《小鹿斑比》的製作中給了他前所未有的獨立創作空間。他和希爾維亞一樣也要養自己的小家庭，包括太太跟三歲的女兒。他從經驗得知動畫界的工作很難找。

工作室關門是戲劇化的急轉直下。但黃齊耀認為以自己在《小鹿斑比》一片的影響力與他投入的長工時，再加上自己對工作室的忠誠，應該可以回工作崗位才是。然而，背後卻有一群罷工者嫉妒他的才華，也對他站在公司那一邊感到沒來由的憤怒，因此這些人使出了對他不利的小動作。黃齊耀的視覺表現方式是《小鹿斑比》的核心，電影卻已將近完工。因此雖然藝術才華了得，黃齊耀還是被解雇了。這件事情雖然令他崩潰，但他仍迅速將憤恨情緒放一旁，開始找工作。他的求職之路沒有太漫長，有他為《小鹿斑比》所繪的畫稿，以及兩部原創故事板在手，他轉去華納兄弟（Warner Brothers）謀職，立刻就被雇用了。

瑞塔．史考特也是工作室中沒有參與罷工的藝術家之一。她對華特感情很深，將他視為第二個父親。她自己的父親遠在一千多英里外的西雅圖，她的資源有限，因此很少回家探望父親。因為原生家庭在遠方，因此她很享受在工作室中的人際關係，特別是跟華特的情誼，他總是叫她「小瑞塔」。有時早上看到她走路上班，華特也會停下車來載她一程。他在故事創作會議上讚美她的作品，只有看到她餵工作室中的流浪貓時，才會唸她幾句。這些貓跟著藝術家搬到伯班克，似乎已經永久成為工作室地景的一部分。華特不介意牠們的存在，但希望牠們捕老鼠來吃，而非吃員工餵的食物。

她也和黃齊耀一樣，在一九四一年夏天花了很長的時間在《小鹿斑比》的製作上。動畫師辦公室幾乎全空了，只剩三名藝術家：她自己、艾瑞克．拉爾森（Eric Larson）及亞特．艾略特（Art Elliot）。她為《小鹿斑比》畫了五萬六千條狗；接著又因為人力實在缺乏，還獨力負責圖稿清理的工作，她把粗糙的草圖轉化成清晰線條，好交給描圖上色部門接續處理。

那個夏天，瑞塔不只在幕後工作，也走到幕前，她出現在名為《不情願的龍》（*The Reluctant Dragon*）的宣傳片中。這部片於一九四一年六月二十日上映，比較像是工作室的廣告片，而非劇情片，其中包含華特．迪士尼工作室的實景導覽。訪客走訪園區，進入攝影棚，造訪故事創作與動畫部門，甚至跟描圖上色部門的女士問好。片中還穿插四部動畫短片。這部片是在罷工之前拍的，片中呈現的工作室跟此刻實際光景是天差地別。然而，從畫面上能看到瑞塔在工作室的寫生課程中露出微笑，她與一群動畫師一起素描大象，國內各地戲院的女孩們深受啟發。瑞塔現身擊碎了當時既定的想法：對觀影的年輕女性來說，這就是性別不應妨礙人投入創意事業的證據。

他們下一個要推出的作品是《小飛象》。瑞塔為此瘋狂工作，即便員工人數極低，仍舊以破紀錄的速度製作出動畫片。每天出勤都是苦差事：長工時；沒有朋友、同事的互動調劑；憤怒和憎恨似乎都衝著她來，就因為她每天進出工作室。她甚至沒有好友的撫慰，因為瑪莉．布萊爾遠在世界的另一頭。即便在愁雲慘霧裡，瑞塔也不被輕易擊敗。她笑著面對困境，試著從中走出一條路來。

也不是所有消息都是壞消息。由於有瑞塔及其他留下來的員工的努力，《小飛象》才能準時完成，雖然時間是很勉強趕上的——影片在一九四一年十月二十三日紐約首映的兩週半前完成。各界影評相當正面，《紐約時報》稱這部電影帶來「引發奇想的愉悅感」。從《木偶奇遇記》及《幻想曲》的經驗來看，員工們知道影評讚美不代表票房表現，但對剛從南美返國的華特來說，他希望這部片的收益能有助於支付債務，並穩定工作室的財務狀況，藉此重新找回員工。

瑞塔跟希爾維亞、黃齊耀一樣，因工作室關門而大感震驚。然而不同之處在於，她是立刻被聘回的少數藝術家之一，因為對此刻正要完工的長片來說，她的工作具有絕對必要性。然而瑞塔的好運也不長久。工作室從年輕藝術家身上取得所需的一切後，眼前的未來依舊充滿不確定，因此高層主管沒有理由留著她。十一月二十四日，不過四個月前華特還給予溫暖讚美的藝術家——工作室裡第一位獲得列名的女性動畫師——也被解雇了。

一九四一年的秋天，不同於多數同事，瑪莉．布萊爾回到自己一度閃電離職的工作室，就跟其他迪士尼團的成員一樣，他們深信自己的職位相當有保障。當然工作室是個悲傷、空蕩的地方，但還是有不少值得歡欣之處。此次返家，她充滿了靈感，畫簿裡有滿滿的圖，腦中想法也源源不絕。

如同先前的計畫，前往南美洲的藝術家開始將幾個月的旅行，轉變成禮讚南美大陸多元文化的影片。不幸的是，由於當下沒有任何長片推出計畫，因此故事創作部門幾乎裁撤一空。留下來的人當中，能夠提出有趣故事板的人寥寥無幾。動畫師雖然才畫洋溢，卻比較擅長掌握笑料，也就是用角色的鬧劇動作（而非語言）來引發笑意。

工作室面臨的另一個問題是，多數參與這部電影（將命名為《你好！朋友》〔*Saludos Amigos*〕）的藝術家並未前往南美洲，因此得重新創作他們並未親眼見過的場景。少了藝術家來打造工作室一度擅長的精緻細膩風格，南美文化就在演繹中流失了。

一九四一年十二月一個週日清晨，夏威夷珍珠港奇襲奪走了兩千四百條人命，也改變了國家的命運。多數美國人待在收音機前，無心正常生活。但那天早上，正當多數加州人擔心自己是下一個被攻擊的對象時，沒聽到新聞的華特還在繼續工作，也排定好一場故事創作會議。

那個十二月的命定之日，華特正在討論他多年來希望能製作的電影。這是根據查爾斯·路德維希·道吉森（Charles Ludwidge Dodgson）一八六五年的小說《愛麗絲夢遊仙境》（*Alice's Adventure in Wonderland*）來構思的，當時作者是以筆名路易斯·卡洛爾（Lewis Carroll）發表作品。華特沒錢發展新的長片，卻樂觀地希望之後也許會找到方法。華特無視世界即將發生的動亂，他跟一群故事創作部門的男性討論著劇情。某個時間點，華特還說：「情況經常是這樣：最有意義的事情，就是沒意義。我想讓整部作品結束在很有意義的沒意義上。背後想說的是：『看，這就是我們要告訴你的事。』」

路易斯・卡洛爾的謎語並沒讓華特脫離現實太久。隔天，美國國會正式對日本宣戰；幾天後，德國與義大利也對美國宣戰。討喜又荒謬的《愛麗絲夢遊仙境》得先放到一邊。南美長片現在成了新的重點。這不只是部電影，更是一隻跨越大陸的手，希望能溫暖美國鄰居的心，爭取他們的政治認同。

瑪莉為《你好！朋友》所畫的圖稿捕捉了她在巴西體驗到的活力，但她的作品只是更大的計畫底下的一部分。這部電影會是一部彼此相關的短片組合而成的作品，四部短片都致力闡釋迪士尼團所造訪國家的精神。短片之間，則會穿插旅行中的真實片段。在飛機上微笑的瑪莉・布萊爾，在同行的男性藝術家之間格外顯眼。卡通飛機在大陸地圖上移動，影片採取跟行程相反的順序，由的的喀喀湖出發，再前往智利、阿根廷，結束於巴西。

《你好！朋友》（*Alô Amigos*）的葡萄牙語版於一九四二年八月二十四日在里約熱內盧首映。要等到六個月後，這部工作室最短的電影（四十二分鐘）的英語版，才會在北美上映。延遲上映是刻意的，為了要強調這部片主要是為南美觀眾而創作，希望能強化南北美洲之間的關係。電影引來不同反應，除了為工作室帶來不多的利潤外，還有赤道兩側毀譽參半的評價。

智利那段內容未能捕捉到迪士尼團在該國見識到的豐富文化。這部短片的主角是一架名為培德洛（Pedro）的年輕郵務機，在片中要首度飛越安地斯山脈。飛機面對氣候與高度的挑戰，主角英勇地將郵件由阿根廷的孟多薩（Mendoza）送到智利海岸邊的聖地牙哥。

許多智利人認為這架幼稚的飛機是個令人失望的角色。這些智利人中有一位是雷內．利歐斯．波堤加（René Ríos Boettiger），曾是醫學生的他在一九三〇年代放下了聽診器，改執鉛筆。一九四一年，他在聖地牙哥遇到華特，當時波堤加是以筆名貝波（Pepo）創作的漫畫家。兩人的會面氣氛頗為友好，但波堤加的好感在一九四二年看到《你好！朋友》後蕩然無存。他回應此片的辦法，是決定創造出自己的角色，而且要更能代表自己所愛的國家。波堤加選擇了智利國徽上的安地斯鷹。一九四九年，漫畫《小鷹》（*Condorito*）誕生，主角是個經常「啪！」一聲撲地的可愛小壞蛋。他受歡迎的程度遠超過《你好！朋友》，該作品讀者遍布全世界，成為安地斯這片土地影響力十足的大使。

《你好！朋友》裡有所不足的段落不只是智利篇。阿根廷在片中的呈現方式同樣也讓很多人不滿。短片中描繪了高飛狗學習阿根廷國內具代表性的高卓人的生活方式。雖然短片在一開始呈現了傳統高卓服飾的細節，但其他部分卻是由典型的笑料拼組而成——高飛狗手忙腳亂玩套索跟馬鞍。

只有影片的最後一段比較理想。這段短片搭配阿里・巴羅佐（Ary Barroso）一九三九年所寫的樂曲〈巴西之泉〉（Aquarela do Brasil），從一隻畫筆的視角展開，它看似握在觀眾中，並以水彩捕捉到里約熱內盧的豔麗。這段動畫帶著自由的藝術氣息，比前面幾篇表現出更強大的野心。不出所料，這也是唯一展現出瑪莉・布萊爾影響力與風格的短篇。

瑪莉的畫筆讓香蕉變成了黃喙大嘴鳥，闃黑的夜空中花朵多彩盛放，城市的海岸邊還能見到星光閃爍。甚至連華特與迪士尼團曾度過精采夜晚的伍爾卡賭場也在短片中登場。這部短片展現出藝術家深愛的里約野性之美與都市繁華。片中還出現了巴西鸚鵡荷西・卡利歐卡（José Carioca），他很快就跟唐老鴨變成朋友，後來又在工作室下一部拉丁美洲電影：《三騎士》（*The Three Caballeros*）中出現。出自瑪莉之手的藝術概念讓這個段落展現出非凡美感，可說是對這個改變她人生與藝術的國家所寄出的銀幕情書。

「這不像迪士尼旗下男性畫出來的作品。」一九四三年波斯利・克勞瑟（Bosley Crowther）在《紐約時報》影評中寫道。在讚美巴西短片的文章中，他認可「精緻水彩動畫」的同時，卻完全忽視瑪莉・布萊爾，即便她的臉跟名字就出現在銀幕上。

珍珠港轟炸後幾個小時，洛杉磯聯邦調查局立刻採取行動，拘捕了超過一千名日裔社群人士與宗教領袖，並凍結他們的資產。對於住在美國的日本後裔來說，無論其公民身分為何，迫害已迫在眉睫。

兩個月後的一九四二年二月十九日，小羅斯福總統簽署第九〇六六條行政命令：「戰爭需要對抗各種間諜與顛覆行為。」他建立了軍事區域，用來拘留西岸所有擁有十六分之一以上日本血統的人。美國並非唯一這麼做的國家，類似的公民權利侵害事件也發生在加拿大、墨西哥、祕魯、巴西、智利與阿根廷。

工作室中迴盪著恐懼，部分員工擔心同事難以預料的命運。華特特別擔心藝術家藤川恭，她出生在加州，但父母卻來自日本。藤川恭預期到可能降臨在她身上的危機，遂決定從伯班克工作室轉到公司的紐約辦公室，好繼續從事插畫工作。雖然東岸也存在偏見，但至少沒有進拘留營的危險。藤川恭感謝華特的體恤，因此離開了加州。然而在得知父母被送到阿肯薩斯州的拘留營：若維爾戰爭搬遷中心（Rohwer Relocation Center）後，她的心境很快轉為內疚自責。

雖然紐約成了避風港，藤川恭經常需要離開市區邊界。她固定返回伯班克工作室，甚至勇敢前往阿肯薩斯州探望家人。在這些旅程中，其他旅客會詰問她的出身，懷疑她是日本間諜。藤川恭會笑著說自己是黃柳霜（Anna May Wong）——華裔美籍時尚代表及好萊塢影星。

有一天，華特跑到藤川恭的紐約辦公室，他問她：「你還好嗎？我一直很擔心你。」

「我很好。」藤川恭回答。表現得一派輕鬆的她說：「如果有人問起我的國籍，我會說實話，或撒個大謊，例如我是半中半日，或自稱韓、中、日混血。」

「為什麼要這樣不可？」華特氣憤地問，「我的天，你就是美國公民！」藤川恭完全了解他的意思。他的話正中她隱藏身分那種矛盾的情緒。華特的憤怒強化了她的自信心，從那天起，只要有人問起她從哪裡來，她會直接說：「我是美國人。」

就在藤川恭愛上了熙熙攘攘的紐約之際，希爾維亞也終於接到重返工作室的通知電話。最近幾部長片帶來不多的利潤，工作室正在緩慢重建中，但若還想展望未來，華特就少不了故事創作部門效力。看到朋友艾瑟也重返崗位讓希爾維亞感到雀躍。罷工已經結束，她們之間的隔閡似乎也沒那麼重要了。然而她對於重啟《小美人魚》劇本的工作並不抱太大希望，工作室還沒準備好投資昂貴的新長片。不幸的是，比起先前他們參與過的計畫，眼前可投入的工作實在不怎麼令人振奮。

希爾維亞的能力明顯大材小用；她在為可口可樂籌備廣告，調皮的侏儒會在廣告中偷走飲料瓶。兩間公司的合作關係始於一九四二年華特到可口可樂贊助的廣播節目上介紹《你好！朋友》。這段關係對華特有益，因為他迫切需要資金挹注。廣告雖然無法燃起藝術家的熱情，但至少現階段能幫助他們開門營業。

正如希爾維亞擔心的，此刻工作室並沒有任何製作新動畫長片的計畫。過去忙碌熱鬧的故事創作部門要負責生出一整組新點子、劇本跟故事板，此刻卻異常安靜。除了政府資助的南美長片外，工作室只剩動畫短片、一些如可口可樂廣告的商業案，以及軍隊和美國政府單位委製的宣傳片可做。

縱然從五年前出品《白雪公主》開始，長片已經是迪士尼工作室的招牌，但當下的資源如此稀少，華特只能放棄長片。長片的藝術性與故事性發展起來實在太昂貴了。華特開始評估真人電影的可能性——比起動畫片，這是比較經濟實惠的選項。即便面對了個人與專業上的煎熬，他知道還是要在鏡頭前尋找比「演員」這種悠久的媒介更新鮮的途徑。幸運的是，他最早的同事之一現在回頭來幫忙他了。

一項名為光學印片的技術從十九、二十世紀之交就已開始發展。一開始，這主要是複製底片用的技術。原始底片會被放進連接電影攝影機的放映機中，底片再透過鏡頭直接投射到尚未使用的新底片上，藉此產生複製品。這項技術就像翻拍照片一樣——就品質來說不甚完美，卻也還堪用。從一開始，這項裝置就展現出它本身的潛能。電影人立刻開始運用它來放大他們有興趣的不同段落，或剪掉不想要的部分。

修改已完成影片的概念就跟電影本身的歷史一樣久。早在一八九八年，導演喬治・梅里埃（Georges Méliès）就在用遮罩（塗黑的玻璃片）遮住底片部分區域，以阻止曝光。接著他會倒轉底片，去除原本的遮罩，也遮住其他區域避免原始底片二度曝光，接著他將新影像投射到乾淨的底片上。透過小心處理這樣的過程，他創造出看似能改變現實的影像；例如在某一景中，他看起來像把頭拿下身體、放在桌子上，接著還繼續講話。

仰賴遮罩與光學印片的電影——一九三三年的《金剛》與一九四一年的《大國民》（*Citizen Kane*）——愈來愈受歡迎。雖然這是令人興奮的科技，設備卻尚未進入商業生產階段。想要利用光學印片魔法的片廠都必須自己打造。

在華特・迪士尼工作室中，烏布・伊沃克斯是負責特效的人。這個最早畫出米老鼠的其中一位動畫師，在數年前自己的動畫工作室收起來之後，又重回迪士尼工作室。伊沃克斯正在組裝一部光學印片機，它具有結合動畫與真人的潛力。這項新科技在準備製作拉丁美洲親善之旅的第二部影片《三騎士》時，就能派上用場。

華特的影片監督原本在拍攝電影場景時，是將播放動畫的後映式銀幕置於奧羅拉・米蘭達（Aurora Miranda）跟一群舞者的身後；奧羅拉是一位巴西女歌手兼演員，也是知名的卡門・米蘭達的妹妹。投影在銀幕上的唐老鴨看似就在她身旁，讓這對不可能湊對的組合一起跳著森巴舞。但這一幕缺乏真實感，藝術家也不滿意。只有透過光學印片機，他們才能真正結合米蘭達與卡通演員（包含唐老鴨及鸚鵡荷西・卡利歐卡）的動作。藉著伊沃克斯打造的科技，動畫人物跳脫了背景，看起來就像在舞者面前與舞者之間跳動的樣子。

瑪莉・布萊爾設計了兩部拉美電影的許多場景。她筆下的兒童、夢幻火車、特殊的植物和花卉，以及大膽用色，都成就了電影中最引人注目的特色。瑪莉的才華受到高度讚譽，她也不再與先生直接互有競爭關係。李被徵召入伍，去了路易西安那州北部的李文斯頓營（Camp Livingston）。寫給瑪莉的信中，李談到他的種種冒險、軍中生活、新朋友，也訴說對她的愛，卻很少問起她的工作與生活。一如以往，兩人之間的距離暴露出關係中的裂痕。

戰爭期間，跟瑪莉最接近的人不是李，而是瑞塔。先生離去後，瑪莉覺得房子太冷清，因此邀請朋友搬來跟她住。此時兩人生活、工作都在一起，因為瑞塔於一九四二年夏天又重回工作室了。她很開心能夠回來；離開的幾個月裡，她千辛萬苦試著找創意產業的工作。她和暱稱為烏力（Woolie）的動畫師朋友沃夫岡・瑞瑟曼（Wolfgang Reitherman）一起為當地軍官俱樂部畫了軍機的大型帆布畫，也完成一本關於轟炸機的圖文書，名為《B-1》，雖然找不到出版商願意出版。烏力在工作室裡素有花名，包含葛麗絲跟瑞塔都跟他約過會。裁員期間，瑞塔跟烏力在一起；烏力被工作室重新雇用後，兩人反倒分道揚鑣了。瑞塔找了一件替飛機零組件圖錄畫插畫的工作，直到她也再度回到工作室為止。

瑞塔在一九四二年八月十二日回到工作室，比她的作品又能再度於美國劇院面世還早了一天。八月九日，眾所等待已久的《小鹿斑比》在倫敦首映，旨在支持這座深陷二戰戰火之中的城市；幾天後的八月十三日則在紐約上映。在十五位獲銀幕列名的動畫師中，瑞塔是唯一的女性。這是女性動畫師首度列名在好萊塢的動畫長片中。

《小鹿斑比》的影評迴響好壞參半。《綜藝》雜誌宣稱：「《小鹿斑比》如珠寶一般可貴，因為反映出森林植物與動物生活的色澤與動態。」《綜藝》同時也欣賞希爾維亞所打造雷雨場景的「光彩與質地」。作品獲得的大量讚美讓瑞塔相當驕傲。《時代》雜誌稱她畫的狗「是希臘神話地獄犬以來最令人害怕的惡犬」。

然而許多獵人也出面反對這部電影，《戶外生活》的一篇文章稱此為「對美國所有運動員最惡劣的侮辱」。另一方面，《紐約時報》的影評則抱怨動畫太寫實，認為華特的最新出品作裡，「畫中的森林幾乎跟《森林王子》（*The Jungle Book*，一九四二年的真人電影）中特藝彩色攝影機拍出來的真實森林場景不相上下」，並質問：「這樣何必要有卡通？」一如《木偶奇遇記》與《幻想曲》，《小鹿斑比》也面對票房失利，在戲院首輪上映時，損失了約十萬美元。

瑞塔返回工作室時，心裡想的不是工作室收益，而是自己的薪水支票。她發現眼前的環境跟她印象中的工作室十分不同——一切都縮小了。不只是員工人數與場地受影響，還有計畫的規模也是，現在這些都大幅受限。團隊成員不再沉浸於長時間的故事創作會議，也不再辯論特定角色要彰顯的道德觀等主題。他們的重心放在教育短片、商業計畫、軍事宣傳片，以及少量的劇情片，然而這些劇情片似乎永遠出不了工作室面世。更令她難受的，是她在工作室所身處的更卑微位置。瑞塔被裁員前曾經是頂尖的動畫師；但再回鍋時，她被告知可以選擇低三個薪級的助理動畫師職位，或者轉去故事創作部門。兩個選擇都是降等，所以她不情願地選了故事創作部門。她認為在此可能有機會擁有較多創作自由。

然而瑞塔很快會發現，現階段在籌備的計畫中，沒有藝術表現這回事。

當她回到工作室時，亞歷山大・德・賽佛斯基（Alexander P. de Seversky）所著的非虛構作品《空中致勝》（*Victory Through Air Power*）正高踞《紐約時報》暢銷榜第一名，出版時間就在珍珠港事件的幾個月後，也立刻引起一陣騷動。作者曾於俄羅斯帝國海軍服役，一九一八年以使節身分前往美國。這個時間點相當巧合，剛好讓德．賽佛斯基逃過俄國革命與蘇維埃聯盟崛起後的動亂。不願返回祖國的德．賽佛斯基投靠美國戰爭部，很快成為威廉．「比爾」．米契爾將軍（William "Bill" Mitchell）的助理。兩人擁有許多共同點——他們都相信戰鬥的未來將仰賴軍事飛行能力，不論戰艦或軍隊，都比不上這一點來得關鍵。米契爾強烈相信空中戰略的主導性，也認為要建立獨立的美國空軍（直到一九四六年才成立）才行。他公開表達不服從，在一九二五年的記者會上指控海軍部與戰爭部「國防行政無能，怠惰到有罪，甚至是叛國的地步」。他的大膽直言招致軍事法庭審判，米契爾最終辭去職務，離開了軍隊。

德．賽佛斯基發明了許多航空儀器，也申請了專利（包含一種以迴轉儀穩定的炸彈瞄準器，以及用來空對空加油的設備）。他成立一間飛機公司，製造了一隊優異的戰機。然而一九三九年，雖然公司有好幾份軍隊合約，董事會仍為遲遲無法獲利感到不耐，因此迫使德．賽佛斯基離開公司。

雖然被迫離開自己的飛機公司，德．賽佛斯基仍舊是空戰的熱情擁護者。他針對這個主題書寫文章、發表演講；一九四二年，他的書《空中致勝》出版。這本書主張成立獨立的空軍，以飛航為中心的戰略引來強烈批評與熱情讚譽，也點燃大眾對戰爭究竟該怎麼打的論爭。就跟許多人一樣，華特認為德．賽佛斯基的論點是有說服力的。事實上，他深信不疑，因此他認為自己應該將本書內容推廣給「比有限的閱讀受眾更多的人」知道。

隨著戰事的進行，工作室改編書籍的主要考量就是速度。這部電影不需要光學印片機的精緻化處理；只有德．賽佛斯基與米契爾將軍對著鏡頭說話，基本的動畫足以展現其他的內容。片中會以地圖、飛機與潛水艇來說明書中的每一項主張。瑞塔花了很長時間製作代表戰艦、飛機與補給的箭頭，它們從美洲出發，出現在歐洲與日本各處。她開玩笑說，為這部片做了這麼多箭頭，應該改名叫《箭頭致勝》才對。

她雖然懷念《小鹿斑比》製作初期那有如藝術家的奇幻世界的工作室，但瑞塔也很清楚，職場反映的正是這變動中的世界。每個人的生活都改變了，她從邱納德學院畢業時懷抱的夢想，也得向新現實低頭。晚間，瑞塔很高興有瑪莉陪伴，兩人就在曾經舉辦狂野派對的寬闊門廊喝著雞尾酒。

瑞塔前不久製作飛機插畫的經驗對這部電影很有幫助；同時間，工作室裡許多人也很懊惱葛麗絲已經離開了這件事。她的飛行經驗肯定能為這部電影貢獻豐富的知識。葛麗絲一度期盼離開工作室可以帶來她一直渴盼的飛行事業。然而二次世界大戰非但沒為她打開大門，反而把門關上。首先，她在費爾柴爾德飛機公司的工作沒了。其次，她探聽許多跟戰爭有關的工作機會，也遭到拒絕。葛麗絲認為自己可以找到將飛機從美國駛往英國的工作機會，因為她知道英國的女性也做著類似工作，然而卻沒人願意用她。滿心挫敗的她看著飛行經驗不如自己的男性被雇用為副駕駛，而她的求職卻始終被無視。

處於失望中的葛麗絲遇上了小柏克萊・布蘭特（Berkeley Brandt Jr.）——跟她一樣擁有商業執照的駕駛。布蘭特在聯合航空服務，他的職業生涯與機會正是葛麗絲一心所嚮往的。兩人陷入愛河，於是在一九四一年末，葛麗絲穿上白色蕾絲長擺禮服與布蘭特結婚。婚姻並未抹滅她對未來的渴望，但持續面臨對女性駕駛的偏見卻令她十分沮喪。

「這是一場全面性戰爭，」葛麗絲在日記中寫道，「此刻正應該是所有身體健康的人，不分男女，都要出一份力的時候。此刻更勝以往，即便已婚，我仍覺得自己應該也能為國家做出貢獻。但就是沒那個機會。」

《空中致勝》的電影版在一九四三年七月上映，廣告宣傳用語是「珍珠港事件後，你所問的每個問題……終於在銀幕上得到答案！」。電影以特藝彩色動畫影片展現珍珠港遭轟炸的恐怖景象。對觀眾來說，看到近日美國領土遭到摧毀的畫面令人痛心，然而華特仍舊選擇保留影片中的暴力場面。畢竟這不是適合所有年齡層的不朽娛樂作品，而是一部宣傳片。

影片傳達的訊息造成了觀眾之間分歧的意見。許多人被飛機在歐亞各地投擲炸彈的動畫場景說服，相信設立空軍有其必要性；其他人則對片中海、陸軍的重要性遭到輕描淡寫而感到憤怒不滿。認為影片訊息不妥的人士之一，就是小羅斯福總統的參謀總長威廉・李海上將（William Leahy）。因此華特的主要目標之一：讓影片在白宮放映，之後也遭到了阻攔。

然而在大西洋另一頭，他的運氣比較好。溫斯頓・邱吉爾（Winston Churchill）不只看了影片，似乎也認為影片訊息具有說服力。一九四三年八月，邱吉爾與小羅斯福會面，並計畫在諾曼地登陸入侵法國，當時他問美國總統是否看過這部片。小羅斯福說還沒，邱吉爾堅持讓戰鬥機快遞送來影片，兩人在兩天內看了兩次。華特終於達成最終目標，將訊息傳達給當權者。

這部片在形塑未來戰略時扮演何種角色，並不得而知，雖然看起來它只會更強化戰爭規畫者當時早已日漸增加對飛行的依賴。影片上映一年後，一九四四年六月六日，諾曼第登陸成了史上最大規模的空中行動——運輸機、轟炸機、偵察機、戰鬥機與軍隊運輸機等，全都在襲捲諾曼第的戰事中扮演了重要角色。

包含瑞塔與希爾維亞在內，雖有許多女性參與《空中致勝》的影片製作，唯一獲得銀幕列名的卻只有特藝彩色顧問、永遠不缺席的色彩指導：娜塔莉・卡爾穆斯。雖然罷工試圖讓藝術家列名一事更加民主化，結果仍然跟早期一樣相當主觀。瑞塔並沒有列名在她參與製作的作品中，如《幻想曲》、《小飛象》或《空中致勝》。其他藝術家也同樣沒有獲得銀幕名單肯定。黃齊耀雖然決定了《小鹿斑比》的色調與視覺風格，卻僅列為「背景藝術家」。可登上銀幕列名階層的受益者，通常是華特的愛將，例如瑪莉．布萊爾。

瑞塔用紅蠟筆畫下一個戴著飛行員帽子與眼鏡的頑皮人物。瑪莉看到時，角色促狹的笑容讓她笑了出來；雖然想出這種惱人角色的作者不會覺得瑞塔的圖稿有趣。這個角色叫做小精靈（gremlin），英國皇家空軍的飛行員在二戰期間想像出這種生物，並把現代飛機許多機械故障全都一概而論，歸咎於這個替罪羔羊。

英國皇家空軍的飛行中尉羅納德．達爾（Roald Dahl）在二戰期間寫了一個關於這些生物的故事：〈小精靈傳說〉（Gremlin Lore）。達爾小時候就很喜歡寫故事，但老師卻不認為這個少年有什麼與眾不同的才華。他的一個英文老師在報告中寫下：「我從沒遇過這樣不斷寫著跟所欲表達意思完全相反的文字的人。」

達爾是一名戰鬥機駕駛，受傷多次後，他被派往美國華府擔任軍事聯絡官。在辦公桌前，他寫下自己經歷的冒險故事，包含一群可愛麻煩精的故事：〈小精靈傳說〉。身為英國皇家空軍軍官，若未經過駐美英國情報組織首長悉尼．伯恩斯坦（Sidney L. Bernstein）許可，他的故事就無法出版。但伯恩斯坦不只是政府官員，他也是知名的英國製作人，還認識華特．迪士尼。他相信達爾又寫的故事有改編的可能性，因此在一九四二年七月一日寄了一份稿子給華特。

現在華特所寫的一切、工作室的一切工作，幾乎都跟二戰有關。雖然他心中仍擔憂戰時娛樂短暫的時效性，華特還是在兩週內發出電報，表示想要買下版權。達爾是個作品還沒出版過的作者，因此要求也不多。唯一條件是他要有「對角色刻畫與技術細節表達意見的機會」。當時看起來不起眼的一句話，後來卻對瑞塔及工作室構成挑戰。

當年九月，達爾的故事賣給了《柯夢波丹》雜誌，也預定交由華特．迪士尼工作室繪製插畫。出版故事可以說是試水溫；他們希望藉由暢銷故事來為劇情長片鋪路。然而小精靈熱潮卻擴散得比工作室預期還要快。它傳到了駐紮於英國的美國空軍中，到了一九四二年底，關於這種邪惡生物的文章已經出現在數十本雜誌上。

瑞塔畫的小精靈既帶著流氓氣又可愛，小小一隻，長了幾乎看不到的藍色翅膀，還穿著過大的靴子，頭上也長出綠色的角。她的圖稿將這種生物描繪成彷彿在玩扮裝遊戲的淘氣孩子。達爾卻不買單，他寫道：「如果可以親自去跟你講講，我知道自己一定能提供你關於它們樣貌的精確描述。」二十六歲的作者提到他在停機坪的觀察，堅持這些生物必須戴著綠色高禮帽，而非飛行帽與眼鏡。

達爾前往伯班克向工作室的藝術家描述小精靈樣貌和舉止的精確細節。他並非首位造訪的飛行員；華特邀請英國皇家空軍飛行員前來加州，幾十位飛行員來此提供關於小精靈的故事，以及見證它們現身行徑的證言。關於這種生物的描述變得十分複雜，因此故事創作部門員工建立了一個表格，統整了小精靈行為的各種準則。藝術家們同情地聽著這些男人說話，也努力掩蓋驚訝情緒，他們看著這些看起來神智都很清醒的職業軍人振振有詞，堅稱看過這些生物在飛機上亂跑。瑞塔與瑪莉合力從這些訪談與研究細節中取材，瑞塔製作圖稿，瑪莉則發展作品色調。

遲至故事劇本與藝術創作都具備雛形時，小精靈的外觀卻還在激辯中。達爾不只對角色外觀有強烈的堅持，就連該穿什麼服裝、行為舉止如何，合約條文也要求須取得他同意及英國空軍部的同意。

工作室面臨修改影片的困難，而達爾也對設計有所不滿，這項計畫最終帶來的麻煩大過它能創造的價值。故事板被廢掉，製作也就此停止。然而達爾的故事仍舊在《柯夢波丹》上以筆名佩加修斯（Pegasus）刊出，後來出版成書，收益則捐給英國皇家空軍慈善基金。

工作室內許多人開始感覺他們所做的一切似乎都是枉然。《木偶奇遇記》、《幻想曲》與《小鹿斑比》的票房損失了幾百萬。《小飛象》的製作費用雖然已經縮減，卻讓他們也僅僅打平成本。《你好！朋友》跟《三騎士》（一九四四年上映）有小賺，但《空中致勝》卻損失了五十萬美元。美國政府委製的訓練短片幫忙支撐著工作室，但破產的威脅仍揮之不去。當時的他們僅有少數員工及受到壓抑的創意，華特・迪士尼工作室的藝術家開始認為動畫這種仰賴手繪與藝術火花的事業已經過時，不可能產生利潤了。

在紐約皇后區的小公寓裡，切斯特・卡爾森（Chester Carlson）也開始放棄希望。一九三〇年，卡爾森拿到加州理工學院的物理學位，但大蕭條之後他很難在自己的專攻領域裡謀事。向八十二間不同公司求職後，他終於在紐約的貝爾電話實驗室找到工作。那份低薪的職務很快令人感到無聊，因此他轉到公司的專利部門；即便他無力從事發明，至少可以保護發明。他發現跟辦公室裡的律師共事比他想像中更累人，不過主要是因為處理文件的關係。每件發明的圖稿都必須手繪複製多次，才能正確送出專利申請。視力不好又有關節風濕病的毛病讓卡爾森過得很痛苦。他開始幻想一台按個鈕就能複製文件的機器。

他不是唯一如此幻想的人。在匈牙利物理學者帕爾・塞蘭尼（Pál Selényi）出版的自然光論文中，他以靜電將墨引到封閉表面進行實驗。受到塞蘭尼出版的研究啟發，卡爾森也開始在廚房實驗這項技術，偶而還導致他跟妻子、岳母同住的皇后區阿斯托里亞（Astoria）公寓失火。

一九三八年十月二十二日，卡爾森首度實驗成功。他和另一位物理學者：奧地利難民奧托．柯奈（Otto Kornei）一起在一塊顯微鏡玻璃載片上寫下日期及自己所在地點：10-22-38，**阿斯托里亞**。他用手帕摩擦塗上硝的鋅片來製造靜電，就像小朋友用氣球摩擦頭頂製造靜電那樣。他快速將玻璃載片放在鋅片上，以亮光照射五秒，接著移除載片，在鋅板撒上石松粉，彷彿那是某種仙塵一般。在吹掉多餘粉末之後，他寫的文字仍舊清晰可見：10-22-38，**阿斯托里亞**。

兩人改進這項技術後，卡爾森立刻運用他的領域專長為這項程序申請專利。他認為下一步——也就是找到有錢的商業伙伴來投資——應該很容易。結果卻非如此。截至一九四二年為止，他已經被幾十間公司拒絕，包含國際商業機器公司（IBM）、奇異公司（GE）與美國無線電公司（RCA）。卡爾森開始懷疑電子照相術是否會得到商業界的青睞。他當時不知道的是，這件自己哀嘆找不到去處的發明，最終將在華特．迪士尼工作室引發革命。

第九章
Zip-a-dee-doo-dah

一九四二年十二月九日，在墨西哥市沁涼的夜晚空氣裡，瑪莉看著孩子們聚集在瓜達露普聖母大教堂（Basilica of Our Lady of Guadalupe）前。他們排成遊行隊伍：有些人扛著約瑟、瑪莉跟天使加百列的聖像；其他人手持蠟燭，小小的手拱著燭火，不讓火焰被風吹熄。他們緩緩繞著街道走，一邊唱著〈請求避難歌〉（Canto Para Pedir Posada），聲音就迴盪在建築物之間，甜美的旋律正是墨西哥耶誕節「請求避難」（Las Posada）的傳統標誌。這首歌出自約瑟與伯利恆一位旅館老闆的對話，他請求讓自己與懷孕且即將生產的瑪莉在此借宿。傳統上在「請求避難」期間，小朋友會挨家挨戶請求避難。屋內的歌聲則會唱和回應，首先是說沒有房間，最後在指定的某間房子，大門會敞開迎接他們，大家齊唱最後一句歌詞。進到屋裡舉行派對時，孩子們會高興地喊叫，同時擊打塞滿糖果、玩具的大型紙偶（piñata）。

瑪莉並沒有宗教信仰，卻深受這種傳統之美觸動。她畫下了這個場景，也感受到自己的藝術來到某個正要有所突破的轉捩點。她在南美之旅中畫過不少年輕人，描繪下那些帶著甜美純真氣息的臉龐。她在墨西哥畫的許多孩子風格類似，臉頰更圓一些，臉部表情也更豐富。瑪莉的共感力注入了這些作品，而作品更突顯出她跟場景之間的連結，明亮色彩也反映出慶典參與者在街上遊行時的歡愉。瑪莉在畫作中描繪孩子的方式，從此不同以往。

華特受到她的作品觸動，他說：「你用了我從未聽過的顏色。」這些讚美雖令瑪莉歡喜，但她也能感受到男性同僚的嫉妒，他們不滿她能獲得華特的注意力。心懷不滿的他們叫她「大麻瑪莉」，用這種奚落來嘲諷她與眾不同的用色選擇。

然而華特的賞識卻是長久而真誠的。工作室員工的藝術品很少掛上他家牆面，但華特非常喜歡瑪莉的水彩畫，因此有兩幅她畫的祕魯兒童（兩幅都是《你好！朋友》的概念圖），就掛在洛杉磯的迪士尼家中。華特的女兒黛安及莎朗都很崇拜瑪莉。

過完她二十多歲的年華後，瑪莉猶如蛇蛻去外皮，展現出一個閃亮嶄新的自我。一九四三年，她三十二歲，已經找到了自信與重心，不只是在藝術這方面。她的外表、舉止與服裝展現出一種自在成熟的韻味。她會設計並縫製自己的衣服，風格獨特。瑪莉巧妙運用裁縫技術，經常使用男性服飾的線條，也會穿夾克與長褲。高顴骨、短瀏海、法國香水，以及安靜圓滑的舉止不只讓華特的小女兒們留下深刻印象，幾乎周遭每個人都是如此。

到了一九四三年，瑪莉的生活已經變成一串機場、行李箱與音調起伏變化的西班牙語腔調的組合。一九四一年她為準備《你好！朋友》而踏上南美之旅；接著一九四二年又跟華特與其他藝術家去墨西哥，為《三騎士》取材；之後她被派到古巴，為第三部暫名為《古巴嘉年華》（*Cuban Carnival*）的長片取材。古巴外交官認為一九四〇年代有大量美國遊客前往當地海岸，古巴卻不在《你好！朋友》片中，

一九四三年，瑪莉・布萊爾（中）在古巴結識了新朋友。
（瑪莉・布萊爾遺產提供）

實在令人失望，因此要求迪士尼製作另一部動畫，來展現他們的文化。

瑪莉在哈瓦那下飛機，已經習慣南加州乾燥氣候的她，當下感到濕度迎面向她襲來。她與一小群藝術家同行，這次華特沒有來。因此不像南美洲之旅，華特的存在為團隊及活動帶來正式感，現在她有了繪圖與書寫的自由，可以仔細記錄自己正浸潤其中的文化。

享受著獨立自主的她也任由自己的喜好與直覺帶她四處探索。在古巴旅行的五個星期間，她畫下大量的畫。她造訪了雪茄工廠；在甘蔗田中漫步；也在舞廳裡擺動身體。

華特賦予她的是概念藝術家的自由，讓她為自己要設計的影片創造出應有的視覺與質地。她的旅行是這個過程的核心，刺激著她構思新影片的初步概念。故事創作藝術家其實是要負責創作故事板及書寫劇本，但她的工作往往更像影像攝影師，要補捉特定景象，選擇能夠傳達景象情感的用色。她經常扮演多種角色；除了概念藝術外，也為某些影片創作背景藝術，在其他影片中則擔任藝術監督——她將其描述為「創造想法的職位」，並進一步解釋「有或沒有想法，一翻兩瞪眼」。

瑪莉跟故事創作部門員工密切合作，為新影片構想概念。當瑪莉在概念藝術上施展魔法時，故事創作部門則創作故事板，然後開始寫劇本。瑪莉的藝術是基礎，為影片、場景與角色創造外觀視覺，後續再由動畫師發展下去。然而，比起過去從故事創作部門湧現的滔滔創意川流，現今這個部門想出的點子只剩涓涓細水。當瑪莉旅行結束返家時，她跟瑞塔會喝著馬汀尼，討論眼前令人沮喪、又難以施展抱負的前景。

一九四三年，《空中致勝》幾乎完工，為軍隊製作的訓練影片也穩定產出中，幾乎沒什麼能給瑞塔、希爾維亞及其他留在工作室的員工帶來進一步刺激的事。瑞塔負責的短片有《肺結核》、《清潔帶來健康》、《嬰兒照顧與餵養》及《鉤蟲病》；希爾維亞正在規畫《月經的故事》。然而即便是微薄的預算及受限的主題，兩位女性仍在這些作品中展現了藝術才華。

對於向少女描述荷爾蒙作用的科學原理，以及其對成長中女性身體的影響，希爾維亞抱有極大的熱情，這些資訊會以精確的生理解剖學動畫來呈現。從許多角度而言，這是部基進的動畫。一九四〇年代討論月經是種禁忌，光明正大就女性身體的生理學進行討論更是少見。關於月經的錯誤概念一代傳過一代；許多女性稱自己的月經是種「詛咒」，認為自己不潔，無法在經期間參與一般活動。

希爾維亞製作這部作品的時候，適逢女性衛生用品經歷創新之際。一次大戰後，護士發現她們用在士兵身上的纖維敷料比起棉花更吸水，因此開始運用這種材料製作月經墊片。到了四〇年代，這種墊片加上一條固定位置的帶子已經開始四處可見，由靠得住（Kotex）及摩黛絲（Modess）等公司推出販售。

雖然不同形式的月經棉條已經存在千百年，最早的使用紀錄來自埃及女性，而一直到一九三三年美國才開始出現商業化量產商品。一位名為厄爾．哈斯（Earle Hass）的醫生在一九三一年十一月十九日為他的「月經裝置」申請專利。那是可以用兩片伸縮紙板放進陰道的壓縮棉條。由於廠商對這項產品不感興趣，他就將專利賣給一位名為葛楚德．譚德里奇（Gertrude Tendrich）的女性，她籌組了丹碧絲銷售公司（Tampax Sales Corporation），也成為丹碧絲首任總裁，開始在零售商店中，以「看不見的月經墊」之名販售此產品。隨著美國投入二戰，棉條鎖定「積極參與」戰爭的工作者為銷售對象，因此愈來愈受歡迎。

希爾維亞在短片中並未閃躲女性生理學的討論，她偏好坦誠而非傳統的保守態度。一九四〇與五〇年代間，這部短片在許多高中放映給少女們看，成了她們生殖生物學的入門課。

雖然這些作品有其意義，但是當華特告訴希爾維亞下部長片將以音樂為本，她還是很開心能將這些計畫拋開。一想到音樂有機會再度為自己的作品發揮效用，她就神采煥發。當時她跟同為故事創作者的同事荷西．羅德里哥（José Rodriguez）合作，要製作一部新的短片集，名為《音樂史》（*The History of Music*）。兩人先前合作過《空中致勝》，然而《音樂史》卻大不相同。希爾維亞畫了一隻聰明的貓頭鷹來解釋樂器演變及設計上運用到的技術，為什麼能發出「嘟嘟、噓噓、砰砰與咚咚」聲。她開心地讓工作室再度充滿交響樂，舊的故事板終於能再生出另一支新長片。

華特‧迪士尼工作室的故事創作部門是個競爭激烈的地方。書寫只是個開始。要讓一則故事成功進入製作階段，故事創作者必須是自己作品的強力推銷者，也要在故事創作會議上展現強大的說服力。這類特質並不符合比安卡這個人，因此她的案子經常要經過周折才能搬上銀幕。比安卡在一九四〇年所寫的《仙履奇緣》故事劇本，配上她的畫稿，一開始感覺就像另一件失敗案例重演。然而在缺乏新點子又已縮編的部門中，比安卡對這個古典童話的處理方式，就有如掉在黑暗階梯上的玻璃鞋一樣，閃閃發亮。華特拍掉檔案上的灰塵，開始重讀她的作品。

比安卡的改編捕捉到這則古老童話跨越不同文化和傳統所展現的精髓。這則故事的不同版本散見於古希臘、中國唐代與十七世紀義大利的文獻中，歐洲版本就有五百多種。法國作家夏爾‧佩羅（Charles Perrault）於一六九七年出版的《鵝媽媽的故事》（*Tales of Mother Goose*）中的〈仙杜里雍〉（Cendrillon）逐漸受到歡迎，因為他加入了神仙教母、變成馬車的南瓜與一隻玻璃鞋。格林兄弟的版本題為〈灰姑娘〉（Aschenputtal），出版於一八一二年，裡面則有繼姊割腳以塞進玻璃鞋，讓鞋子鮮血淋漓的段落。即便在最後圓滿結局的段落中，仙杜瑞拉嫁給王子，還有鳥兒俯衝下來，啄掉惡毒繼姊的眼睛，讓她們永久失明的情節。

因此比安卡在寫劇本時，選擇改編較不嚇人的法國版，這不令人訝異。即便這個簡單的故事並不需要太多修整，比安卡仍覺得有些改變可以讓電影更精采。有鑑於工作室善於製作動物的動畫，比安卡決定創造出一大群動物幫手配角。這些動物和牠們跟主角的關係給了這個故事新鮮的感覺。在原始故事中，老鼠只是被陷阱抓住的有害生物，但在比安卡的劇本裡，老鼠杜斯提（Dusty）是仙杜瑞拉的朋友，也是關鍵的一角。

在佩羅版的結局裡，當繼姊們穿不進玻璃鞋時，仙杜瑞拉會現身說：「讓我試試看是否合腳。」比安卡覺得有必要在這一幕創造緊張感，因此安排了邪惡的繼母將仙杜瑞拉關在無法逃脫的地窖；她的寵物鼠杜斯提得用爪子帶走玻璃鞋，將國王的人馬引到黑暗的監禁空間。比安卡的劇本終局不是一場婚禮，而是杜斯提住在滿是珠寶的鼠洞的畫面。

比安卡在劇本中還創造了其他動物角色，包含名為克雷麗莎（Clarissa）的寵物龜與繼姊的惡毒貓，名叫帥鮑伯（Bon Bob）。加上這些動物配角，比安卡的銀幕改編版《仙履奇緣》非常適合工作室來製作。然而時間點卻很不巧。當時是一九四三年，很少人對輕鬆愉快的公主故事有興趣。預算仍舊吃緊，華特與洛伊雖然能夠支應眼前的開銷，卻還沒辦法還債。即便如此，華特還是將警訊當耳邊風，期待未來的好日子降臨，也說服銀行家支持他即將斥資一百萬美元進行的計畫。接著他指派最好的兩位故事創作者喬・葛蘭特（Joe Grant）及迪克・休默（Dick Huemer）監督這部長片的工作。兩位男性對這件任務熱忱不高，他們不像華特熱愛這則童話，反而比較想做自己的原創故事。「我從不喜歡可以預先知道結局的電影。」葛蘭特如此批評這件案子。無奈之下，他們仍重新翻出比安卡在故事創作部門最後歲月中所創作的文字與圖稿。

《仙履奇緣》的工作進度很快被另一支長片給打斷。一九四四年初，華特決定工作室的下一個大計畫是《南方之歌》（*Song of the South*）——以喬伊・錢德勒・哈里斯（Joel Chandler Harris）一八八〇年出版的《雷慕斯大叔的歌與名句》（*Uncle Remus: His Songs and His Sayings*）為本。

這本書據說是哈里斯所聽到的非裔美國人的口傳民間故事選集。一八六二年，他開始在喬治亞州伊頓屯（Etonton）小鎮外，擔任當地報紙排版工人的學徒。他形容自己是「沒朋友又絕望的人」，於是開始花時間跟附近透沃德莊園（Turnwold Plantation）的奴隸廝混，他特別喜歡一位叫歐文・特瑞爾的人所說的說服力十足的故事。

美國內戰於一八六五年結束，然而若觀察透沃德莊園附近的棉花田，卻一點也看不出端倪。一八六五年，安德魯・強森總統（Andrew Johnson）將地產返還戰前所有人，也賦予南方各州治理的自主權。即便此刻在憲法第十三修正案下，四百萬奴隸獲得自由，南方州政府卻執行限制非裔美國人行動自由，並繼續剝削他們勞動力的「黑人條款」。哈里斯發現莊園幾乎沒有改變。非裔美國人仍在做同樣的工作，住在同樣的小屋，也訴說奴隸制時期所說的許多相同故事。

哈里斯開始寫下布雷爾兔（Brer Rabbit）的故事，這個故事主角經常智取對手布雷爾狐跟布雷爾熊。這些故事可以回溯到西非阿坎人（Akan）的民間傳說，被奴役的阿坎人帶著故事來到美洲地區。故事象徵小動物靠著智慧也能贏過更強大的動物。在哈里斯的故事集中，前黑奴雷慕斯大叔每晚對著造訪祖母莊園的白人小男孩講故事。哈里斯筆下的雷慕斯大叔，「除了奴役制度下的美好回憶，一無所有」。多年後，老少讀者都以為喬伊・錢德勒・哈里斯跟雷慕斯大叔一樣是個黑人，實際上他更像書裡的白人男孩。透過出版這些故事，哈里斯不僅竊取了非洲口傳民間故事的文化，還洗白了美國奴役他人的歷史。

即便有這些冒犯的問題，這本書仍在十九、二十世紀之交大受歡迎，很快也收入美國各地的兒童圖書館，包含華特・迪士尼的圖書館。出於童年時期對這些故事的美好回憶，他在一九三九年買下版權，並指定故事創作部門幾位成員進行改編。由於當時工作室工作滿檔，因此這本書並未吸引太多注意力，直到五年後，華特才重新燃起對這個計畫的興趣。部分吸引力來自這部電影現在可以得益於光學印片機。由於手繪動畫的成本仍舊居高不下，因此結合手繪動畫與真人演出，就能在省錢的同時也推展新科技，這很有吸引力。然而情況已和一九三九年不同，此時他沒有大批故事創作者可以運用，因此華特雇用路易西安納州立大學巴頓魯治分校的教授兼作家達爾頓・雷蒙（Dalton Reymond）來進行改編。

雷蒙寫下六十頁呼應該故事的故事劇本，據說裡面充滿種族歧視與刻板印象，包含與奴役有關的南方方言。對華特來說，這樣顯然行不通，因此他決定再找另一位作家操刀，好平衡最終版劇本。然而他非但未如預期雇用非裔美國人，反而用了莫里斯・拉夫（Maurice Rapf）這個住紐約的猶太人及對外公開承認的共產黨員。

拉夫被雇用的原因主要是出於他對這個案子的鄙視。他認為改編電影是個錯誤，此舉必然會明目張膽表現出種族主義。「這就是我找你這樣的人來工作的原因，」華特告訴他，「你反對關於黑人的刻板印象。我們多數人即便沒有種族偏見，總難免冒犯他人。但你對這些問題很敏感，也許有辦法避免這種情況發生。」此論調說服了拉夫，因此一九四四年的夏天，他跟雷蒙一邊爭執，一邊試圖寫出劇本。

這個世界正在緩慢轉變，工作室過去仰賴的刻板角色——如《幻想曲》中的太陽花、《小飛象》中的烏鴉吉姆克勞（Jim Crow）跟同伙——再也不為大眾所接受了。一九四四年秋天，工作室宣布《南方之歌》將成為下個計畫後，非裔美國人社群數名領袖及官方的電影審查人約瑟夫．布林（Joseph Breen）都警告工作室高層，由於《雷慕斯大叔》這本書的種族主義調性，任何改編計畫都會遭到抗議。迪士尼內部的公關韋恩．卡德維爾（Vern Caldwell）提醒影片製作人這件事，他寫下：「與黑人有關的情況相當需要步步為營。在黑人的支持者與反對者之間，有很多錯估情勢的機會，很可能導致差距甚大的結果——從令人厭惡到引發爭議都有可能。」即便有這些厲聲警告，華特仍義無反顧，看起來他對未來可能發生的情況毫不在意。

劇本在開始撰寫前，瑪莉被送到喬治亞州十天，為這部影片構思藝術概念。她的繪畫表現出南方紅土路與開出粉紅花的木蘭樹。然而美好的作品中藏著黑暗。從某些角度看，這讓人想起她以水彩畫捕捉到的沙塵暴年代中的痛苦。相對於雷慕斯大叔故事裡描述的那種純粹、潔淨的幸福快樂，在瑪莉的場景裡，非裔美國人的生命中總是帶有悲劇氣息。繁花盛開的綠野旁，一名非裔美國婦女與孩子沿著紅土路走回家。背景中，黃色天空映照出死亡之樹的剪影。棉花田裡，蓬鬆白花看似棉花糖般輕盈誘人，後方卻是黑暗荊棘，傳達出前奴隸開始動手採收時那種難以逃脫的憂傷。

甚至連瑪莉畫中的雷慕斯大叔都帶有無庸置疑的悲傷感。在其中一幅畫裡，他駝背握著手杖走著，拉長的背影就落在開花的地景上。他的身後，在夏日的亮麗色彩外，成排莊園農作有如死亡本身一般黑暗。

然而就算瑪莉描繪出深刻的對比，影片的動畫師卻只揀選畫作中歡樂的影像：開滿粉色亮麗花朵的樹木、紅土路、綿延的綠色山丘——所有悲劇的影子全都被捨去。從整部影片的表現與內容上，可以明顯看出去除所有不公與苦難痕跡的安排。

瑪莉在南方旅行的時候，劇作家們更加深陷論爭之中。拉夫做出大大小小各種修改，移除具有貶意的字詞，改變角色設定及場景，也明確指出故事是發生在美國內戰之後。他甚至加入日期：一八七〇年，以澄清片中的非裔美國人並非奴隸。他試圖在劇本中指出布萊爾兔——一如口述內容的定義——是個非裔美國人角色，而他智取的對手則是白人。不幸的是，多數修改都遭到摒棄。夏天過完時，兩個作家都想掐死對方，雷蒙堅持要把另一位逐出這個計畫。

華特指派另一位進步派作家加入《南方之歌》計畫，將拉夫轉去《仙履奇緣》的團隊。拉夫對於離開這個糟糕透頂的計畫並不難過，尤其當時他已讀過了比安卡的《仙履奇緣》故事劇本。拉夫以她的初始劇本與圖稿為出發點，開始創造一個跟工作室過去的公主——白雪公主——很不一樣的角色。也許是共產信仰讓他把仙杜瑞拉塑造成一名工人。他要她主動爭取，出門去擄獲王子的心，而非被動等待王子上門。他特別欣賞比安卡筆下的繼母把女孩鎖在地窖的安排，這表示仙杜瑞拉得對抗她的壓迫者。拉夫改變了場景，讓她激烈對抗繼母、繼姊後，又被關在閣樓裡。故事創作部門覺得這有點過頭了，最後他們移除了暴力對抗的場面。然而這一幕明確凝聚了主角的關鍵動機，也鞏固了比安卡對結局的想像。

無論如何，《仙履奇緣》的製作在一九四四年緩步推進。戰爭還在繼續，工作室也在財務崩潰的邊緣徘徊。工作室的債權銀行是否會允許製作這部電影，仍在未定之天。然而故事創作與動畫部門的多數人都渴望劇情長片動畫的回歸。即便包含《木偶奇遇記》、《幻想曲》及《小鹿斑比》在內許多的先前努力都碰上票房失利，他們在製作過程中享受到的創意自由，都不是短片集或新的動畫、真人結合電影所能比擬的。

海外對法西斯主義的抗爭也讓眾人嚴格檢視美國國內嚴重的不平等。一個在海外爭取自由、平等的國家，卻以這種羞恥的方式對待自己國家的公民，這種虛偽令人再也難以忽略。在此意識下，二次大戰期間，美國全國有色人種協進會（NAACP）呼籲終止軍中歧視。該組織的執行祕書長華特．懷特多次前往歐洲，試圖提振軍隊士氣。返回美國本土時，他提倡制度變革，也與杜魯門（Truman）總統會面，並起草第九九八一條行政命令。這條命令廢止軍隊中的種族隔離，並進一步終止源自種族差異的歧視；但是命令直到一九四八年才獲得總統簽署。

美國全國有色人種協進會及其他許多黑人組織領袖也呼籲民間工作場域應推動變革。影片中非裔美國人呈現方式也是這些人訴求要徹底改變的許多領域之一。美國全國有色人種協進會長期以來反對影片中的刻板印象。一九一五年，當《一個國家的誕生》（*The Birth of a Nation*）這部賦予三K黨（Ku Klux Klan）榮光、赤裸裸的種族主義影片首映時，協進會就發動了大規模抗爭。一九三七年，懷特親自致信製作人大衛·塞爾茲尼克，表示願意提供學術研究報告，反駁作家瑪格麗特·米契爾（Magret Mitchell）在作品《飄》（*Gone with the Wind*）中所描述的南方重建情形。他建議塞爾茲尼克雇用「一位有資格的人——最好是黑人——來檢查潛在事實錯誤或詮釋錯誤」。

一九四二年，懷特與具有影響力的政治人物溫德爾·威爾基（Wendell Wilkie）在二十世紀福斯片廠與各片廠老闆會面，堅持要終結黑人演員只能扮演卑屈角色的情況。多年來有許多終結種族主義的各方努力，然而在十九世紀末、二十世紀初，由白人塗黑臉扮演黑人的情況一直在美國娛樂產業中蔚然成風，除此之外，非裔美國人演員扮演的角色未有更多發揮空間。從一開始，電影就有種族隔離問題，不只在工作室中，還有銀幕上。只有少數電影人如奧斯卡·米考斯（Oscar Micheaux）描述過非裔美國人社群的複雜生活。在雷慕斯大叔成為焦點後，很顯然行動的時刻到了。

一九四五年，工作室的注意力由雷慕斯大叔轉向了世界大事。一九四五年五月八日，《洛杉磯時報》頭版稱：「歐洲全面勝利」。新聞發布後，街頭爆發歡慶潮。從洛杉磯的港口還駛出一艘長達四百四十五英尺的「勝利船」。

工作室內的情緒也洋溢著狂喜亢奮。當時有許多值得慶祝之事。對許多員工來說，首先想到的是在軍中的愛人，心中也盼望起他們能盡速返家。但對西岸的許多人而言，太平洋戰場上的情勢就跟歐洲戰場一樣緊急，甚至更嚴重。一直到八月十四日，核彈投在日本的廣島與長崎導致日本投降，二次大戰才真正結束。這是核彈首次也是唯一一次使用在武裝衝突中，奪走了數萬條人命，多數都是平民。此決定的餘波在未來幾十年產生了長遠影響。隨著毀滅性戰爭終於結束，全球許多地方也終於能夠展開重建。

在伯班克，未來似乎露出曙光了。將來會有新計畫上路的可能性讓藝術家感到興奮。過去四年中，百分之九十的工作都跟政府或軍隊有關。大家都準備好要往前邁進了。但其他擔憂也在此刻浮現，例如女性員工擔憂她們的工作不保。即便在戰前動畫部門的女性數量已經大幅成長，但女性知道從戰場返家的男人會想要回這些工作。從上司的談話裡她們得知，戰爭結束或許也會是她們在工作室的工作結束之時。

多數返家軍人都希望找回他們記憶中戰前的某種生活常軌。然而對男女性非裔美國軍人來說，他們返家後見到的世界，情況卻未免太熟悉了。美國人對種族的態度並未改變，在南方，即便身著軍隊制服的非裔美國人也會被餐廳阻擋在外，而哪怕是德國戰犯卻會受到歡迎。其他的不公義也持續如舊：非裔美國退役軍人並未獲得一九四四年《美國軍人權利法案》（GI Bill of Rights）所保障的同等福利，特別是取得低利率房屋貸款的資格。

一九四三年，藍斯頓・休斯（Langston Hughes）在詩作〈從博蒙特到底特律〉（Beaumont to Detroit）中激動表達了這種不平等現象，以及對抗兩面戰場的經驗：一面要對抗希特勒，另一面是對抗吉姆・克勞。一九四六年，擊敗納粹德國後，對抗種族隔離的大勢終於開始增長。

一九四六年十一月十二日，第一位現身於華特・迪士尼作品中的非裔美國人明星詹姆士・巴斯克特（James Baskett）出現在銀幕上，高唱〈Zip-a-Dee-Doo-Dah〉。這首歌受到黑奴時代民歌〈Zip Coon〉的影響，贏得一九四七年的奧斯卡最佳原創歌曲獎。同時擔任本片布萊爾兔配音的巴斯克特後來也因雷慕斯大叔一角獲得奧斯卡終身成就獎。他是第一位贏得奧斯卡獎的非裔美國人男演員。

然而在《南方之歌》的首映場，巴斯克特卻遭蓄意排除；除了他之外，還有共同演出的奧斯卡獎得主哈蒂．麥克丹尼爾（Hattie McDaniel）。因為首映是在實施種族隔離的南方亞特蘭大福斯劇院舉行，因此兩位演員都沒有參加。那天晚上的劇院招牌上閃爍著「華特．迪士尼彩色影片《南方之歌》世界首映」字樣，下方則是片中明星，但不包含非裔美國人演員。種族主義大旗受到高舉，全是白人的觀眾在此情況下魚貫進入劇院大門。

在喬治亞州的伊頓屯，年輕的艾莉絲．沃克（Alice Walker）跑去看了這部以代代相傳的童話為藍本的電影。巧合的是，這裡也是《雷慕斯大叔》作者的出生地。她坐在有色人種座位區，身旁似乎來了她住的鎮上的所有人，卻一點也不讓人欣喜，她只感覺難過。一九八一年有一場對亞特蘭大歷史學會的演講（後來出版在她的散文集中），沃克描述了華特的電影帶來的影響：「創造出雷慕斯大叔這個角色的他，在我跟這些對我意義深遠的故事之間，豎起了一道有力的障礙。這些故事本來對我們的孩子而言也含有重大意義，他們本可以從自己同胞那邊聽到，而不是靠迪士尼來說。」

黑人領袖組織起抗爭，以反對這部片。他們包圍加州與紐約的戲院，手持標語上寫著：「我們要民主電影，而非奴隸電影；別用這種電影讓孩子產生偏見；我們為山姆大叔而戰，不是湯姆大叔。」非裔美國人報紙《加州鷹報》（*California Eagle*）在組織洛杉磯的抗爭中扮演關鍵角色。這份報紙的所有人與管理者是夏洛塔．巴斯（Charlotta Bass），這位女性致力於運用自己在出版界的力量推動民權運動。描述組織抗爭的原因時，報紙寫道：「那些看劇本的演員讀的甚至不是雷慕斯大叔講的方言。」

《烏木》（*Ebony*）雜誌刊載一篇圖片社論，稱這部電影為「白百合宣傳」，「撕裂了和平的族群關係」。其他當時代的評論也同意，《紐約時報》上一篇名為〈痛打迪士尼〉（Spanking Disney）的評論直接點名華特：「無論再怎麼主張這些都是童話虛構的內容，你的故事這麼親熱看待主奴關係：黑人彎腰打掃、晚間唱著聖歌——讓人幾乎都要以為你是否定亞伯拉罕·林肯的立場。放下那杯薄荷朱利酒，迪士尼先生，這不太適合你那張年輕的臉。」

華特·迪士尼工作室早被警告過了。華特多年來都知道，這部電影一上映就會立刻激起強烈的反應。甚至連電影上列名為故事創作者的莫里斯·拉夫也加入批判的行列，也許是希望幫自己跟這個他一度試圖改善的計畫拉開距離。這部片雖有賺錢，卻不足以減輕工作室的財務窘境。由於電影受到嚴重抗議，《南方之歌》最後無疾而終，再也未以任何影片形式於美國發行。

二〇一〇年的股東大會上，華特·迪士尼公司執行長鮑勃·伊格（Bob Iger）稱這部片「過時」且「相當冒犯人」，近期並沒有任何發行DVD的打算。然而其他人卻以不同的眼光看待這部片。二〇一七年獲頒「迪士尼傳奇」（Disney Legend；表彰對華特·迪士尼公司具有重大貢獻的個人）的女演員琥碧·戈柏（Whoopi Goldberg）鼓勵工作室發行《南方之歌》。「我正在找方法讓大家開始討論怎麼讓《南方之歌》重新上映。」戈柏在訪談中說：「這樣我們就可以討論這是什麼、又是從哪來的，以及怎麼會有這樣的作品。」

瑪莉·布萊爾對實行種族隔離的南方會出現的種族議題很敏感，這在她為電影創作的藝術概念中展露無遺，雖然她幽微的描繪方式最終未被動畫師採納。然而，瑪莉當初確實可以再做得更多一些。故事創作會議討論種族主義相關的表現

瑪莉·布萊爾，《病號》，約繪於一九三〇年代。（瑪莉·布萊爾遺產提供）

時，她完全只安靜坐著。在一段關於瀝青寶寶的討論中（這段影片是從種族刻板印象來的，後來在戲院裡自然引人憤怒），華特問：「他可不可以這樣說：『把火生大一點……讓瀝青熱燙燙』之類的，唱出他們在做的事？熊可以插進來對話，但就讓他唱出自己在做的事。這是黑人會做的事。」瑪莉沒有吭聲。下一次會議，華特又問大家：「大家覺得瀝青寶寶那一段行嗎？」瑪莉仍舊沒吭聲。

工作生涯初期，瑪莉曾經畫過一幅叫《病號》（*Sick Call*）的作品。圖稿中，一名非裔美國人躺在窄床上，已經無意識，有一位年長的白人醫生傾身靠近他。另一位非裔美國人站在醫生身後，恐懼扭曲了他的臉龐。這部作品很令人揪心，描繪兩名黑人角色的線條以溫柔的悲憫情懷畫出，讓觀者不由得想像這悲哀場景之前究竟發生了什麼事。倘若除了《南方之歌》的藝術概念外，瑪莉還將這樣富有人性的景象帶到故事創作會議上，也許就可以動搖華特的想法？我們永遠不得而知。

即便對於影片中置入刻板印象的看法逐漸有所轉變，故事創作與動畫部門成員都欠缺文化背景的多樣性，這不只影響了《南方之歌》，也影響到到工作室未來動畫的發展，然而眼前卻無解決之道。一九四八年，《南方之歌》出品兩年後，華特．迪士尼工作室雇用了第一位非裔美國人動畫師：法蘭克．布瑞克斯頓（Frank Braxton）。他加入工作室做中間人的工作，而那是個離職率很高的職位。一如許多同儕，布瑞克斯頓也沒打算留下來，才兩個月就無故離職，到他處尋找動畫工作。

沒多久，布瑞克斯頓結識了班尼．瓦相（Benny Washam），他是華納兄弟卡通公司的兔寶寶（Bugs Bunny）卡通動畫師。瓦相決定要聲援自己的朋友。他走進製作經理強尼．伯頓（Johnny Burton）的辦公室說：「我聽說華納兄弟的種族政策拒絕雇用黑人。」伯頓轉身大喊：「誰撒的謊！這不是真的。」「這樣啊，」瓦相回應，「外面有個年輕黑人動畫師要找工作。我想他來對地方囉。」布瑞克斯頓很快成為查克．瓊斯（Chuck Jones）團隊裡的重要動畫師，在一九六〇年當選銀幕動畫師工會洛杉磯分會會長。

第十章
這就是愛

「在希臘文中，『繆思』這個字意指覺察者。」希爾維亞在筆記本中如此寫下。她的筆記頁面記滿了關於九位繆思與其領域的研究：卡利俄佩（Calliope），英雄史詩的繆思；克利俄（Clio），歷史繆思；歐忒耳佩（Euterpre），抒情詩及音樂繆思；厄剌托（Erato），情詩繆思；波呂許謨尼亞（Polyhymnia），聖歌繆思；墨爾波墨涅（Melpomene），悲劇繆思；塔利亞（Thalia），喜劇繆思；忒耳普西科瑞（Terpsichore），舞蹈繆思；烏剌尼亞（Urania），天文繆思。到了一九四六年，她已經為一部關於希臘繆思女神的長片寫了無數的故事劇本和腳本，並決心要讓它在工作室中有一席之地。這九位女神占據了她的日日夜夜；她一直思索著要怎麼在工作室製作的短片中，有效利用她們來擔任敘事者。

基本上，希爾維亞討厭短片；多數時候，她對短片的故事創作者與動畫師毫無敬意。她把這類喜劇稱為「虐待狂」，因為那些作品仰賴暴力與仇恨的刻板印象來引人發笑。這完全不是她的風格，也不是工作室想在長片中塑造的喜劇樣貌。希爾維亞全心投入這項計畫，以紅與黑大膽的色塊來描繪繆思，並在背景加上繁複的建築細節，工作室裡沒有其他藝術家想得到要這麼做。

她常把工作帶回家。女兒希歐現在已經是個少女，也在工作室擔任全職上色員。晚上她跟著母親回家，一整天工作後正打算放鬆時，她從希爾維亞閃爍的眼神看得出來，她還沒將工作放下。有一天，希歐看到母親拿出不透明水彩，將顏料塗在一張黑色建築紙上。那晚希爾維亞迎來引導著她的手的繆思，畫下筆觸全然不似她風格的作品。她畫了一頁又一頁，創造出十幾頁圖稿：一對舞者在巴黎市景前翩翩起舞。這次經驗留下了長久的印象，她在筆記本中草草寫下：「我們是繆思。」顯然這是寫給她自己，不會是其他人。

希爾維亞當晚所畫的片段，後來成為一九四六年出品的《為我譜上樂章》（*Make Mine Music*）短片集中的〈雙人剪影〉（Two Silhouettes）。看起來她的未來發展已經穩定；薪水達到每週九十五美元；她在《華特．迪士尼漫畫》（*Walt Disney Comics*）雜誌接案的工作量也倍增。經過多年來的掙扎努力，她終於可以跟孩子過上舒服的日子。然而這穩定的表象即將在她四周崩毀。

一九四六年八月一日，工作室裁撤四百五十名員工，占員工總數百分之四十。「大家擔憂的工會問題終於給了我們當頭棒喝，」希爾維亞在信中寫下，「我被裁員了。」銀幕動畫師工會為所有員工要求百分之二十五的加薪，倘若工作室不同意，他們威脅要發起罷工。工作室回應：沒有錢。有鑑於華特過去幾部片的微薄收益、仍由美國銀行控制的大批債務，以及幾個月前華特才跟工作室長期合作的戲院發行商雷電華電影公司（RKO Radio Pictures）申請一筆百萬美元的緊急貸款，這確實可能算合理的立場。然而堅不讓步的談判者加上火爆脾氣讓情況在七月底徹底觸礁。七月二十九日星期一，每個人都加薪了，包含希爾維亞在內；她的薪水漲到每週一百二十美元。然而好運只是暫時的，幾天後工作室幾乎半數員工都遭到裁員。這一次，希爾維亞不會再回來了。

在過去幾年兩人同住的家中，瑪莉跟瑞塔喝到站不起身。兩個女人邊喝著馬汀尼，邊聊到半夜，感覺房間開始在打轉。在這間屋子裡，兩人曾一起就尚未成形的動畫場景展開規畫和辯論，但很快她們就不再是室友了。在一九四六年故事創作部門的灰燼中，幾乎每個過去十年曾為長片貢獻創意的人都遭到解雇。一度曾是動畫部門甜心、後來成為故事創作部門員工的瑞塔，現在也離開了工作室。

包含希爾維亞在內的許多員工都希望可以再獲聘，但瑞塔已不抱期待。她遇到了一個對象：海軍潛艇指揮官班傑明·沃賽斯特（Benjamin Worcester）。兩人即將結婚，所以瑞塔與瑪莉為兩人的友誼與瑞塔新婚乾杯。瑞塔很快就要離開加州前往佛羅里達州的西嶼（Key West）。雖然瑞塔感到人生已經翻開一章的新頁，但她並非從此不再為華特效力。

有別於瑞塔，瑪莉不知道自己要何去何從。她經常為了工作室的任務出差，也常到維吉尼亞的基地探訪李。她覺得自己像個沒有家的流浪者。

李在一九四六年由美國海軍退伍。當華特像個拿著大砍刀的農夫，以不公待遇解決這些員工時，他卻想把李找回來。華特寫信給李，要他回來工作室工作。也許李並不想回到妻子受重用的地方，又或者他懷疑華特公司長期的穩定性，也可能他就是想試試轉換新跑道。總之，李決定留在東岸，他跟兩個伙伴成立了影片圖像（Film Graphics）公司，專門製作當時相對新興的電視廣告。

一九四〇年代，電視是電影煩人的小兄弟，總是想強行亂入美國的視覺娛樂產業，卻又不能怎麼樣，只能扯扯大姊的髮辮。電視機在一九三九年紐約世界博覽會上為美國所認識，這種機器非常昂貴，要價約六百美元，相當於一輛新車的價格，而當時也只有一家位於紐約的電視台。

二次大戰期間禁止生產電視機，因為一定要用到陰極射線管，而那是美國軍事科技與研製雷達所需的材料。一九四五年的調查顯示，多數美國人並不知道電視是什麼。因此李將賭注押在這種一九四六年開始受到歡迎的媒介，確實是冒著巨大風險。瑪莉並不擔心；她愛著李，也願意追隨他，無論情況有多麼不確定。

瑪莉走在第五大道上，要返回曼哈頓的新公寓，四周的人匆匆與她擦肩而過。即便在擁擠城市的人行道上，她仍然覺得當下的自己彷彿是世界上唯一的女性。她剛收到自己早就不抱希望的消息：她的寶寶有心跳。一九四〇年代，在驗孕試劑普及化、婦產科超音波發展起來之前，產前照護僅限於懷孕的最後幾個月。瑪莉從未經歷這個階段，她的流產就像多數情況那樣，是發生在第一孕期中。反覆流產造成的心碎已讓她失去希望，所以這一次，當瑪莉懷疑自己可能懷孕時，她試著不去多想。然而懷孕五個月的她走到了這一步，她看著醫生將聽診器貼在肚子上，心中充滿期待。瑪莉已經三十五歲，比美國女性首次懷孕的平均年齡大了十歲，然而懷孕生子的困難只讓這一刻更顯甜美。在她體內長大的孩子成就了她最深切的盼望。

對許多一九四六年的女性來說，母職就像一個小偷，會偷走戰爭期間她們剛萌芽的事業。二戰後懷孕生子的女性比先前多上許多，在外工作的女性卻變少了，這不是出自她們的選擇；一九四五年後，百分之九十四的有色人種女性與百分之七十五的白人女性原本計畫要繼續工作下去，然而雇主卻反對讓女性持續工作，特別是已婚、有幼兒的女性。戰後有四百五十萬名女性失去工作。

瑪莉並非這些女性之一。雖然現居地與伯班克相距三千英里遠，華特卻不願意失去自己的愛將。他給了她少有藝術家能享受的自由：允許她遠距工作，在家創作藝術概念，定期飛回工作室貢獻她的想法就好。

瑪莉珍惜自己新獲得的自由時，工作室裡其他女性只能緊抓著自己不確定的職位。二次大戰為女性開啟了動畫、拍攝、背景製作及編輯部門的工作機會。華特為描圖上色部門設立的訓練計畫，也讓女性走出了那棟獨立的修女院，她們可以進入工作室的其他部門工作。隨著一九四六年裁員，有些機會跟著消失，但其他的門卻未關上。縱使年輕男性能重返工作崗位，然而職務中還握有創意影響力的女性也不打算放棄自己的工作，尤其是眼前有新機會出現了。國際市場正在緩慢恢復中，動畫長片也已經準備好要回歸。

華特刻骨銘心了解到工作室禁不起再一次大失血。即便要說服銀行投資一部動畫長片都相當困難，倘若這部電影失敗，他的公司可能永遠不會有其他機會。他必須更謹慎控管支出，也要極審慎選擇下一個要進行的計畫。

這些年來故事創作部門構想了許多點子，也許再派出一位公主會是個安全的選擇。畢竟他們第一次出手操刀這類故事，比後來任一部影片都來得賺錢。華特選了《仙履奇緣》，他對自己事業的所有厚望就寄託其上。故事的簡潔令人喜愛，可以在縮減開銷的同時，也讓工作室在藝術表現上全力發揮。

在《仙履奇緣》的故事創作會議上，華特好像回到了從前，不斷丟出他的點子。會議裡瑪莉很少發言；就算她想，也很困難。除了華特以外，大家幾乎都沒機會講話；華特滔滔不絕，整個房間充塞著他的無邊想像。

即便跟前有華特提出的這些概念，團隊仍舊碰上困難。他們已負擔不起過去在電影中打造的精緻背景。他們在《白雪公主》、《木偶奇遇記》、《幻想曲》及《小鹿斑比》中打造的細節，需要大量的藝術家投入人力及冗長工時才能創作出來。銀幕上每秒鐘需要二十到三十張圖稿來構成，這是龐大的工作量，而每道線條都是錢。現在藝術家面對了新挑戰：預算有限，他們要如何為《仙履奇緣》創造出飽滿的視覺感受？要解決這個問題，華特求助於瑪莉。

瑪莉小心忖度該如何運用顏色來應對影片所受的財務限制。必須用色彩來取代工作室通常拿來增加影片飽滿度的細密線條。瑪莉走的是極簡藝術風格，擁有得天獨厚的條件來進行這項任務。她擁抱二十世紀中的現代平面設計風格，這是一種四〇到六〇年代風行的藝術行動，代表人物有保羅・蘭德（Paul Rand）、亞歷山大・吉拉德（Alexander Girard）跟露西安・戴（Lucienne Day），他們的作品經常以亮麗色彩繪製平面視覺。她的目標是運用這些技巧，讓觀眾相信自己眼前見到的影片跟戰前作品同樣浮華而生動。

在《仙履奇緣》中，她選擇的特殊色調不只是出自自己的喜好，更是為了協助形塑敘事。她所設計的每個片段使用的都是基本線條（這是減少支出的關鍵），卻充滿了預期之外的色彩，不僅能吸引目光，更以豐厚感創造飽滿的視覺畫面。

從某個方面來說，瑪莉是以自己的形象打造仙杜瑞拉。她畫出一位高塔房間內的少女望向遠方的雄偉城堡，日出讓天空呈現粉紅色，然而仙杜瑞拉四周唯一的顏色卻是無精打采的灰色。這一幕跟瑪莉早年畫的自畫像不謀而合，畫中的她望向遠方，無視周圍的混亂。

瑪莉也將對現代時尚的詮釋融入她的圖稿中，這是過去迪士尼影片中缺乏的。她畫出白雪公主不可能會穿的洋裝：露出小腿、收腰、展現出主角的沙漏形身材曲線，以及覆上層層蝴蝶結與緞帶的服裝。這些設計都彰顯出戰後的新時尚，也是對於多年來講究實用的軍服、鉚釘工蘿西（Rosie the Riveter）連身裝以及歐洲服裝管制配給的一種回應；在歐洲，袖口、口袋及花邊等細節都受到嚴格管制。法國設計師克里斯汀・迪奧（Christian Dior）的戰後新裝比戰爭期間的一般洋裝用了多十倍量的布料，打造出突顯臀部的大裙擺線條，有時甚至添加襯墊。每件洋裝的上身都是緊身上衣與圓肩袖籠。這種擁抱女性特質的造型很快就出現在全球各地時尚的女性身上。甚至連瑪莉畫的玻璃鞋都令人想起甚受歡迎的戰後鞋款：以高跟方頭聞名的跟鞋。《仙履奇緣》中幾乎沒有未受瑪莉影響的場景。她的巧思無所不在：從繼姊在大鍵琴旁的歌唱課，到雄偉宮殿襯托下的矮胖禿頭國王；從通往仙杜瑞拉高塔中房間的哥德式樓梯，到小鳥與老鼠合作完成一件粉紅緞帶禮服。她甚至設計了視覺上相當夢幻的七位侍女的夢境片段，雖然最後被捨棄不用，讓她很失望。

最能感受到她影響力之處，也許就是仙杜瑞拉與王子在〈這就是愛〉（So This is Love）的樂聲中跳華爾滋翩翩起舞的片段。瑪莉跟歌曲創作團隊密切合作，其中包含麥克．大衛（Mack David）、傑瑞．李文斯頓（Jerry Livingston）及艾爾．霍夫曼（Al Hoffman），他們要確保這支雙人舞——華特．迪士尼影片中女主角與王子的第一支舞——會適當推進劇情。瑪莉以深邃、生動的藍色來刻畫這個浪漫場景，天空與大地看似融在一起，兩人彷彿是在星星之間起舞。她在這一幕裡添加許多華麗的細節，包含白色希臘式涼亭與陶甕，外加四處飄散的花朵。結果成功營造出陷入愛河的情緒，也跟緊接著的追逐場景形成強烈對比。瑪莉安排一隊國王人馬追在仙杜瑞拉身後，馬匹看起來像在陰影中奔騰，紅色斗篷在身後飛揚，產生出強烈的戲劇性轉折。

瑪莉的藝術概念幾乎深入每個部門，包含動畫、描圖上色（選色的單位）及空間構圖與編輯部門。然而按著她的想像來工作的藝術家不只開始擔憂起自己的工作，還有工作室的存亡。

「就是這樣。我們的狀態不好。這部片如果不賺錢，我們就完了。工作室就要關門了！」華特對著一群負責《仙履奇緣》的藝術家說。

瑟爾瑪．威特瑪（Thelma Witmar）是對華特的嚴正警告感到有壓力的藝術家之一，她當時正在處理這部片的背景藝術。威特瑪生在內布拉斯加州，父親是個鞋子銷售員，大蕭條期間舉家搬到了加州北部。她來洛杉磯讀藝術學校，做過各種工作，一九四二年則被華特．迪士尼工作室雇用。此時她已經四十幾歲，也跟希爾維亞一樣比其他女性同事年長。她直接進入了背景部門，跟當時受聘的許多女性不同，她成功在戰後保住自己的工作。

瑟爾瑪正在想方設法運用瑪莉的藝術概念，賦予《仙履奇緣》富麗的畫面，因為那是觀眾期待從迪士尼影片中看到的樣子。這不是瑟爾瑪第一次用瑪莉的畫作為靈感，她先前也為《南方之歌》跟短片集《旋律時光》（*Melody Time*）製作背景。雖然瑟爾瑪並沒有在這兩部片或其他短片的銀幕列名之中，她仍舊獲派執行新任務，她在背景部門的才華也將獲得認可。

背景藝術家要創作整部片中使用的風景與背景板。從某些角度來說，他們的任務比角色動畫師輕鬆一些。背景藝術家不需要製作大量圖稿來描繪銀幕上的動作。但換個角度來說，這份工作卻也更具挑戰性，因為他們得讓細節與真實感流入動畫場景的設計中。這份工作需要許多創意；藝術家得創造出一個與角色相符的世界，同時還要帶動敘事。

瑟爾瑪從經驗得知眼前的任務不輕鬆。將瑪莉的場景轉變成影片已是複雜的工程；運用她獨特的色彩搭配方式，又是另一件棘手差事；但最大的挑戰還在於融入她的風格。瑪莉畫作的風格跟他們的動畫技巧極不易於統合。這是因為二十世紀中現代主義缺乏透視，因此平面圖像雖然很容易融入織品與標誌設計，但在動畫中，缺乏空間向度會讓角色、前景跟背景難以區分。然而華特堅持要他們設法將瑪莉的風格融入影片。

華特對於「更多瑪莉風」的要求引起工作室內許多男性的憤怒與嫉妒。當她從東岸飛來時，華特會立刻對她的畫作大加讚美。一群心情不佳的男性故事創作者跟動畫師抱怨華特選擇的藝術家，並造謠指控她用性別優勢占華特的便宜。他們說：「因為她是女人，就能輕鬆占盡好處。」

心懷不滿導致這群藝術家脫離了瑪莉的作品風格，偏偏這時候工作室最需要它，她某些最優秀的點子就這樣被棄而不用。角色動畫師特別不願採用她的設計，因為他們害怕工作的標準方法為此受到改變。幸運的是，瑟爾瑪沒有這些小家子氣的情緒。她將瑪莉構想的視覺表現盡可能融入細節，包含片名的筆刷風格、樓梯與高塔房間、王家城堡的內裝，尤其還有〈這就是愛〉的背景。負責角色動畫的男性也許對瑪莉的才華不屑一顧，一味創作他們先前塑造過的那種角色，瑟爾瑪卻不害怕，反而全心擁抱瑪莉的藝術眼光。

有時候，瑪莉的藝術概念對《仙履奇緣》的藝術家來說相當有挑戰性，不只是出於憤恨和嫉妒，更來自技術層面的挑戰。其中一景特別需要融合繁複的藝術手法與技術，那就是神仙教母的魔法變身場景。在瑪莉的畫中，神仙教母揮動魔棒，仙塵隨之閃爍飄揚，籠罩住南瓜將其變成華麗馬車，圓潤車身與螺旋車輪仍保有蔬菜特徵的痕跡。接著她繼續對仙杜瑞拉揮動魔棒，將她的舊衣變成神奇的銀色晚禮服。

負責這一景的是老牌動畫師馬克・戴維斯（Marc Davis）。馬克一開始向工作室求職，是因為在報上看到廣告：「華特・迪士尼徵求藝術家」，當時他遭到拒絕。給他的信開頭就寫著：「親愛的戴維斯小姐」，接著又解釋「目前我們無法雇用女性藝術家」。馬克疑惑了，後來覺得有人可能誤會他的名字為女性的名字瑪姬（Marge）。他一更正這個誤解，立刻獲聘用，然而這次性別歧視事件永遠留在他心上，也讓他對共事的女性藝術家更多了份尊重。

馬克在一九三五年進入工作室，是華特的「九大老」之一。這群才華洋溢的動畫師還包含列斯・克拉克（Les Clark）、歐利・強斯頓（Ollie Johnston）、米爾特・卡爾（Milt Kahl）、沃德・金寶（Ward Kimball）、艾瑞克・拉爾森、約翰・倫斯貝利（John Lounsbery）、烏力・瑞瑟曼及法蘭克・湯瑪斯。華特給他們這個暱稱，不是因為年紀，他們進工作室時才只是二十幾歲的小伙子；華特是跟著小羅斯福總統起鬨，因為總統把一九三七年美國最高法院那群成員稱為「九大老」。小羅斯福的稱呼是含有貶意的，當時他正試著將大法官人數提升到十五位。然而華特認為自己核心的幾位動畫師的才能確實高超。身為這個團體的一分子，馬克頗有影響力，而且不同於其他動畫師的是，他不怕公開讚賞瑪莉的才華。

神仙教母場景的配樂插曲是〈魔法之歌〉（The Magic Song），歌詞幾乎完全沒有確切意義；後來則改名為〈Bibbidi-Bobbidi-Boo〉。這一幕的特效動畫十分驚人，需要結合節奏跟技術的動感，並運用數千個微小鉛筆記號讓仙塵飄過場景。馬克監督了這個段落中的每一部分，讓瑪莉充滿魔力的想像畫面栩栩如生。華特看到他們的成果時，只是靜靜佇立讚嘆。之後許多年，這會一直是他最喜愛的動畫作品。

但是其他人喜歡與否仍舊是未定之天。畢竟過去十三年來，華特總是興奮期待著所有計畫的成功，然而沒有哪一部在獲利上得到《白雪公主》那樣的成就。他們的未來繫於少女仙杜瑞拉身上，而時鐘即將敲響午夜十二點的鐘聲，他們快要沒時間了。

第十一章

在屬於我的世界裡

到處都是紙——貼在牆壁上，蓋滿地板，甚至從天花板垂下來。這是一九五〇年在華特工作室中，藝術家工作的情況：你會覺得整個人要被圖稿之海淹沒了。擔任助理動畫師的女性正在這片《仙履奇緣》洶湧海洋上乘風破浪。她們用拇指和食指輕輕扣著鉛筆，手掌放鬆，畫出一群老鼠助手、忠實的狗與邪惡的貓。她們翻動頁面上半部，下半部用夾子固定在桌面上，好確認前後秒之間的動作流暢。

他們創作的角色忠實反映了十年前比安卡提議的動物群。圖稿堆在他們桌上，但還需要更多圖稿才行——最終影片的每一秒都需要二十四張圖稿。製作者的壓力很大，尤其財務困境還限縮了故事創作與動畫部門的人力。工作室太需要獲利了，因此海浪般的工作量鋪天蓋地，每位動畫師都得全力趕工。

無論性別，進入動畫部門的競爭都十分激烈，但女性申請者甚至要出類拔萃，她們必須超越一般水準。她們的成果必須克服深植在許多同事心中的信念：動畫室不是女人待的地方。工作室所聘的兩百多位動畫師中，二十位是女性。動畫師工作的內容不是只有一部長片，而是同時進行兩部長片。當他們在為《仙履奇緣》收工時，也已經開始畫起白兔與茶會了。

下一部長片改編自一八六五年小說《愛麗絲夢遊仙境》與一八七一年該書的續集《鏡中奇遇記》（*Through the Looking Glass*）。兩部作品都有英國藝術家約翰・坦尼爾（John Tenniel）操刀的細緻插畫。就類似《仙履奇緣》的道理，這是相對安全的選擇。一九二一年，華特二十歲時於堪薩斯市最早成立第一個動畫工作室拉夫歐格蘭（Laugh-O-Gram）的時代，就已開始醞釀這兩部片的計畫。當時華特經營工作室，擔任短片導演，同時也是動畫師，他身旁是一群令人印象深刻的藝術家：包含烏布・伊沃克斯、後來共同創立華納兄弟與米高梅動畫工作室的休・哈爾曼（Hugh Harman）、後來為華納兄弟創造出兔寶寶及其他知名動畫角色的佛瑞茲・佛里倫。《仙履奇緣》曾在一九二二年由拉夫歐格蘭工作室以無聲短片的形式出品；工作室也推出了《愛麗絲喜劇》（*The Alice Comedies*）的第一集。這個由五十七部短片組成的系列，結合真人愛麗絲與動畫世界，從一九二三年持續推出到一九二七年。三十年後，華特在職涯中面臨這麼多不確定性，也難怪他會想回到年輕時代，訴求簡單的故事線。現在他有資源了，可以補足這些動畫先前的不足之處。

這個案子對於工作室眾人也非新鮮事。《愛麗絲夢遊仙境》的故事創作會議從一九三八年就開始斷斷續續舉行，當時華特買下了故事及坦尼爾原版插畫的版權。四〇年代末，華特無法決定要先製作《愛麗絲夢遊仙境》還是《仙履奇緣》，甚至還跟工作室的非創意部門員工召開會議，向他們展示故事板，要他們投票選出比較喜歡的影片。這些意見當然有影響，但最終其實是將《愛麗絲夢遊仙境》搬上大銀幕的挑戰，導致了製作上的延遲。

以一九三二年小說《美麗新世界》（*Brave New World*）聞名的阿道司·赫胥黎（Aldous Huxley）寫了《愛麗絲夢遊仙境》的初期劇本。華特聘用他，並非由於他對未來的反烏托邦想像，而是因為他是徹頭徹尾的「愛麗絲夢遊仙境迷」。赫胥黎熱愛這個計畫更甚於其他他參與寫作的劇本，例如改編《簡愛》跟《傲慢與偏見》。部分吸引力來自文本固有的挑戰：它沒有明確可依賴的結構。赫胥黎反而一頭栽進非虛構文本裡，專注在現實中作者與愛麗絲·利道爾（Alice Liddell）的關係，因為這位女孩是作者的靈感來源。但這個概念卻發展不下去；華特不喜歡他的想法，就把劇本拋到了一邊。

沒有劇本或故事板可參考的情形下，瑪莉只能仰賴小說跟約翰·坦尼爾爵士的插畫。她很快就發現，要將坦尼爾原本刻在木塊上精細的設計轉化成藝術概念是不可能的事；同時，要讓動畫師為每個景一再手繪如此講究的細節，也不切實際。她必須找到方法，既連結起異想天開的文本，也要開創她自己對仙境的個人化再現方式。

瑪莉跟李搬到長島北岸的新家，距離紐約大約一小時車程。她在新家的工作室裡面對這些挑戰。李在電視廣告上的賭注獲得了回報，收入相當可觀，一年可達五萬兩千美元。瑪莉領著華特的薪水，雖然只有相當於李收入的一小部分，卻是工作室裡收入最高的藝術家之一：每週三百美元。兩人薪水加起來，足以為成員增加的家庭找個寬闊的新居。現在這個家裡還多了一九四七年二月十二日出生的唐納文（Donovan），以及一九五〇年八月十五日出生的凱文李（Kevin Lee）。

華特與莉莉安來長島拜訪瑪莉時，華特發現母職並未改變他的愛將分毫。她的頭髮吹整完美，服飾和妝容優雅。唯一差別是有個三歲小孩在她腳邊玩耍，而她懷中抱了一個嬰兒。她低頭甜蜜輕喚嬰兒，不斷叫著他的名字，直到最後「Kevin Lee」聽起來彷彿就像「美好（heavenly）」。華特不只是瑪莉的雇主，他也跟成員變多的布萊爾家關係密切。瑪莉很尊敬華特，因此請他來當兩個兒子的教父。

這一幕相當溫馨，華特與莉莉安滿足地坐在門廊上，微風則傳來陣陣聲響。雖是一次社交拜訪，華特也要來檢視瑪莉最新的《愛麗絲夢遊仙境》圖稿。他靜默了。瑪莉的作品有高度實驗性，她用了坦尼爾部分的插畫當背景，黑白背景襯著色彩鮮豔的角色。華特憂慮地揚起眉毛，這是不開心的跡象。什麼話都沒說，但訊息很明確：瑪莉得重來。華特雖然能輕鬆控制故事創作與動畫部門，也對批評員工毫無顧忌，他卻幾乎難以指揮像瑪莉這樣的藝術家。她得自己摸索該怎麼辦。

瑪莉還有工作這件事本身就很奇妙。不過四個月前，華特．迪士尼工作室的未來仍充滿不定數。一九五〇年二月十五日《仙履奇緣》首映時，工作室員工全都摒息以待。這部片的票房表現是拯救他們的唯一希望。

影評很快湧現：普遍好評。《芝加哥論壇報》（*Chicago Tribune*）稱：「這部片不只精美，擁有襯托古老童話的藝術想像與亮麗色彩，更以溫和的方式訴說這個故事。」其他評論好壞參半，有些人指出角色發展不夠飽滿，如《綜藝》雜誌認為仙杜瑞拉跟白馬王子「少了點色彩」。

些許負面評論未能阻擋觀眾觀影。排隊入場的人龍繞過紐約市的街區。這部片是一九五〇年票房收入最高的電影之一，賺進了八百萬美元。經過十三年的掙扎，工作室終於又出了一部賣座鉅片。然而翻轉華特經濟窘境的，不只是票房。他終於見識到電影業新神祇的力量，祂的名字是周邊商品。

人在華府的瑞塔跟派駐此地的海軍軍官丈夫過著開心的生活，但也想念瑪莉的陪伴。離開加州後，她前往西嶼與班傑明會合，之後他又轉調華府。現在瑪莉跟瑞塔都在東岸，讓她們更容易保持聯繫，但是跟當室友的那幾年不大一樣了。瑞塔在幾個動畫工作室之間輾轉，試著讓技藝不致生疏，同時又要平衡當一名軍官太太的生活；三十四歲的瑞塔也想要有自己的家庭。接著有個令人開心的機會：金色童書出版社（Golden Books）與華特．迪士尼工作室於一九四四年簽訂授權合約，出版社將根據劇情長片做成書，而瑞塔的背景實在太適

瑞塔提辭給瑪莉，向兩人友誼致敬的《仙履奇緣》小金書。（瑪莉．布萊爾遺產提供）

合為這些書畫插畫了。

瑞塔初期參與的計畫之一，就是和《仙履奇緣》一起上市的小金書。為了繪製插畫，她使用了瑪莉的藝術概念，將兩位藝術家的筆觸溫暖融於一處——結合了瑪莉的色彩與設計，以及瑞塔強力且富有動感的風格。她的插畫不只是電影的翻版，事實上，那跟最終的動畫藝術之間只有表面相似。書中捕捉到電影的感覺，想當然耳因為那是以瑪莉的想像為基礎。書中的插畫向這段友誼致敬，其中結合了華特·迪士尼工作室中兩位最強大的女性藝術家的才華。

書籍最終付印，瑞塔看著小書，翻開封面。在**華特·迪士尼出品《仙履奇緣》**下，她看到**插畫來自華特·迪士尼工作室，瑞塔·史考特·沃賽斯特改編**的字樣。清楚的署名，正是她經常想爭取的銀幕列名。她也許再也不會直接跟工作室一起工作，但她的命運仍舊與華特相繫。

這是華特首度在電影首映前發行新產品；這些產品準時在一九四九年末佳節購物季進入市場。其中包括《仙履奇緣》主題服飾、娃娃，甚至還有一雙鑲了寶石的透明「玻璃」女性高跟鞋，就裝在綁了緞帶的玻璃盒中。這些是由四九年成立的全新角色商品部門，以及四七年設立的華特·迪士尼音樂公司（Walt Disney Music Company）所推動。這間公司的第一個案子就是《仙履奇緣》，也對授權不陌生。先前的交易（也就是一九三三年的米老鼠手錶）多年來為公司帶來收益。然而現在，公司擴大市場與產品樣態，打算好好利用品牌商品。結合美國無線電公司，迪士尼發行了《仙履奇緣》多片原聲帶專輯，在電影上映兩個月後登上美國**告示板**（**Billboard**）音樂排行榜第一名。同樣地，充滿瑞塔亮麗插畫的小金書圖畫書也廣受喜愛。

藝術家卻沒時間享受他們的成就。還有《愛麗絲夢遊仙境》等著他們。瑪莉重新構想藝術概念，但場景卻讓她陷入難題。一位故事創作部門早期成員曾評論這本書「根本沒有劇情」。瑪莉了解，要忠實傳達這部小說的荒謬，她需要創造出可以反映卡洛爾奇思妙想的影像。

在長島工作的瑪莉讓自己的畫在一片絲毫不受拘束的想像領域中奔流。她並不放鬆，反而是緊繃地坐在畫架前，手裡緊抓著畫筆。她在畫布上畫出頭下腳上的愛麗絲，當她往下掉進兔子洞時，金髮向下流瀉，藍色洋裝像降落傘一般撐開。瑪莉在愛麗絲身後設計了精緻的背景，有紅金兩色的壁紙、檯燈與搖椅。一面漂浮的鏡子與愛麗絲相對，玻璃閃現愛麗絲的倒影，一位女孩頭下腳上，另一位則是右側朝上，臉上都帶著驚訝的表情。雖然這並非按著卡洛爾的作品逐字逐句畫出插畫，但卻清楚捕捉到第一章愛麗絲跌進兔子洞那漫長過程的印象。

瑪莉一頭栽進她的工作中，無視身邊的一切。她創作了數百幅畫。這些場景都相當驚人，例如紙牌士兵遊行的場面相當歡騰，當時愛麗絲正遭到紅心皇后的紙牌大軍追趕。這個段落是由出乎人意料的角度、長陰影與濃厚色彩所組成。

瑪莉從視覺上展現了兩書的每個部分。她詮釋了一幕愛麗絲迷路的景象，在黑暗的森林裡出現許多牌子，上面有不同指示寫著**上面**、**後退**、**這邊往下**、**密林跟那邊**。突然間，出現柴郡貓大大的微笑。這幅景象是桃樂絲．安．布蘭克在一九三九年一次故事創作會議中闡述出來的，她堅持要這個部分的劇本緊貼原書，並提醒大家卡洛爾在第六章寫道：「喔！我經常看到一隻沒有笑容的貓！」愛麗絲心想，「但這是沒有貓的微笑！這是我看過最奇妙的事情！」

在瑪莉筆下，仙境成了一片陰影幢幢的夢境。她畫出一處超現實卻栩栩如生的花園，此地的螃蟹從馬唐草（crabgrass）中長出來，蝴蝶揮舞著奶油吐司翅膀，虎皮百合長有橘條紋的臉與鬍鬚。瑪莉全神貫注在創作上，即便跟丈夫、孩子在一起的時候，腦袋中想的還是愛麗絲。當家庭生活愈來愈不單純時，想要全神貫注創作的慾望就更加強烈。晚間，她丈夫李經常因酒醉而有怒意，還展現言語及肢體暴力。然而在家中工作室的安靜環境裡，被自己的概念藝術環抱，她因而有安全感。

工作室中，高層主管的深層憂慮不只是下一部動畫長片長什麼樣子。娛樂產業的大環境正在變動，電視在過去只是沒人注意的安靜小手足，現在卻已經大張旗鼓要爭一席之地。二戰後，只有少數美國人知道電視是什麼；然而一九五〇年的此刻，美國各地已有三百萬台電視機。機器的價格也在下降，從六百美元降到兩百，約相當於一組客廳家具的價格。電影從業者憂慮地看著這種改變。當人們想要娛樂的時候，可以直接打開客廳裡的電視機，還會想要上電影院嗎？這些憂慮是有道理的，全美各地電影院的觀眾人數都在下降。一九三〇年時，百分之六十五的美國人每週看電影。到了一九五〇年，這個數字已經降到百分之二十。

華特小心評估這個情勢，並決定從三個方向迎戰電視的威脅。首先，他要透過投資新科技，讓進戲院觀影的經驗更震撼人心，令人起敬意，這樣大家才會想再進去。第二，他也嘗試打入電視領域，包含投資真人節目，正好呼應了那句老話的精神：「打不死你，我就加入你。」第三，關於大眾娛樂，他開始思考如何跳脫戲院與電視機的限制。

由於《仙履奇緣》不斷上漲的人氣及成功票房讓伯班克人馬擺脫厄運，這些昂貴的事業嘗試才有可能成真。這部片是一九五〇年全美第六賣座電影。在國際上，特別是英法兩地，這部片也極受歡迎。一度在破產邊緣的工作室現在有大量現金湧入，再一次被端莊的公主給拯救了。

一位十二歲女孩頭下腳上倒吊，臉龐因難以置信而扭曲，血液全都湧到臉上。瑪莉極講究細節描繪出這一幕，此刻它就在伯班克工作室的攝影棚中真實呈現。先前動畫師也曾多次運用真人影像當繪圖參考，即便早在《白雪公主》製作階段，他們也是看著女演員穿著長禮服在房中起舞，好盡可能捕捉真實動作。

運用真實人物動作協助動畫製作是相當受歡迎的方法，不只在華特．迪士尼工作室裡，好萊塢到處都是如此。然而某些人（特別是為華特工作的動畫師）認為這種技術已經太過火了。一九一七年，將貝蒂跟大力水手卜派的動畫帶到世界上的麥克斯．弗萊許（Max Fleischer）為一種轉描機技術（rotoscoping）申請專利。他的工作室及其他工作室的動畫師運用這種發明，將真實動作影像從背面投影到畫架上的玻璃板。他們再將紙放在玻璃板上，仔細描下每個動作，創造出幾近完美的影像畫。結果便是能畫出具真實感的人物動作，相較於以前動畫師老實坐在桌前從無到有繪製出來，運用此方法只需要少得多的時間。批評者則抱怨最終成果生硬無趣，缺乏藝術感。

這類批評許多來自華特．迪士尼工作室的動畫師，裡面許多人曾就讀藝術學院。他們努力提升卡通這樣的媒介，將這種也可能相當粗俗的表現方式，轉變成生命美妙（即便不完美）的仿擬之物。因此動畫部門雖然尊重真人動作提供參考可發揮的功用，他們還是避免直接描摹影像。他們其實會研究動作本身，整合的不只有動作的外觀，還有觀眾的感受。在《仙履奇緣》的製作過程中，他們運用男女真人演員拍下這部片的多數片段。在《愛麗絲夢遊仙境》的製作過程裡，他們拍下一整部片。

這就表示瑪莉所設想《愛麗絲夢遊仙境》的每一幕，都會從她的畫中走出來，成為現實。瑪莉畫下愛麗絲被關在瓶子裡，在一片詭異的綠色海洋中載浮載沉，而後來為愛麗絲配音的年輕女演員凱瑟琳．波蒙（Kathryn Beaumont）也被關進一個真實的玻璃瓶中。有弧度的玻璃邊緣扭曲了她的視線，同時攝影機和繪者也逼真捕捉到她的樣子；她下方的抖動平台也讓她的人起起伏伏，彷彿真的在大海載浮載沉一般。當瑪莉畫出巨大的愛麗絲被關在白兔家中，她的手臂卡進窗戶，厚實的草編屋頂邊緣就圍著她的眼睛四周，凱瑟琳也同樣塞在一間小型的木屋骨架中。對演員來說，寒冷的攝影棚與奇怪的機器必定讓她不舒適，而多虧了瑪莉的藝術詮釋，工作室才得以創造出將卡洛爾的文字真實再現的成果。這是許多故事創作者一度認為不可能的事。

背景部門中，瑟爾瑪．威特瑪再度以瑪莉的藝術作為繆思，畫出脫離現實的場景。她仔細融入精心裝飾的兔子洞、漆黑的森林及紅心皇后身後大膽延伸的對比色。雖然有許多女性在這個部門工作多年，在《仙履奇緣》中，瑟爾瑪是部門首位獲得銀幕列名的女性藝術家。

然而有許多人仍在缺乏認可的情況下持續工作。在空間構圖與攝影兩個部門裡，也有大批女性在二戰之後獲得升遷，包含露絲・湯普森（Ruthie Thompson）、凱瑟琳・克文（Katherine Kerwin）與咪咪・松頓（Mimi Thornton）。這些女性負責規畫影片的每一景，設計分鏡與攝影角度，也決定角色位置與動作。她們任務重大，要決定這部非傳統影片中的視角，並建立片中的動作場景。光是紙牌軍那一場就花了許多時間——要讓方形士兵在遠方拉成長條狀時，一樣須保持視角一致。工作相當艱鉅，但藝術家都很開心工作室又重回忙碌正軌，滿是創意與目標。

華特比十年前更常出差，但員工仍舊注意他的行蹤，當他經過走道或進入辦公室時，大家會留意他在哪裡。他的批評也依舊讓人恐懼，但他們看到華特出現時，不會再大喊劇本台詞當作暗號，而是改成一聲乾咳來宣布華特現身。

華特正試圖進軍電視界。一九五〇年，他拍了一部名為《仙境中的一小時》（*One Hour in Wonderland*）的電視特集，在聖誕節播出。華特主持了一段基本上可說是工作室的長版廣告的內容，主角是穿著《愛麗絲夢遊仙境》戲服的凱瑟琳・波蒙，以及其他真人影片中的明星。這個節目相當成功，也替隔年要上映的電影爭取到曝光機會，同時還讓華特領會到企業贊助的價值。由於可口可樂贊助這檔節目，因此在製作上他不用花一毛錢。

即便《愛麗絲夢遊仙境》仍在製作中，華特已經開始思考銀幕娛樂以外的事情。其他工作室開始為戲迷提供幕後導覽行程，這項活動不只能帶來更多收入，同時也宣傳了影片。然而華特並不樂見熱切想親眼看到米老鼠的小粉絲發現：他們崇拜的卡通人物只是畫出來薄薄一張紙或塑膠片這麼悲傷的事實。華特開始有不同的夢想，也許可以有一座公園，讓來野餐的家庭被他的卡通人物的歡樂雕像圍繞。華特習慣跟員工分享他的白日夢，也跟幾個人說了這個點子，然後他開始打探工作室對街空地的價格，想著要把它買下來。

當時，遊樂園一般被視為糟糕的投資選項。它們在一九二〇年代受到歡迎而崛起，卻在大蕭條時迅速走下坡，許多遊樂園因此失修，經常遭到扒手光顧。到了二戰結束時，全美剩下不到五十間遊樂園。當然這些嚴峻情況並未阻止華特，他開始認真勾勒自己的想法。

一九五一年七月二十六日，凱瑟琳・波蒙的座車停在倫敦萊斯特廣場戲院前。瘋帽客（The Mad Hatter）伸出手扶她下車。波蒙穿著亮藍色洋裝搭配白色圍裙，近日她剛從普通女孩搖身一變成為名人。過去幾週一連串的事件大雜燴全都是在醞釀這重要的一日：《愛麗絲夢遊仙境》的世界首映。這是一九四二年的《你好！朋友》以來，工作室首度在海外首映影片。這場活動在凱瑟琳的家鄉倫敦舉行，也是向原作者的英倫出身致敬。站在華特身旁擺姿勢拍照時，她感到興奮而眩暈，也向所有提問的人宣稱自己有多熱愛這部片。

華特卻不這麼覺得。他向鏡頭微笑，也跟粉絲招手，但電影卻未達到他的期待。後來他稱這部片為「可怕的掃興之作」，並解釋「我們其實沒感覺，卻強迫自己創作」。超過七百張圖稿與三百萬美元的付出後，他深刻感到後悔。華特責備的不是瑪莉的作品，他依然欣賞瑪莉為這部電影打造的藝術概念；他也不討厭身邊的年輕女演員，實際上更已雇用她加入工作室下一步長片的計畫。問題在於愛麗絲本身，華特覺得這是令人感到疏離的角色，「徹底過於被動」。

評論也不怎麼肯定她。《紐約時報》抱怨愛麗絲「並非卡洛爾先生所想的、約翰．坦尼爾爵士插畫中那位端莊樸素的英國小女孩，反而是從迪士尼先生畫板走出來的豐頰紅唇甜心。她是白雪公主、仙杜瑞拉及所有他畫過的童話公主的姊妹。」迪士尼公主難以迴避的反撲力道已經出現。其他評論則認為這部電影是卡洛爾作品的奇怪雜燴，很多角色不見了，也少了原文特有的突發奇想跟機敏。還有些人抗議文學作品的「美國化」——美國的書籍全失去了文化的精妙，統統以抹滅其重要性的千篇一律方式重述。後果在票房上顯而易見，這部片的收益只有前一年《仙履奇緣》的一半，即便預算幾乎相同。然而命運還是善待華特的；倘若他先出品《愛麗絲夢遊仙境》，那麼公司在《仙履奇緣》出現前可能早就破產了。

《愛麗絲夢遊仙境》上映後，工作室裡沒人談起這部片，就算要談，也是用一種小聲耳語的方式。每個人都感受到失敗的痛楚，也包含瑪莉在內。跟華特不同的是，她開始對愛麗絲產生感情。不只是因為她喜歡這兩本書，而是她在愛麗絲身上看到女主角似乎開始有了自己的人格。她也跟其他公主不同，並非某種英雄，她不會在片中有情感方面的成長，劇終也談不上給人什麼樣的啟發。在無瑕的仙杜瑞拉之後，不完美的愛麗絲登場卻讓人耳目一新。

所幸瑪莉有另外一個要使力的新計畫。為《愛麗絲夢遊仙境》打造的藝術概念墨水都還沒乾以前，她就已經著手下一部長片的工作了。關在工作室裡的她畫著海盜船、色彩迷人的島嶼，同時也面對目前為止所遇過最困難的角色之一：一位全身滿是閃亮仙塵的小小仙子，她的名字是小叮噹。

第十二章

你可以高飛！

飛機偶而碰到順風，能更快速飛越國境；通往她家的高速公路車流也神祕消失了，甚至連她的高跟鞋也以更快速度走過人行道。對瑪莉這樣經常出差、定期往返紐約跟洛杉磯的女性來說，提早回家的喜悅溢於言表。能將鑰匙插進鎖孔、放下行李袋、投入舒適的家懷抱之中，是件美好的事。但今天可不是這樣。

瑪莉打開前門，聽到隔壁房間傳來聲響。她走進去，看到先生拿著紙筆坐著。眼前擺著姿勢的女性一絲不掛。他們之間是一片可怕的寂靜。大家都很清楚瑪莉剛闖入什麼樣的情景。眼前的氣氛跟兩人過去在工作室中享受的純潔寫生課完全不同。先前對於李不忠的疑慮全獲得證實了。瑪莉轉向跟她先生上床的年輕女性說：「下次也當我的模特兒吧。」接著她不發一語，鞋跟一轉，離開了她家。雖然只是暫時的。

她走出自己夢想的那個家。夫婦兩人在大頸區打造的四房豪宅靠近長島峽的閃亮水岸，一家人經常駕船出遊。這樣的奢華，是童年出身奧克拉荷馬的瑪莉難以想像的。

房子高起一翼架起的工作室中，天花板與三面牆都是由玻璃構成。房地產經紀人口中的「珠寶盒」對瑪莉而言，卻像個玻璃籠。這無疑是生活與工作的美好之地，卻未能讓她逃過先生愈漸嚴重的凌虐行為。

由於李並不打算分擔婚姻生活中的勞務，因此瑪莉基本上得自己撫養兩人的兒子、整理家務，同時長期進行藝術工作。他們雇了一些人來幫忙，尤其在瑪莉得出差的時候，但是卻遠遠不夠。這些超出了瑪莉能負擔的程度；感覺上一家子的重擔都落在她自己身上。李經常不在家，他會

瑪莉位於紐約長島的家的玻璃工作室。（瑪莉・布萊爾遺產提供）

出門工作，或者很可能是跟別的女人上床，看到那個模特兒時，瑪莉才真正確認這一點。他在家時，有時會醉到讓兩人的對話演變成對瑪莉的殘酷嘲諷，直到（謝天謝地）最後醉倒為止。

瑪莉不知道該怎麼辦。她變成自己鮮明的畫中的愛麗絲。在加州，她開心地跟同事分享自己的居家生活、愛家的丈夫與甜蜜的兒子。給華特的信件跟對話裡，她總是閃爍其詞，從未洩露自己在家裡碰到的困難。然而返回紐約的飛機上，她感覺自己就像陷入兔子洞，掉進一個跟仙境一樣撲朔迷離卻更加悲慘的生活。

一九五一年，**離婚**是個醜惡的字眼。許多女性對於離開先生這件事感到極羞愧，大家會說破碎的誓言是她們人生中的一場失敗。難以打破的污名甚至會影響像瑪莉這麼優秀的女性的聲譽。當時約有百分之二十五的婚姻以離婚收場，這個比例在整個一九五〇年代大致持平，部分是因為法律規範了夫妻怎麼樣才能合法離婚。當時還無法以「不可調合的矛盾」為理由，夫婦之一必須出示出軌或行為殘暴的證據才行。面對這些選項，即便有最近發生的事件，瑪莉仍選擇留在婚姻中。她一直很喜歡跟朋友喝馬丁尼，但此刻她舉起酒杯並非為了享受，而是想灌醉她心裡那張揚的痛楚。

東北方兩百英里處，麻州劍橋市有一群工程師正在組裝機器，它大約跟瑪莉位於紐約長島的豪宅占據相同的面積。傑伊・佛雷斯特（Jay Forrester）決定運用比其他電腦更多的真空管，構成一片電流通過的柱面薄牆，打造出世界上最快的電腦。這個計畫在一九四三年展開，當時在戰爭的壓力下，政府指派麻省理工學院由佛雷斯特共同創立的伺服機構實驗室（servomechanisms lab），來設計並打造訓練飛行員的模擬飛行器。

他們完成旋風計畫（Project Whirlwind）研究工作之前，戰爭就結束了，然而工程師卻無法將此挑戰棄之不顧。於是團隊轉移重心，他們的興趣不在訓練飛行員，而是要打造一部其他實驗室都想像不到的電腦。

造就第一部現代電腦的研發興趣和軍事經費都源自二戰。當時世界上並沒有太多電腦，僅有的幾部幾乎都放在學術與軍事中心，功能也極有限。其中最知名的是電子數值積分器及計算機（Electronic Numerical Integrator and Computer，ENIAC），一九四〇年代末普遍在一般媒體上稱為「大腦」。這是第一部全電子運算的計算機，比起人類計算所需的時間，它在計算彈道武器（如氫彈）的精準度上可說是飛快。這部機器跟當時所有電腦一樣，體積很龐大，重量超過六萬磅。

佛雷斯特跟他團隊中的男女成員所打造的機器重達兩萬磅，需要五千根真空管。然而他們的預算只要用到《愛麗絲夢遊仙境》預算的三分之一，也就是一百萬美元，所需人力更是少得多，只要一百七十五人。這些工程師非常聰明，因此被暱稱為「聰明男孩」，雖然這裡面也包括女性。

第一部電腦旋風一號（Whirlwind I）模型是在一九五一年四月二十日完成，比當時世界上其他所有電腦快了十六倍。佛雷斯特的團隊在電腦的內部架構上推動了革命，他們不用一次只能解決一個問題的位元串列傳輸模式，旋風一號可以一次處理多項輸入，也因此能更快算出結果。這是運用平行計算的新型電腦的先行者，幾年後將襲捲整個產業。

旋風電腦不只快，更具有開創性。工程師打造了一個顯示器，即電腦螢幕的原始型態，可以實況看到計算的進行。更驚人的是，這項科技包含了一隻光筆，在外人眼中看來就像一枝魔棒。將它放到顯示器上，可以透過光感應器在螢幕上指點繪畫，點亮肉眼看不見的一個個微小像素。在伯班克，華特．迪士尼工作室持續進行他們的工作，對於國土另一側揭幕的新科技一無所知。這項科技將從根本改變他們的生活與藝術。

當光筆在麻州劍橋施展魔法時，瑪莉人在工作室中創作仙塵。《小飛俠》跟《愛麗絲夢遊仙境》與《仙履奇緣》一樣，都是回收再利用的點子。工作室在十多年前曾經改編過這個故事，他們研究了巴利（J.M. Barrie）的文字，並為大批角色發展概念圖稿。其中包含「不願長大的男孩」彼得潘、達令一家，以及仙子小叮噹。

巴利在他一九〇二年出版的小說《小白鳥》（*The Little White Bird*）中讓彼得潘這個角色初登場。在書中，彼得潘年僅七天大就飛出嬰兒室的窗戶。他跟肯辛頓花園的仙子玩得很開心，最終卻決定回到家中的母親身邊。然而最後一章他回家時，卻發現嬰兒室的窗戶關上了，還有鐵條阻擋他進入。透過窗戶，他看到「母親摟著另一個小男孩靜靜熟睡」。

童稚的純真與遭到痛苦拒斥的主題也延續到巴利一九〇四年的劇本《彼得潘：不願長大的男孩》（*Peter Pan; or, The Boy Who Wouldn't Grow Up*）中，後來於一九一一年出版成小說。在這個故事裡，彼得已經不再是個孩子，雖然年紀大了，他卻從未成人。他在達令家孩子的窗外聽著他們母親說床邊故事。彼得想要大姊溫蒂來當他的母親，為他說故事，所以他邀請孩子們跟他一起飛到永無島。他們在此經歷無數冒險，遇上彼得的跟班：迷路的男孩，拯救了「皮卡尼尼部落」的虎女莉莉公主，還對抗虎克船長跟他的海盜團。

書中的彼得並非特別討喜的角色。他非常討厭成年人，所以他加快呼吸，因為「你每呼吸一次，就有個成人死掉；彼得心懷報復想讓他們盡快死掉」。他也謀殺迷路的男孩：「當然島上的男孩數目不一，就看他們死掉的情況；當他們看起來快要長大了，因為觸犯了規定，彼得就會將他們除掉。」在一幕中，他面對自己生命的有限，而那也揭露出彼得對死亡的想法：

「死亡將是一段盛大的冒險。」

最終，溫蒂、她的弟弟，甚至是剩下的迷路的男孩，全都回到達令雙親的家中。書中留下疑惑的彼得一人，卻也證實了全書開頭的第一句話：「除了一位之外，所有孩子全都會長大。」

除了小叮噹以外，設計這些角色是相當單純、直接的任務。在舞台版本裡，這位仙子是由舞台上飛舞的閃亮球狀物代表。她並沒有人類外表，也不會講話。對華特．迪士尼工作室的藝術家來說，小叮噹就像一張白紙，充滿了可能性。這部長片在工作室中製作初期，許多藝術家都曾嘗試描繪這名仙子。

故事創作部門早期女性員工之一桃樂絲．安．布蘭克是首先想像要把小叮噹描繪成完全是個女性形象的人。當時桃樂絲剛完成《白雪公主》，而畫仙子是一種跟畫公主完全不同的嘗試。白雪公主溫順樸實，小叮噹則有自己的脾氣。「小叮噹肯定是個嗆辣角色，」桃樂絲給華特寫道，「至少動畫現在終於能展現出她嬌小、長了翅膀的外表與嬌氣的性格。」

比安卡也持同樣看法。她是進入工作室圖書室借出《小飛俠》小說的第一人。她的圖稿將小叮噹描繪成甜美的仙子：金髮挽成髻，身材曲線玲瓏，充滿女性魅力。工作室女性藝術家的原始畫稿中，小叮噹在不同刻板印象的極端之間找到平衡。她既不像白雪公主是個孩子氣的女生，也沒有《幻想曲》女人馬的性感形象。相反地，她是縮小版的女性。每位女性藝術家都給了仙子一件禮物：在比安卡筆下她顯得性感十足，也有瑪莉賦予的甜美女性化，以及希爾維亞極精采的用色。

比安卡的圖稿明顯呈現出小叮噹的頑皮又甜美的態度，這位小仙子在鏡子前搔首弄姿時露出傻氣的笑容。她用溫蒂的東西玩起扮裝遊戲，或被孩子的玩具嚇到，又或者在達令家三個孩子坐在夜空中的雲端時，在他們頭上發出誘人的亮光。當時比安卡的男性同事會在故事創作會議中討論小叮噹這個角色，但多數人卻不想下筆描繪。

比安卡不受他們的煩惱影響，反倒能自由創作，一開始華特似乎也有在聽。一九三九年，他在一次故事創作會議中這麼說：「比安卡正在創作一些多采多姿的段落，彼得潘展現了他可以吹奏自己的排笛召喚出躲起來的仙子的能耐。」在巴利書中，小叮噹只是住在永無島的大批仙子之一。比安卡畫了許多不同精靈，為這些細緻的生物想像出一整個世界。她創造出一些極富想像力的片段，其中之一是小叮噹帶著達令家的孩子潛到水下，藉著仙塵的幫助，他們變身成人魚，探索沉在海中的海盜船。

希爾維亞也曾創作過這部片的早期藝術概念。她的圖稿與比安卡截然不同，更仰賴色彩而非具體形狀來傳遞情緒。她畫下小叮噹將溫蒂封為仙子舞會的女王，金冠戴到她頭上時，女孩驚訝得睜大眼睛。比安卡跟她一起合作創作這個段落，她們想像仙子就像煙火一樣燦爛地圍繞著溫蒂，而且會一直跳舞跳到深夜。然而很快地，成功創作出《幻想曲》的女性卻對《小飛俠》不抱希望。這部長片本應接在《小鹿斑比》之後，卻因一九四〇年代工作室面臨的巨大困境而看似永遠不可能完成。

當比安卡、希爾維亞與桃樂絲全都被工作室解雇後，工作室裡仍舊留著她們的藝術創作。未使用的藝術概念存放在華特暱稱為「停屍間」（Morgue）的地方；這個詞借自警察局跟報社儲存舊資料——例如筆記、證據或簡報——那樣的空間。在華特．迪士尼工作室中，這個房間位在地底下，從描圖上色部門大樓的水泥樓梯走下去，一扇木門以亮麗的金色漆著「停屍間」。房內的書架與檔案櫃儲存著跟工作室過往工作有關的每件資料。藝術家可以自由進出、進行研究，並為現行計畫蒐集所需資料。

當華特終於首肯，讓瑪莉展開《小飛俠》的工作時，她在「停屍間」裡花了很長時間做研究。她回溯其他女性藝術家曾經形塑的概念與故事情節。受到先前許多女性的大膽想像所啟發，瑪莉也開始走出自己的路。她畫下一艘穿越夜幕下的海洋的金色海盜船，深藍的雲層就像海浪一樣舔舐著船體。在她筆下，翠綠而連綿起伏的山丘高度遞降，低點便是永無島的沙灘。整座島嶼被粉紅與紫色光芒圍繞著，頭頂深沉的夜空不時也出現彩色星雲。在瑪莉的潟湖裡，溫暖岩石上歇息的人魚可以感受到瀑布的涼意。她的想像無止無盡，她還為迷路的男孩設計出森林環境與舒服的巖穴之家，還有令人最不安的骷髏岩。

她慣常使用的夢幻色調並不是虎克船長藏身地能見到的色彩，此地仍舊灰暗恐怖，從骷髏下巴可通往內部洞穴。這個經典影像不只永遠跟原始版《小飛俠》綁在一起，也跟未來許多設定在永無島的電影產生連結。面對瑪莉憑才華創作的成品，通常很節制的華特對她看似無止盡的靈感，表現出不尋常的熱情。她的作品美到幾乎不只是藝術概念，後者基本上只供工作室藝術家使用，大眾是無緣一見的。

然而，瑪莉筆下的原住民畫作卻有些名不當實了。很不幸，瑞塔・史考特此時已非工作室的藝術家。倘若她還在，也許就能讓瑪莉的表現更加精采。

瑞塔在工作室中最後經手的案子是後來製作中斷的《在路上》（*On the Trail*）。瑞塔為電影所做的研究通常很認真。為了這個案子，她花了很長時間研究亞利桑那州北部的霍皮族（Hopi）。瑞塔決心要精確描繪原住民族群，於是研究了許多文獻，尤其是一本名為《原住民藝術家所繪之霍皮族克奇那神》（*Hopi Katcinas Drawn by Native Artists*）的書。她的敏感度反映在為此計畫設計的藝術概念中，那是受到真正藝術家啟發的結果，而非僅是粗糙的刻板印象。

相對地，瑪莉所繪的「永無島印第安營」卻少了研究與應用可能帶來的細緻度。那些畫從各種原住民文化中擷取影像，卻不忠於任何真實部落的樣貌。幾乎各種原住民刻板印象都在這部電影裡出現了，包含講話斷斷續續、圓錐形帳篷、羽毛頭飾及圖騰柱。光靠瑪莉的藝術也無法讓這部影片擺脫種族滑稽鬧劇的色彩，這部分不但是原始劇本及小說的核心特色，而且動畫師還讓它又更明顯；但經過她的修正至少可以減低粗俗程度。

在一九五一年《小飛俠》的製作過程中，一位名為艾文．厄爾（Eyvind Earle）的人開始在工作室工作。對來自美術背景、從未從事動畫的三十五歲藝術家來說，這地方既新穎又令人緊張。在新工作地閒晃時，他看到一面牆上有許多小幅畫作。超過百幅小圖像充塞於這個空間，那些精緻的方塊就像巧克力禮盒中巧克力上的松露。每一幅都是瑪莉所繪，她已經是工作室裡的傳奇人物，每個人都聽過這名號。厄爾站在畫前，深感嫉妒。這個女人似乎什麼都能做：她設計角色、安排劇情、選擇色調、創造場景，更形塑整部片的氣氛。研究這些畫作時，他心想，**這是我想要在迪士尼做的工作**。

瑪莉的才華、優勢與性別經常在她的同事之間激起強烈反應。許多人滿懷憤恨與嫉妒心，但對那些懂得欣賞瑪莉才能且與她並肩工作的藝術家而言，他們則獲得了豐碩回報。馬克．戴維斯就是那些順利與瑪莉密切合作的人之一。戴維斯有時候在工作室裡被視為對女性有一套的人，不是因為他很會跟女性調情的緣故，而是他善於掌握女性身材。瑪莉曾跟他合作創造《仙履奇緣》跟《愛麗絲夢遊仙境》的主角。現在要他們再次合作打造《小飛俠》。

身為藝術監督的瑪莉要設計電影中的每一幕，雖然有些最後不一定會被採用。她的作品內容包羅萬象。在某一幕中，她為彼得潘與虎克船長之間的衝突提升緊張感；在另一幕裡，她又創造出夢幻的人魚潟湖。身為角色動畫師的戴維斯任務內容則較為聚焦。瑪莉針對色彩與概念進行試驗，他則負責創作最後的動畫，要讓小叮噹與達令太太栩栩如生。小叮噹這個具挑戰性的角色促成了瑪莉跟戴維斯的合作，瑪莉的畫成為戴維斯圖稿的基礎。兩人都不滿於書中對小叮噹一角的膚淺描寫，因此決心要讓她成為有史以來最獨立的女性角色。

然而這樣的角色塑造卻與整個一九五〇年代典型的端莊女性形象背道而馳。在故事創作會議中，一位男性嫌惡地搖搖頭，還脫口而出：「她幹嘛非得這麼淘氣不可？」其他故事創作者則抱怨她的臀部太俏、性格太嗆，跟溫柔甜美的溫蒂．達令剛好相反。戴維斯以先前許多藝術家的作品為基礎，讓小叮噹角色的樣貌分外有態度，他給了淘氣仙子垂在額前的金髮瀏海和鬆鬆包子頭、繫著白色圓球的綠鞋，以及緊貼身的綠葉洋裝。

藝術家唯一不用擔心的就是小叮噹的對話——她一句台詞都沒有。她嘴巴裡唯一會發出的聲音就是叮噹響。由於仙子不能說話，因此她在電影裡的身體語言就特別重要。戴維斯找來描圖上色部門的年輕藝術家吉妮．麥克（Ginni Mack）。麥克靠坐在椅子上，根據指示擺出動作時，戴維斯跟其他動畫師就圍在旁邊描繪她美麗的臉龐跟身材。包含先前擔任過愛麗絲真人模特兒的凱瑟琳・波蒙在內的專業演員，也被找來拍攝真人影片。

男性故事創作者與動畫師長期以來一直抗拒畫仙子這類角色，然而小叮噹開始扭轉態勢。製作這個角色的動畫是一種讓人難以抗拒的挑戰，她充滿魅力又調皮的本性比起工作室先前打造過的許多溫順女性角色，來得有趣許多，因此她很快就成為最受歡迎的一角。

要在壓克力賽璐珞片上讓小叮噹展現瑪莉畫布上的魔幻光彩，一開始是件不可能的任務。解決之道在於一種意想不到的東西：一種亞洲牛的膽汁。工作室雇用許多化學家來做發揮創意的工作。他們實驗了各種材質，成為藝術家的「萬事通」，並為華特・迪士尼工作室創造出絕無僅有的顏料。透過混合不透明水彩跟牛膽汁，工作室中的首席化學家艾米利歐・比安奇（Emilio Bianchi）發明了一種亮麗的釉色，後來也在《小飛俠》中不可或缺。

難聞的顏料需要冷藏儲存，藝術家使用這種顏料時動作要快，因為這種化學物質無法長時間暴露在空氣中。描圖上色部門的卡門・桑德森（Carmen Sanderson）花了長時間替這三點五英寸高的精靈上色。為了讓小叮噹的翅膀及身體發亮，她要將賽璐珞片翻到後面，先在塑膠片刷上一層膽汁。她只用很少的量，因為膽汁只能上很薄的一層。這個動作非常細膩，因為若沒上好，就會堆積形成醜陋黑點。然而完工後，桑德森很喜歡它在仙子身體周遭造成的虹彩效果，同時仙子的翅膀也看起來閃閃發亮。光澤會結合點點閃爍的仙塵（每一點都是由女性藝術家手繪完成），讓仙子看起來特別魔幻。

當團隊正專注在《小飛俠》工作上的時候，華特卻經常顯得心不在焉。故事創作會議上，他經常打斷劇情與對話的討論，改說起他最喜歡的主題：米老鼠村（Mickey Mouse Village）。他很喜歡講起環繞園區的火車，它會停在大街上，而所謂大街就是處模擬某個小鎮中心的放鬆之地，可以讓人們坐下來休息。大街上也會有一連串商店販售公司產品，還會有大型電影院、熱狗攤與冰淇淋攤。來這裡還可以搭車漫遊，乘坐由謝特蘭小馬拉動的馬車，甚至也會有舊時代的河船。這裡將設計成一趟回到美國過去的旅程，雖然這個美國從來就不存在。然而懷舊感如此令人迷醉，不只對華特而言，對其他被拉進這項計畫的許多藝術家來說亦是如此，其中就包含馬克．戴維斯。到了一九五二年，活在華特想像的公園有了新名字：迪士尼樂園（Disneyland）。然而隨著他的夢中樂園開始緩慢付諸實現，動畫工作室卻又開始出現問題。

第十三章
從前在一場夢中

每個鏡頭都與人手完美契合。它們是沉重的方塊，有金銀合金鑲邊，曾被認為價值不菲，因此須在守衛的保護下搬運至其他地方。當工作室內的技術人員將珍貴的鏡頭裝上電影攝影機時，卻很難理解為何非要這麼麻煩不可。華特付了大筆金錢，成為最早獲得二十世紀福斯片廠授權使用寬螢幕變形鏡頭的人，這種鏡頭又稱為「CinemaScope」。

這項科技雖然很有價值，其實也不新了。一九二六年，法國天文學者兼發明家亨利．克雷蒂安（Henri Chrétien）就已為運用變形鏡頭的技術申請了專利。當這些鏡頭架到攝影機上，就會創造出光學幻象，造成比標準鏡頭下更寬的影像。這是因為他的變形鏡頭沿著長邊壓縮影像，提升影像品質的同時，也加寬影像視野。克雷蒂安原先是為一次大戰期間的坦克車潛望鏡研發這種鏡筒，讓法國士兵可以針對外界發生的情況有更寬闊的視野。即便法國發明家試圖引起電影業者的興趣，卻多半不受重視，但是到了一九五〇年代，電視的威脅使電影人不得不開始追求新穎的拍攝方式。

一九五〇年代初，二十世紀福斯片廠的管理人員千里迢迢飛到巴黎，要親自見識這種鏡頭的能耐。當時只有少數鏡頭留存下來，因為發明者的實驗室在二戰期間遭到炸毀，摧毀了多數成果。片場高層對於他們見到的東西相當滿意，決定買下系統，重新命名為「CinemaScope」。他們描述這種寬螢幕電影的方式，是讓消費者「想像洛琳・白考兒躺在沙發上，整整六十四英尺長！」

不只他們想嘗試新的鏡頭。好萊塢每間片廠都對寬螢幕躍躍欲試，因此各種不同技術紛紛出現。華納兄弟有他們自己的寬螢幕變形鏡頭系統，稱為「WarnerSuperScope」。派拉蒙（Paramount）片廠也快速研發了一種能強化解析度的新式寬螢幕投影機，稱為「VistaVision」。

華特開始急著使用法國鏡頭，也很快向二十世紀福斯取得了授權。直接加裝到標準攝影機上的寬螢幕變形鏡頭為那些對客廳娛樂感到疲乏的觀眾帶來「大螢幕」感觀經驗。然而CinemaScope並不完美，它將影像往兩邊拉伸，造成畫面模糊。華特決定要相信他長期合作的特藝公司——當時特藝正在融合兩種科技：CinemaScope的變形鏡頭與VistaVision的銳利影像。為了不被其他公司厲害的商標名稱蓋過鋒頭，特藝將此技術命名為「Technirama」。除了標準的三十五釐米形式，他們還可用驚人的2.35:1畫面比例，創造出更高解析度的七十釐米影片。畫面比例意指螢幕寬度相對於高度的比例。相較起來，一九三二年由美國影藝學院（Academy of Motion Picture Arts and Sciences）創造的影藝學院比例是1.37:1。第一部以超級Technirama 70技術製作的電影，就是《睡美人》。

寬螢幕鏡頭剛抵達工作室的電影實驗室時，被安置於描圖上色大樓的D側，貌不驚人。直到藝術家開始進行畫面構成的工作，在新鏡頭下測試鉛筆圖稿時，這項科技將如何改變電影的製作美學才逐漸明朗化。主要角色不再主宰全景，因為左右兩側留下許多空間，動畫師必須準備更多動作場景，好充分運用這些多出來的空間。

工作室一直以精細的背景為傲，但此刻卻必須更加強調這個部分，因為觀眾視野從此會看到更多。擁有豐富經驗的瑟爾瑪．威特瑪在下一部電影的製作過程中扮演起重要角色。

《愛麗絲夢遊仙境》的票房失利，《小飛俠》也沒有好太多。一九五三年二月五日在紐約首映後，這部片獲得多數影評正面肯定，數位影評人讚許用色及華美背景的創新運用方式。又一次，只有兩位女性藝術家獲得銀幕列名：瑪莉是色彩監督，瑟爾瑪則是背景設計。她們對外界給予作品的讚許不會沒有感覺。

然而影片也收到一些批評。《紐約時報》認為小叮噹很「低俗」；其他評論者則驚駭發現，過往總是由女演員反串的彼得潘，現在竟是個不折不扣的男性。奇怪的是，同一個影評七年前曾批評《南方之歌》中針對「主奴關係」的種族主義描繪，這次在《紐約時報》上卻讚美「印地安人村落歡樂生動」。

影評普遍反應良好，喜歡看電影的觀眾也還是走進了電影院。這部片收入七百萬美元，比《愛麗絲夢遊仙境》多了不少，後者只有五百六十萬美元，但它卻比不上收入八百萬且製作經費更低的《仙履奇緣》。真人電影可帶來差不多的收益，製作經費卻少了許多。哥倫比亞電影公司在一九五三年出品的《亂世忠魂》（*From Here to Eternity*）只投入兩百萬美元，卻獲得一千兩百五十萬美元的收入。

對工作室部分執行高層（包含華特的哥哥洛伊）而言，華特．迪士尼工作室招牌的藝術性與精緻表現在財務上難以為繼。每部電影賺到的利潤又要再度投入成本中，製作費與投資新科技吞沒了所有利潤。手繪動畫加上多年的故事創作與精修細裁，正讓工作室慢慢走向死亡。

華特工作室並非唯一面對財務窘境的工作室；其他動畫工作室也經歷類似掙扎。為了回應挑戰，許多人採用所謂的UPA風格。UPA是美國聯合製作工作室（United Productions of America）的簡稱，這間工作室在一九四一年華特．迪士尼工作室罷工之後成立，他們的風格是動畫很有限，會反覆運用畫稿以維持最少的角色動作，透過減少畫稿量來降低成本。當華特要求一位行政主管研究如何「以較低預算製作更好的電影」時，那名經理提出的策略就是這個。華特立刻拒絕，然而對於作品長期經營的前景仍舊堪慮。面對「過時」這樣的挑戰，工作室選擇回去訴求以往的成功經驗：公主童話。

一如《白雪公主》和《仙履奇緣》，因為魔法陷入沉睡的少女只能靠一個吻才能清醒的故事，幾個世紀以來已代代重複訴說了無數次。這個故事的起源可追溯到《佩塞福萊傳奇》（*Perceforest*）中一篇題為〈特洛伊魯斯與澤拉丁的歷史〉（The History of Troylus and Zelladine）的歌德式羅曼史；這本書據信是在一三〇〇年代於法國出版。故事中的澤拉丁公主被她將要訪成紗的亞麻刺傷手指後，就陷入沉睡。在原始故事中，睡美人並非被真愛之人所吻，而是遭到強暴。她醒來時發現自己生了一名小男孩，男孩正在吸她的手指。一百年後，強巴提斯塔・巴西爾（Giambattista Basile）出版了義大利文版。他的改編更加殘暴：一位已婚國王看到睡美人無生氣的身體，就強暴了她。公主在生下一對雙胞胎後才醒過來。在這個版本中，反派角色是遭到背叛的王后，她的報復是下令殺了孩子做成晚餐給國王吃，並試圖將公主投入篝火中。之後由佩羅（〈森林中的睡美人〉）及格林兄弟（〈小荊棘薔薇〉）改編的版本裡，消除了出軌、強暴與食人的情節，取而代之的是邪惡仙子與紡錘針刺。

故事創作部門研究不同版本的睡美人民間故事時，他們發現到故事本身有些問題。不論是佩羅或格林兄弟的版本，反派角色都不夠突出。她只是出現、丟下邪惡詛咒，然後就離開了。睡美人也不是個能啟發人心的角色，只是個在故事中多數時間都睡著的女孩。

故事創作會議不再是當初讓比安卡像隻受傷動物逃走、造成創傷的活動。原因之一是，此時想法得以相互碰撞的聚會已經少了很多；其次，老闆也很少出席。過去華特曾在這些會議裡投入無數時間，想要盡可能參與發展劇情的每個細節。這時的他已經很少參加，反而是在許多其他工作之間的空檔自行找想法，看過故事板後再首肯某些提案。創作者的辦公室過去曾是充滿興奮和競爭的地方，現在那幾乎快要步入歷史。

華特不是故事創作部門裡唯一缺席的人。在一九四一年大規模裁員後，故事創作藝術家的人力一直停滯不前，所以部門的規模在緩慢縮減中，特別是女性員工愈來愈少。這些辦公室裡一度擠滿了華特多年來招募的傑出女性：比安卡、葛麗絲、桃樂絲、瑪莉、希爾維亞、艾瑟與瑞塔，此刻卻失去了她們洋溢的才華。她們全都走了，但很少人是自願離開的。

瑪莉的作品變得難以想像地黑暗。她已經完成下一部電影《小姐與流氓》的藝術概念。這是她進工作室後著手的第一項計畫，但就像先前許多計畫那樣延宕了很多年。現在她專注在《睡美人》的工作上。當她畫下反派，也就是邪惡仙女時，每處陰影都反映出她自己生活逐漸陷入黑暗的寫照。她的痛苦為邪魔世界帶來了「萬惡的女王」。與之相對的，是她筆下奧蘿拉公主與菲利浦王子的明亮場景，兩人在溫暖的陽光下閃閃發亮。

相較於工作室過去三部片都經歷了多年製作期，《睡美人》還只稱得上「青少年等級」，故事既生硬又未經過精雕細琢。故事創作部門中有人認為寫劇本的時間不夠，希望華特可以選用工作室另一個已經過深思熟慮的故事，也是發展得更久的《美女與野獸》。這個故事是以一七四〇年嘉布里耶－蘇珊・巴爾波（Gabrielle-Suzanne Barbot）的法國故事為藍本。然而情況已經回不了頭，因此為了加快本片的製作速度，故事創作者開始篩選、回收過去用過或未用的點子。

反派仙女的臉部特徵可能多數借自《白雪公主》的惡皇后，後者又是以故事創作者桃樂絲・安・布蘭克為模特兒。瑪莉則借用了她為《仙履奇緣》創作的舞會場景之一——仙杜瑞拉跟王子不受重力限制在雲中跳舞；另外還用了舊的藝術概念來設計反派的服裝。其他藝術家也同樣回收過去被曾淘汰掉故事點子。在會議中，他們討論來自《白雪公主》的一景：王子遭到綁架，被關在惡皇后的城堡中。他們對彼此說：**那一幕可以用在這裡啊**。他們從未這麼大張旗鼓回收材料，此做法也逐漸打擊著他們的自信。

改編《睡美人》的另一個挑戰尤其在於劇中的公主角色，她蒼白又毫無生命力，因此讓整個劇情感覺起來沉重而無趣。故事創作者需要為劇本創造出衝突，打造更多能推進劇情的動作情節。

幾個月過去了，奧蘿拉公主仍舊死氣沉沉，沒有人能賦予這個先天不足的角色半點動力。他們只幫她寫了十八行對話，讓她當配角都嫌勉強，何況她根本是這部片的女主角。然而反派仙女卻愈來愈強而有力。她的魅力就像打破成規的小叮噹，這個角色具備力量與決心。然而團隊手上的材料太少了，佩羅版與格林兄弟版的中的反派既不夠具體，更沒有名字。最後，團隊決定叫她梅爾菲森特（Maleficent）。

故事創作團隊轉而參考柴可夫斯基的一八九〇年芭蕾舞劇《睡美人》中那位邪惡的神仙教母：卡拉波斯（Carabosse）。他們不只決定要將音樂用在電影裡，還要參考角色塑造的方式。在原始演出版本裡，女性的卡拉波斯是由男性演出，後來男女都曾演過這一角，芭蕾舞中很少見這種角色的彈性。後來稱為皇家芭蕾舞團的沙德勒之井芭蕾舞團（Sadler's Weels Ballet）於一九四六年在倫敦首次演出《睡美人》；此時二戰後的倫敦正試圖重新恢復藝文氣息。在皇家歌劇院的昏暗燈光下，王室就坐在包廂中，身著舞台裝與緊身褲、踩著芭蕾舞鞋的舞者魚貫入場，戲院又再度恢復生氣。這些裝扮全都是以配給券購買的。

當晚，反派卡拉波斯的角色是由羅伯特・海普曼（Robert Helpmann）扮演，他的舞台服裝令人印象深刻。演員身上的精緻禮服材質為黑天鵝絨，龍一般的翅膀由手臂延伸出去。最令人難忘的是他的頭飾：兩根風格獨具的尖角。一九五三年舞團進行第三次美國巡演，他們前往包含紐約及洛杉磯在內的二十一座城市，瑪莉當時也特別註記下這個特色。

當瑪莉為梅爾菲森特發展藝術概念時，芭蕾舞服裝給了她靈感。她想起自己曾為《仙履奇緣》繪製但未被採用的一幅圖稿。在那幅畫中，仙女教母穿著粉紅邊黑色長袍，頭上還長了根扭曲的長角。畫中的她並非祖母般角色，而是年輕且強而有力的女性。設計梅爾菲森特時，瑪莉結合了這些想法，將雙角頭飾放在原本為仙杜瑞拉教母所設計的青壯年版的頭上。她臉上露出微笑，手中握著魔法棒。

同時間，團隊也為其他三位女性角色訂定年齡。從一九五二年起，故事創作部門就在構思一群善心仙女：她們會給奧蘿拉禮物，最終也是她的救星。過去曾被男性藝術家摒棄的仙子，現在卻成了團隊合作的原因，成員們辯論起要如何描繪這些仙子。最初，她們被想像成擁有控制能力的大自然中的精靈，分別代表植物（芙蘿拉）、動物（法烏娜）與氣候（梅麗維瑟）。三名仙女在故事中的角色頗為重要——她們憑著能力與勇氣，加上菲利浦王子的協助，最終才擊敗了梅爾菲森特。

就在故事創作部門決定了仙女在劇情中的角色後，她們的外觀仍被大家爭論不休。動畫部門這時也出手了。華特想要三個長得一模一樣的角色，但是動畫師反對這種單一性。華特九大老（現在已經四十幾歲）之二的法蘭克．湯瑪斯與歐利．強斯頓開始研究比他們大個幾十歲的女性在雜貨店裡走動的樣子。他們仔細觀察七十歲女性的服裝與髮型。在故事創作部門中，這些仙女一直被視為「正向進取」，但經過動畫師的鉛筆一畫，每位仙女才開始擁有自己的體態與個性。最後創造出來的，是三位看似從真實生活中走出來的老太太，各自有不同的身高、體重及舉止。即便這部片的主角很無趣且一直在睡夢中，這群新的女性角色卻兼備了魅力與能力。

瑪莉出差頻率之高讓她成為了環球航空（TWA）的百萬里程菁英會員。即使她努力切割工作與家庭生活，她的世界仍在分崩離析中。她酒喝得更多了；有些日子她會灌醉自己，好麻醉李慣常使出的那些言語暴力，有時甚至還有肢體暴力所帶來的痛苦。然而情緒壓力沒這麼容易消除。夜裡，她躺在先生身邊，他的言語造成的效果揮之不去。她無法告訴任何人，甚至沒辦法向最親近的家人朋友吐露，所以她把所有痛苦藏在心底，直到她似乎就要爆炸了。瑪莉決定辭職。在她婚姻裡的負面、不滿情緒把所有人撕裂之前，總得要有人努力拼起生活中的那些碎片。

當她告訴華特的時候，他小心不讓自己顯露不悅情緒。他的信仍舊文情並茂。每個聖誕節，他都寄給孩子整箱的玩具。也許就算在那個時候，他都想著有朝一日要把瑪莉吸引回工作室，因此他很小心不對出走的藝術家露出一絲不滿情緒。

華特與工作室內其他藝術家的來信讓瑪莉能知道大家的進度到哪裡。華特也分享了他對開發迪士尼樂園的興奮之情，尤其他跟洛伊終於在洛杉磯東南方的沉寂小鎮安納罕（Anaheim）買下一百六十英畝大的柑橘果園及核桃園。現在華特打算跟全國分享他的計畫。受到《仙境中的一小時》節目經驗的鼓舞，他在一九五四年三月二十九日跟美國廣播公司（ABC）簽下一紙合約，要製作每週一小時的系列節目，名為《迪士尼樂園》。節目要透過展現未來的景點特色來宣傳他的遊樂園。除此之外，每集都會講一個故事，可能是真人或動畫形式，這則故事會發生在遊樂園內的四個區域之一：探險世界、幻想世界、邊疆世界與明日世界。

由於獲得美國廣播公司的投資，建築工事進展快速。建商在一九五四年七月破土，到了十二月，園區已經成形。寫給妹妹露絲的信中，華特傳達了他的喜悅，表示自己特別喜愛聖誕節裝飾，他描述了大街上結霜的窗戶、白綠雙色的街道，以及數千盞閃爍的燈光。

裝飾雖然已經到位，但距離迪士尼樂園開門迎接遊客，還需要六個月跟數百萬美元的投資。然而華特已經迫不及待跟每個願意聽的人分享他的喜悅。

迪士尼樂園建造得很快，在一九五五年開幕，當時柏油甚至還是軟的，導致踩在「地球上最歡樂之地」的高跟鞋會留下鞋印。園區開張最開始的七週迎來超過百萬遊客，每個人的入園門票是美金一元。相較於主題公園的發展，工作室卻遲遲未能迎來下一部長片。瑪莉離開了，她在色彩、風格、角色塑造上無與倫比的觀點也隨之而去。

馬克·戴維斯開始為一大群角色製作動畫時，運用了她早期的概念，另外也加上他自己做的大量研究。這些角色包含了奧蘿拉公主、烏鴉「惡魔」、梅爾菲森特、史蒂芬國王與麗亞王后。

然而梅爾菲森特吸引了他的注意力。他研究了中世紀歷史，以及來自捷克斯洛伐克的古老宗教典籍，從中注意到充滿當時代繪畫的一種常見的長袍與暗色調。他迷上了那位女魔法師，也給了她催眠、瞬間移動和變身成巨大綠龍（後來改成黑紫色）的能力。他以暗色陶土塑造她的頭像：真人大小的實際尺寸；下巴突出；頭上的角高傲地扭出某個角度。他決定，為了要讓她展現出真正有威脅性的魄力，她移動的尺度得要很小。靜止不動讓她顯得特別高冷，而她對著寵物烏鴉「惡魔」講的惡毒對話也有類似效果。若瑪莉有造訪西岸的私人行程，或戴維斯前往東岸時，他絲毫不介意跟她分享自己的想法。哪怕她已經離開了工作室，卻從未自他的職涯中缺席。

一九五六年一個晚上，馬克前往瑪莉在長島的家，他的新婚妻子愛麗絲也一同前往。愛麗絲是邱納德藝術學院的獎學金生，她修過藤川恭的課，一開始也想要成為動畫師，卻被老師說服放棄白日夢。她的老師認為那是男人的領域。他們鼓勵她進入服裝設計界，最終也證實這的確是有利的建議。畢業幾年後，她接到馬克的電話，詢問她是否願意為《睡美人》設計服裝；馬克也是她在邱納德的老師之一。沒多久後，他開始為了其他原因邀約瑪莉，最後兩人陷入愛河並共結連理。

兩人在蜜月旅行途中，愛麗絲首度進入長島的布萊爾家。她立刻被瑪莉吸引。她聽到很多關於這位藝術家的種種傳聞，不只馬克，還有邱納德的其他人也常談起，因為瑪莉的畫作常在那裡展出。瑪莉以素來調皮的作風指了指窗邊小桌上的托盤，裡面盛著水壺與兩只馬丁尼酒杯。她將杯腳綁著優雅緞帶的酒杯交給愛麗絲。愛麗絲一開始有些疑惑，接著會意過來這是個遊戲。她順著緞帶繞遍房子，從一個房間走到另一個房間，將緞帶鬆鬆捲在手上，最後進入廚房。緞帶伸向冰箱。她打開冰箱門，驚訝發現冰箱層板上有一根蠟燭正在燃燒，顯然不到一分鐘前才放在那裡的。她從未看過這樣的事情：冷冰冰的壁面包圍著燃燒的火焰。瑪莉帶著微笑宣布：「我會永遠為你在窗邊留一杯馬丁尼，蠟燭就放在冰箱裡。」馬克跟李都笑了，著迷的愛麗絲很快也笑了。「這是結婚禮物。」瑪莉解釋，指向精美的托盤、水壺與酒杯，上面覆滿雕花與「他的、她的及我們的」字樣。「怎麼說這都比包裝紙好多了，你不覺得嗎？」當她喝下冰涼的琴酒與苦艾酒時，愛麗絲點頭表示同意。

在工作室中，馬克．戴維斯為梅爾菲森特深深著迷，這種投入促使他在打造人物角色時，是以補償劇情中欠缺的其他所有元素為大方向。這部長片進展緩慢，尤其因為背後缺乏來自華特的驅策。老闆現在很少參加固定舉行的故事創作會議，新的遊樂園及《迪士尼樂園》電視節目等，有太多事情吸引著他的興趣。

即便有這些讓他分心的事務，華特仍舊對這部片新上任的色彩監督表示自己的支持。瑪莉離開後，艾文．厄爾取代她的夢想終於成真，薪水還是瑪莉的兩倍。然而，光是坐上她的職位還不夠，他還模瑪莉的風格。厄爾從瑪莉的寫實、平面、全然現代的風格中擷取靈感，這種風格就像每幅圖下方她的簽名一樣獨特。有時候會很難區分厄爾的《睡美人》畫稿跟瑪莉的作品，但有些評論者後來還是發現了差異，並說：「你不會認為厄爾像瑪莉．布萊爾一樣有無止盡的創意，因為她的爆發力就像顆炸彈。」

雖然厄爾模仿瑪莉的創作，但他很少會稱瑪莉為他的靈感來源，反而是提出自己為這部片做了許多研究。每當有人問起哪些藝術家給了他創作的靈感，他會舉「范艾克（Van Eyck）、彼得．布魯哲爾（Peter Bruegel）、阿爾布雷希特．杜勒（Albrecht Dürer）及波提切利（Botticelli）」，然後補充：「除此之外，我也注入了一點艾文．厄爾」。

有了他的研究與瑪莉的藝術概念，厄爾開始把他的作品呈現給動畫師看。華特堅持他們必須融入厄爾的風格，而這也不是新鮮事了。多年來，他總是要求要有「更多瑪莉的風格」。倘若瑪莉在場，她可能會告訴厄爾，這樣只是徒勞——多數藝術家對現代主義很有意見，他們認為這對角色外表的塑造毫無幫助。然而，厄爾不用費盡千辛萬苦讓自己的藝術有展現的機會——一如瑪莉之前的經歷——同事順了他的意思。動畫師雖然抱怨風格不同增加他們的工作時數，但還是接受這些改變。

《睡美人》製作上有這些改變與延宕，但最困難的或許莫過於以寬螢幕模式拍電影帶來的技術挑戰。寬螢幕上的背景全景會將觀眾的注意力從賽璐珞片的動畫角色轉移開來。此舉一方面是機會，同時也是挑戰——背景的豐富細節可以吸引觀眾投入影像世界中；而另一方面，要畫的東西變多了。過去，特定一幕的背景需要一名藝術家花一天時間完成，現在變成十天。習慣一天產製幾十幅圖稿的助理動畫師現在一天只能完成幾幅而已。要做的事情實在太多，於是工作室訂出配額制度：堅持要藝術家每天完成八位女孩、三十二隻鳥及二十二隻松鼠。

為了應付這麼高的工作量，工作室只得再次在報紙刊登廣告，招聘新藝術家。人稱莉茲的伊莉莎白．凱斯．齊威格（Elizabeth Case Zwicker）開始在《洛杉磯時報》上掃視徵才廣告時，她正值二十六歲。報紙上有兩欄：一欄給女性讀者，一欄給男性讀者。但莉茲從來不盲從規定，她把針對男性刊出的廣告也掃了一遍。

莉茲身兼藝術家與詩人。她生於加州長灘市（Long Beach），母親也是藝術家／作家，父親則是廣播播音員。這家人很快搬到了紐約，莉茲在這裡經常生病，每次生病就是關在家中一連幾個月的時間。嚴重的耳朵感染讓她虛弱到無法上學，也無法拿起書本。一九三〇年代，由於缺乏抗生素，中耳炎是兒童死亡的主因之一。最終伊莉莎白變得健壯了一些，八歲的時候，她終於開始正常上學。她自紐約的艾爾米拉學院（Elmira College）畢業，接著就讀紐約藝術學生聯盟（Art Students League）這間位在曼哈頓、提供工作室藝術課程的學校。

她在紐約遇見了空軍工程師沃爾特．齊威格（Walter Zwicker），兩人於一九五一年結婚，但因為沃爾特在軍中的工作，他們知道可能無法長久待在同一個地方。確實如此，沃爾特轉調到德州；之後沒多久，一九五三年莉茲便生下一名男孩。這個小家庭搬到加州的葛蘭多拉（Glendora），沃爾特進入航太通用公司（Aerojet General），莉茲則懷了第二胎，也是個男孩。表面上他們就像一九五〇年代的典型家庭，但實際上五年的婚姻正在崩毀中。莉茲很不開心，所以兩人做了當時代相當少見的決定：他們分手了。

離婚程序進行中，而莉茲知道自己需要收入，才能維持生計並撫養小孩。她決定要針對男性求才欄中寫有「徵求藝術家」那則廣告投出求職信。伊莉莎白收到通知，要她帶著作品集到工作室報到。她不大清楚作品集要包含那些內容，所以就跑到美術用品店買了一個皮箱，盡可能在裡面裝滿自己的作品。雖然這些畫作中多數她都認為只有「可愛」的程度。她走進了伯班克的工作室。面試者立刻注意到她離婚的婚姻狀況，旋即問道：「你有其他收入來源嗎？我們薪水不高。」他們提供的薪水是每週三十五美金，確實不足以支應生活所需，但莉茲迫切需要這個職位。她說不用擔心，她還有前夫支付孩子的贍養費。

華特．迪士尼工作室的薪水一落千丈。十年前，同樣是帶著兩個孩子的單親媽媽艾瑟．庫爾薩進來擔任希爾維亞的助理時，她每週的薪水是六七點五美金。現在被聘為助理動畫師的莉茲卻只能領她的一半。這個落差有部分原因出於《睡美人》飆漲的成本；這部片很快登上他們有史以來最昂貴的電影排行首位。莉茲的女性身分也影響到她的薪水。許多雇主針對女性領較低薪資的合理化說法是，已婚者會分到丈夫的收入，離婚者則會有贍養費；未婚者不需要養家——因此較低薪資合情合理。女性怎麼樣都爭不贏。

雖然薪資令人失望，但莉茲的孩子後來認為這個新工作帶來的好處無價。這一家人去迪士尼樂園玩時，在潟湖裡游泳的那些真人扮的人魚讓孩子開心不已，小孩很享受透過潛水艇之旅的舷窗向他們打招呼。難以置信的是，這些孩子們所愛的長髮飄逸、穿戴著訂製合身魚尾的青少女，每週能賺進四十五美元，比他們母親畫動畫的收入還多。

工作室裡的工作一點也不輕鬆。莉茲發現CinemaScope帶來了巨大壓力。這個程序會讓投影的影像寬廣度加倍，三十五釐米的形式會被光學放大到七十釐米。每幅全景都需要無數圖稿，且所有圖稿全都需要最精緻的細節。莉茲負責畫鳥，她也認真以對，會在工作室的圖書室長時間做研究，仔細描繪這些鳥。她對沒有升遷的機會感到失望。九大老占據了所有資深動畫師的職位，所以新進人員最多只能期望在大師身邊工作：描摹他們的線圖、移除多餘的鉛筆記號、幫他們的動畫收尾。助理動畫師偶而可以畫些小景或小角色。甚至連在走廊上跟九大老打招呼都會招來麻煩，因此中間人都學會要避開這些人。

職場上的莉茲相當活潑。她很快結識了其他新進人員，他們相互戲弄取樂的氛圍，幾十年來在工作室的年輕藝術家之間都是如此。身高六英尺一英寸、又喜歡穿高跟鞋的莉茲，很快就被朋友們稱為「大莉茲」。

這裡也有女性，事實上比莉茲預想的多很多。雖然故事創作部門流失許多女性創作者，資深動畫師的職缺也已經額滿，但是擔綱助理動畫師、空間構圖及背景設計工作的女性人數卻是成長的。環顧工作室時，莉茲不禁心想，她們是不是都跟她一樣沉浸在藝術中，同時很難爭取到好一點的薪水，卻全心感謝能進入華特·迪士尼工作室的牆內。

瑪莉正在享受母國國境之外的生活。一九五六年的工作室持續在《睡美人》製作工作中掙扎奮鬥，她、瑞塔跟一位來自藝術學校的朋友維吉妮亞則一起前往歐洲旅遊。當時沒有男性陪伴的女性獨自出遊並不常見，更何況是海外旅遊。但三位女性非常享受丈夫、孩子不在身邊的好友共處時光。她們租了車，開車遊遍西班牙、法國及義大利，還造訪博物館、享受美食、畫畫，並在鑄鐵陽台上喝酒。法國南部的陽光下，瑪莉跟朋友坐在一起，她感覺到過去幾年的黑暗消失了。當然，她經歷過的困頓及可能勢必來到的痛苦並不會消失；但跟瑞塔與維吉妮亞在一起的時候，她感覺終於可以呼吸了。

第十四章
大麥町園地

一整天下來，莉茲不斷接到電話要她把圖稿拿去攝影室。要求的語調從緊急到後來變堅持，最後是迫切——利茲已經在盡量趕工了。由於《睡美人》接近完工，因此她不僅要專注於畫出鳥跟動物，還要畫菲利浦王子的馬跟其他丑角。要做的事情很多，她處在高壓之下，莉茲可以感覺到自己緊握鉛筆的手上發散出壓力。

她一畫完，就拿著整疊沉重作品到攝影室去拍攝。她沮喪地發現電梯被占用，因此決定改走樓梯，以免浪費任何一分鐘。一九五〇年代的女性服裝時尚並不適合快速在樓梯上下奔跑。莉茲穿的是當時代的服裝，因為她相信讓自己打扮得像個典型的祕書，有助於適應環境，也許還能減少工作室對她滑稽動作的反應。那天，她穿著三吋半的高跟鞋，層層上衣搭配寬幅裙子，還有緊繫的腰帶。她手上滿是畫稿跑上樓，幾乎看不見眼前的東西。就在她要走出樓梯間的時候，在《迪士尼樂園》電視系列中扮演大衛·克拉克（Davy Crockett）的演員小費斯·帕克（Fess Parker Jr.）從化妝室走出來，一個箭步衝下樓，要前往拍攝影集的後方空地。

六英尺七英寸的演員與六英尺一英寸的動畫師撞在一起，東倒西歪。莉茲的裙子飛向半空中，帕克的浣熊皮帽則滾下樓梯。叮的一聲，電梯門在混亂中開啟，電梯裡的人是華特，一開始他被眼前這一幕嚇到。他走出電梯，看到樓梯上散落三百幅畫稿。場面實在經典，於是他開始大笑不止。莉茲憂慮地看著華特，這是她第一次遇到老闆，但她很快就忘了尷尬，也笑了出來。他們一起走向樓梯撿回她的畫稿。

描圖上色部門的女性正在為《睡美人》進行最後修飾，她們以專業、細緻的筆觸將奧蘿拉公主的睫毛變捲翹。然而此部門的藝術才華將要走入歷史。這將是描圖上色部門參與的最後一部工作室長片。她們之中有三位闖入者，屋裡的女性焦慮地看著這些機器競爭者。顯然一切都將改變了。

一九五八年，描圖上色大樓引進三部靜電複印機。這項科技是以切斯特．卡爾森發名的電子攝影術為基礎。一九四二年遭到每間他接觸的企業拒絕後，卡爾森幾乎就要放棄了。

它利用的原理：帶著正負電的物體會彼此吸引，而部分物體曝光後會帶電。這部機器運作的方式是將文件以強光照射，那會將一種電子陰影投射到帶電滾筒上；滾筒上的陰影區域（也就是文件上的文字）會帶正電。帶負電的碳粉只會附著到陰影的陰暗處，也就是帶正電處。帶負電的碳粉轉移到白紙上後，再加熱，碳粉就會融入紙面，產生複印本。

一九四六年，哈洛伊德（Haloid）攝影公司在卡爾森的專利上看到潛能，決定要精進這項技術，再拓展其商業用途。他們發明了靜電複印術（xerography）這個字，它的拉丁文字根可以大致譯為「乾寫」。靜電複印機就此誕生，即將顛覆所有工作場域。

華特．迪士尼工作室的挑戰不在於將內容複印在紙上，而是要複印到塑膠賽璐珞片上。烏布．伊沃克斯前往東岸，開始直接跟哈洛伊德公司合作，要找出調整商業複印機的方式，好讓工作室可以運用這種機器。雖然經過靜電複印後的品質會明顯下降，但因此在財務上省下的巨大成本可以抵銷掉這個問題。

最早的機器只能做到黑白複印，但工作室已經押注：未來會發展出彩色複印技術。透過將動畫師的圖稿直接複印到賽璐珞片上，這項科技可能會讓描圖上色部門存在的必要性消失。一台機器每天可產出一千片賽璐珞片，輕易就能令描圖員失業，畢竟後者一天只能畫十五片。肯．安德森（Ken Anderson）是從故事創作轉到動畫部門，再轉去擔任導演的老員工，他對華特提起這項財務建議：倘若裁掉描圖上色部門，將會省下電影製作的一半開銷。

在《睡美人》的結局，複印機首度在電影的魔法中發揮作用。畫面中，眾人走在通往城堡的橋上，這類景通常需要長時間作業，因為每張臉都需要細膩描繪。他們在此以機器代勞，且因為這是個廣角的景，因此細節差異不會被察覺。動畫師又再度挑戰複印機的能耐，這一次是用在影片高潮段落：梅爾菲森特變成龍的圖稿。機器也再次有很好的表現，機器複印基本上不影響這一景的黑暗陰影，雖然動畫師也發現複印後的黑線不像手繪線條那麼流暢。複印機持續趕工，每天的工作時數比人還長，輪班的人類操作者來來去去。描圖上色部門一些女士操作機器進行複印，但多數仍持續做原來的工作，而此刻她們心中有預感，在工作室中的日子就要結束了。

將近八年的製作期後，《睡美人》於一九五九年一月二十九日在洛杉磯的福斯威爾夏（Fox Wilshire）戲院首映。這部電影是當時斥資最高的動畫長片，約六百萬美元，是《小飛俠》或《愛麗絲夢遊仙境》的兩倍。在迪士尼樂園中心一磚一瓦打造出的睡美人城堡早在四年前就完工，只等著公主到來。

這部片獲得的評價多為正面的，雖然有些影評也發現從之前電影中借來的元素，尤其是借自《白雪公主》的內容。然而這部片的二十世紀中現代主義表現仍舊讓它跟工作室過去製作的其他影片截然不同。這卻不足以帶動票房，它的票房收入只有五百三十萬美元，遠低於《仙履奇緣》的八百萬。首輪放映結束後，電影損失了超過一百萬美元。

與《睡美人》形成對比的，是迪士尼另一部片《長毛狗》（*The Shaggy Dog*）（大致以《小鹿斑比》作者薩爾坦一九二三年的小說《佛羅倫斯獵犬》〔*The Hounds of Florence*〕為基礎來改編）——故事中的少年變成一條狗。那也是華特．迪士尼工作室製作的第一部真人喜劇影片。該片成本只花了一百萬美元，卻是一九五九年票房收入最高的影片之一，超過八百萬美元。對工作室高層來說，訊息很清楚：手繪動畫無法自給自足，工作室得整頓組織架構了。

信件是依照姓氏的字母順序寄出；倘若你的姓氏是A開頭，那麼你就是最早發現自己被裁員的人之一。莉茲的姓氏雖然是Zwicker，但早在信件還沒打好之前，她就知道會收到這封信。她一邊等，一邊看到為工作室奉獻幾十年的藝術家遭到解雇。那是一種無望的感覺，彷彿站在即將沉入大海的船舷上，看著自己以凌遲般的慢速沉入水中。一九五九年的冬天，莉茲收到令她害怕的消息：她從動畫師職位上被解聘了。工作室讓她轉調空間構圖部門，而且薪水更高，但她拒絕了。倘若不做動畫，她根本不想在電影業工作。

莉茲不是唯一一位；工作室只留下五百五十位藝術家與動畫師中的七十五人。即便是留下來、經過精挑細選的少數男女員工也仍舊面臨威脅。華特的哥哥洛伊建議他們裁掉動畫部門，因為動畫長片與短片都在虧錢。他要華特專注做有利可圖的事情：真人演出的電視節目與劇情長片。

華特還沒辦法放手，所以動畫部門保留下來了，規模卻只剩先前的一點點。九大老檢閱了動畫部門的紀錄後，決定哪些幸運藝術家可以留下，哪些人要離開。雖然莉茲拒絕轉調空間構圖的機會，其他女性卻沒這麼挑剔。空間構圖部門創立以來一直都由男性主掌，因為這是製作中令人垂涎的工作。空間構圖藝術家負責擺設每個鏡頭，也規畫角色在每個景中的動作。

有兩位女性從描圖上色及動畫部門升遷到空間構圖部門的職缺，她們是希爾維亞・羅莫（Sylvia Roemer）及珊咪・鈞恩・蘭罕（Sammie June Lanham）。倘若想樂觀看待這件事，那麼大規模裁員的好處就是多出了不少空間。他們不用擠在狹小的辦公室與會議室裡。女性可以在空曠的2C側寬裕空間中擺出鉛筆與紙張；這裡過去是給動畫監督用的。

除了有才華的動畫師大量出走外，工作室描圖上色部門幾乎解散。比起其他部門，曾雇用了更多女性的描圖上色部門慢慢被清得乾乾淨淨。雖然上色員此刻還有工作，那是因為工作室的複印機還無法彩色複印的關係，但她們都知道自己所剩時間不多了。公司的說法是，這些人不是失業，而是要重新受訓成為複印機技術人員。事實真相卻殘酷多了：一小群人操作機器，有些人進入其他部門，但許多人都離開了。一度十分重要的描圖員，人數曾經超過四十人，現在只餘兩人。離去員工的位子現在放著塑膠、玻璃與金屬製的龐然大物。工作室各處的許多女性看著空蕩蕩的房間，眼裡噙著淚水。

或許是刻意要激勵員工士氣，工作室裡突然滿是黑白斑點小狗。在工作室裡，牠們到處亂跑，也在大廳裡嬉戲，有時就睡在動畫師桌下。此外還有藝術家欣賞的成年犬：皮毛亮麗，舌頭下垂，露出狗狗獨有的純然滿足喜悅。華特迷上了多蒂．史密斯（Dodie Smith）寫的《一零一隻大麥町犬》（*The Hundred and One Dalmatians*）。這次工作室要改編的並非幾千年來不斷重複訴說的童話，而是一九五六年的小說。這裡面包含了他們的電影從未處理過的現代元素，如電視、霓虹燈與當代音樂。故事對藝術家來說相當新鮮，那也正是他們所需要的改變，同時還很適合改編。

這本書感覺像是為他們量身訂做，背後是有道理的。多蒂．史密斯創作時，心中就在構想著發展成動畫，也希望能被華特．迪士尼工作室看上。她讓劇情節奏緊湊，只有一百九十九頁的篇幅，卻滿是各種人物、動物，以及夠壞的壞人。然而即便擁有這些優點，短短五年之前，工作室都還不敢設想要製作這部電影。讓動畫師不斷描繪九十九隻小狗，每一隻都要仔細描圖，成本會是一筆天價。現在新的複印機消除了這些疑慮；有什麼比複印黑白小狗圖更簡單的呢？

故事創作部門不再有大批的創作者與藝術家激烈辯論每一景的優劣。過去這裡是四十名男女熱切埋首書籍、進行研究的地方，而今手稿直接交給了一名從一九三七年就在工作室工作的藝術家：比爾．彼特（Bill Peet）。少了過去劇本發展過程特有的故事創作合作會議，現在彼特只能靠自己。他獨力完成一切，從建立故事板到寫劇本，既沒有嚴厲批評，也沒有新點子的刺激。彼特明智選擇貼近書中的敘事；他看出簡潔故事的力量，因此沒有太多改動。

在動畫部門，過程也順暢得超乎尋常。創作女性反派的大師馬克．戴維斯能夠直接從書上模擬庫伊拉．德．維爾（Cruella De Vil）的獨特形象：從她的頭髮（半黑半白）、難聞香菸的煙霧，到她的毛皮長大衣都是。馬克的才能顯現在角色外表的細節處，他讓庫伊拉的臉看起來有種骷髏感，眼神滿是狂野的怒意。

設計這部電影表現風格的人都受到複印科技很大的影響，只有艾文．厄爾例外。他在前一年離開了工作室，當時《睡美人》都還沒上映。雖是自願離開，但他的離職很可能也和細膩的背景設計的支出費用有關；許多同事感受到此人高傲的態度也是原因之一。離職前，他描述自己在工作室的作品「一點也不迪士尼，百分之百都是我的風格」。

較諸《睡美人》與工作室許多早期影片的華美浪漫風格，設計師現在改用一種粗糙、鉛筆描繪的風格，以發揮複印機的長處。複印機無法掩蓋動畫師圖稿中的線條，這在過去是靠女性員工小心描摹上墨。考慮到這一點，製作設計師肯・安德森決定要接受線條，比起過往的長片，那反而賦予影片一種粗糙不齊的質感。他們將首度在銀幕上直接展現動畫師的鉛筆痕跡。

若採取這種風格，動畫師創作時就必須更乾淨俐落，也必須盡可能自己清理圖稿，去掉那些他們通常會留待中間人及描圖上色部門藝術家處理的多餘線條。即便有這些多出來的工作要做，他們仍舊很期待在賽璐珞片上看到自己的手繪線條。馬克對自己的圖稿直接在攝影鏡頭下呈現的畫面非常滿意，他覺得先前的作品總是有種「稀釋感」。

然而華特卻沒那麼開心。他認為這種風格讓人想起一九二〇年代的作品，當時動畫還在萌芽階段，因此粗糙線條可被接受。幾十年來，他們致力於移除賽璐珞片上任何多餘的線條，也精進技術到輪廓線與周遭的顏色得以融為一體。描圖員會以絕佳技巧操作色線，好讓每個角色都活靈活現。現在因為複印機的關係，黑線又回來了，而且還到處都是。然而製作已經進行一段時間，華特也分心忙於其他事，難以從頭再來。然而他仍對未來下了重話：「我們絕對不能再生產這種東西，」他抱怨，「肯絕對不可以再擔任藝術監督。」

一度在描圖上色部門有主導權的女性也同樣生氣，在安德森於訪談中大談複印機如何為公司省錢之後，她們對他大大吼叫。由於衝突氣氛高漲，也難怪安德森接受華特提議，退出了未來的長片製作計畫，轉到迪士尼樂園設計遊樂器材。

工作室充滿大量複印畫的同時，離開公司的藝術家也開始為自己的創作找新家。許多人轉至兒童文學領域發展。瑪莉跟瑞塔都在替金色童書出版社工作，製作出許多精美童書，之後持續受到許多世代讀者的歡迎。

曾經帶給《幻想曲》宣傳品及電影書優雅風格的藤川恭也成為童書出版界的名人。然而不同於瑪莉與瑞塔，她避開了金色童書出版社。她抱怨：「他們付給藝術家的金額，每本書只有兩百五十美元。」當時多數的童書插畫家只會收到一筆酬勞，卻沒有版稅可抽。這對藤川恭來說根本不公平，就像是要放棄自己的藝術作品一樣。她決定雇用一位版權經紀人，好讓自己的利益由中間人更妥善打理。她為羅伯特．路易斯．史蒂文森（Robert Louis Stevenson）一九五七年版的《兒童的詩之花園》（*A Child's Garden of Verses*）繪製插畫。她的作品受到高度敬重，因此經紀人爭取到此後都有版稅可收的待遇。

受到她在出版界新的影響力所鼓舞，藤川恭展開同時身兼作者與插畫家的新計畫。一開始創作內容沒什麼極端之處，她只是畫出小寶寶罷了。她畫了小嬰兒經歷的甜蜜日常生活，比方從擁抱到睡眠這類活動。書中採取的視角是家中多出一名新弟妹而開心歡喜的孩子。她所畫的寶寶反映出藤川在紐約生活中遇到的各種族裔。用她的話來說，那是個「寶寶的地球村：有小小的黑人寶寶、亞洲寶寶，各種寶寶」。她的圖像溫柔、溫暖且討喜，刻意簡單化的文字也能吸引學齡前兒童。

然而藤川恭將這本書交給出版商後，卻收到令她不快的回應。一名主管立刻批評起多元族裔的圖像，還堅持非裔美國寶寶要刪除，否則恐會影響銷量。那是一九六〇年代初，全美只有百分之六點七的新上市童書描繪有色人種的孩子，哪怕社會文化正在變化中。最高法院已經駁回公立學校「隔離但平等的」種族隔離政策。一九六四年的《民權法案》就要通過了，然而兒童圖書仍舊如此一元化，以致於一位編輯稱之為「兒童圖書的全白人世界」。

藤川恭不服氣。若插畫不能保持多元文化樣貌，她就不允許出版。她的決心獲得回報，這本書最終在一九六三年出版，成為暢銷書，至今售出超過一百五十萬本。「小朋友想要知道事實，」藤川曾說，「我在藝術中包納一切，因為我知道在閱讀故事時，孩子們坐下來，心中想要看到事實。」藤川的文字展露出一種敏感度，她知道我們給孩子看的影像、讀給他們聽的故事，都會在往後的歲月裡響他們的認知。這種對於包容與個別差異原則的尊重，正是華特·迪士尼工作室迫切需要的，而瑪莉·布萊爾會將其帶回迪士尼公司。

即便華特有所不滿，在員工之間也有爭議，《一零一忠狗》於一九六一年一月二十五日首映後，還是贏得了讚美。《時代雜誌》說：「這是華特．迪士尼製作過最機智、迷人，也最不做作的卡通長片。」《綜藝》雜誌的讚美則比較節制：「雖然不如工作室最令人難忘的動畫作品那麼迷人或具有啟發性，無疑也是一部用盡全力的創意之作。」然而較諸華特先前的作品，這部片要如何評價，卻十分兩極。他不再是能創造出乎意料且超越世代隔閡作品的前衛藝術家。曾說出「我們不是為兒童拍片；我們的電影是兒童可以跟父母親一起欣賞的作品」的這位藝術家似乎已失去了動畫電影曾帶給他的喜悅。《一零一忠狗》是一部兒童娛樂片，且以利益為考量。

銀幕列名名單也許永遠無法完全反映出電影幕後工作者的辛勞，但《一零一忠狗》的創作群名單卻是少見的精簡。由於工作室目前的藝術家人數相當少，每位留下來的人都貢獻了很長的工時。雖然許多女性助理動畫師也投入了本片的製作工作，卻全都沒有列名在銀幕上。她們也不抱期待，心裡清楚制度是怎麼一回事。這部片中唯一獲得列名的兩位女性，是空間構圖部門的珊咪．鈞恩．蘭罕，以及音樂剪輯的艾弗琳．甘迺迪（Evelyn Kennedy）。

然而對於複印機的肯定卻很明確。《一零一忠狗》在有史以來最短的時間內完成，從開始到結束只花了三年。更令人印象深刻的是，只用了三百六十萬美元的預算，這部片上映後回收了六百二十萬美元。複印技術拯救了華特・迪士尼工作室的動畫部門，畢竟從《睡美人》以來，這個部門的前景一直岌岌可危。然而此事實對女性勞動力的打擊卻是前所未見的。

一度由女性為主力的描圖上色部門現在有許多閒置的桌子。故事創作與動畫部門的職涯前景也不樂觀，女性升遷的機會很少。縱然這兩個部門得以存續，華特對於日後動畫長片的興趣已隨著傳統手繪動畫的消亡而淡去。女性若要鞏固自己在工作室中的位置，就得往牆外去找其他的工作。

第十五章
小小世界

晚餐桌上，瑪莉想著她兒子。他們現在都是青少年了，但卻是天差地別的兩個人。老大唐納文似乎比較像她跟李，對藝術跟動畫有興趣。然而有時候會表現出一種狂野特質，讓她的心臟在胸腔裡狂跳。今晚他跟朋友出門，瑪莉告訴自己別擔心，他沒事的。她看向凱文，這個兒子像她，比較安靜，興趣卻很不同。他喜歡聊火箭、工程跟太空探險。然而今晚，大家似乎都沒有聊天的心情。唐納文出門後，小家庭三人靜靜坐著。凱文以小孩那種挑剔的態度撥弄食物。他碰也不碰沙拉，還讓沙拉跟餐盤上其他食物之間保持特定距離。

瑪莉注意到她先生一直在喝酒，這很正常，他每天都喝。年輕的時候，她會用眼睛掃過父親的臉，留心酒精讓他失去神智的跡象。現在她用同樣小心的眼神看著丈夫，試著評估他有多醉。李並不覺得酒精有多好喝，但那成了某種必要之物，好像不喝幾杯，他就無法運作。李經常喝到沒有意識。

今晚，李似乎離無意識那種美好的狀態（對瑪莉來說）還很遠。事實上，他似乎異常關注餐桌上的其他人。怒意漸增的他看著兒子。「把晚餐吃掉！」他說，又補了一句，「沙拉也要吃掉。」凱文看著沙拉，然後又看向父親。他不想碰蔬菜。他靜靜地看著餐盤，希望這一刻快點過去；然而卻沒有。餐桌上的緊張感持續上升，即便瑪莉試著好聲好氣安撫他，李很快就咆哮了起來。

酒醉又氣過頭的李抓起一張晚餐椅便砸到兒子頭上。凱文試著用手抓住椅腳橫木，卻未能保護自己不挨這一擊。瑪莉腦中一片震驚、暈眩，她開始胡亂大叫，並在李出手第二擊前，將身體擋在椅子前面。然而李的怒氣卻壓抑不住，他將本來要對兒子施暴的力量，全投向妻子。瑪莉抬頭一看，她兒子頭上有一道很深的傷口，原本的椅子已經碎成木片散落一地。她太震驚了，因此幾分鐘後才發現自己的臉上也在流血。

李陷入酗酒與暴力的循環，必然會有的道歉也穿插其間。瑪莉無法跟任何人談起家中發生的事。將祕密透露給其他親人朋友的想法令她痛苦。她藏起自己的苦惱，回加州時更是特別小心不讓華特發現。

一九六三年瑪莉一次前往加州時，坐在工作室攝影棚階梯上的設計師羅利・克朗普（Rolly

Crump）瞥見一位金色短髮的優雅女性。**我的天啊**，他心想，**我見到瑪莉．布萊爾了！**對他來說，置身瑪莉．布萊爾附近，就像看到電影明星一樣；她在公司內的名聲僅次於華特。羅利對她微笑，她也報以微笑。他覺得自己開心得彷彿要死了。

羅利是一九五二年開始在工作室做中間人的工作。《睡美人》製作期間，他爬到助理動畫師職位，為資深動畫師清理畫稿。經歷一九五九年大裁員後，他被轉到華特．伊萊亞斯．迪士尼公司（WED, Walter Elias Disney Enterprises）。這是華特在一九五二年成立、用來管理迪士尼樂園的公司，WED正是華特姓名的縮寫。羅利在此為遊樂園設計遊樂設施。

羅利剛完成迪士尼樂園的魔法長屋（Enchanted Tiki Room）設計，這是首批包含發聲機械偶的裝置。機械偶指的是能說話、移動的人形或動物玩偶，用藏在其體內的裝置讓它們活靈活現。一九四九年一次家族度假中，華特在巴黎見到各種發條玩具，他大感驚豔。他看著那些玩具移動，背後驅動的簡單機械原理讓他大開眼界。

華特腦中一直記著這些玩具，一九五一年，他要求幾位包含機械師與雕塑家在內的員工加入「小人計畫」，目標是製造出九英寸高、能跳會說的機器人。雖然這個目標從未達成，將機器人偶納入迪士尼樂園的想法，卻吸引著華特，因此他決定要玩更大的。他想像出一尊真人大小的孔子像，可以說出有智慧的建言，並且要設置在計畫中的中餐廳內。然而在孔子像完成前，華特又改變心意了，他要製作團隊改做出一尊會講話也會動的亞伯拉罕．林肯像，可以放進計畫中的總統名人堂內。一九六一年，他們開始稱呼這些會動又會講話的人偶為「發聲機械偶」（audio-animatronics），這個詞後來在一九六四年由工作室註冊了商標。這項科技需要對於動作跟語言的深入掌握。林肯像雖然還在發展、仍須投入大量時間與金錢來打造，但在一九六三年，魔法長屋的發聲機械鳥已經首度登場。

這些機械鳥並不只出現在魔法長屋中，它在工作室中到處都是。一九六四年，一隻逼真的發聲機械知更鳥出現在工作室的最新長片《歡樂滿人間》（*Mary Poppins*）中。這部電影一如其他許多迪士尼電影，都是從一九三〇年代末就在發展想法的作品，然而獲得授權、進入正式製作的過程卻很有挑戰性。這部一九三四年同名小說與七部續集小說的作者崔佛斯（P.L. Travers）極力反對授權華特拍它的電影版。直到一九六一年，華特請崔佛斯飛到洛杉磯並給了她十萬美元、百分之五的票房分紅及劇本同意權後，她才讓步。

電影製作隨即展開。這部片被設計為真人、動畫結合的電影。真人演出可大幅降低成本，但是團隊還是能加入各種動畫，強化故事的奇幻色彩。為了達到這個目的，華特雇用了熟悉好萊塢特效的工程師佩特羅．瓦拉荷斯（Petro Vlahos）。

瓦拉荷斯在好萊塢以藍幕科技的作品聞名，這項技術類似今天電視天氣預報員廣泛使用的綠幕，也就是在特定顏色的螢幕前拍攝場景，接著去除顏色，處理負片的時候加上濾鏡，好將演員從背景分離出來。這樣就能產生演員站在透明背景前的負片，正好適合讓華特運用光學印片機插入動畫。藍色一開始被選為背景色，是因為通常膚色不含藍色調。然而這表示所有衣物跟布景物品都必須避免用到藍色。

瓦拉荷斯認為他們可以做得更好。他發展出新的程序：讓演員站在白色背景前拍攝，接著以強烈的鈉氣燈照射場景。鈉氣會發出特定波長的光（五百八十九奈米），因此瓦拉荷斯打造了一個稜鏡，只過濾那個波長的光。不同於藍幕科技須從負片中過濾顏色，這種濾鏡就裝設在攝影機中，能簡化程序。運用這種方法也表示場景可以不用避開任何顏色，因為只有單一波長會被移除。這是特效的一大進步，後來也為瓦拉荷斯贏得這個領域的奧斯卡獎。當時，這是工作室獨有的技術。瓦拉荷斯只做了一面稜鏡，而擁有者是華特。

新科技相當複雜，但劇本卻很簡單。和《愛麗絲夢遊仙境》那麼難以改編的書不同，《瑪莉・包萍》跟一九三五年的續集《瑪莉・包萍回來了》非常容易改編。

然而就和過去與達爾交涉的經驗一樣，華特即將發現崔佛斯所要求的劇本同意權會讓事情變得很複雜。一九六三年一封作者致工作室的信開頭就說：「親愛的華特，請別被這封信的份量給嚇到……」後面是好幾頁針對角色與對話修正的詳細批評與要求，偶而也夾雜一些懇求。討論到小孩們的母親班克斯太太這個角色時，崔佛斯寫道：「拜託，拜託，拜託你給她一個更具同情心也更有愛德華時代風格的名字……」崔佛斯贏了這一仗，角色的名字後來從辛西亞改成溫妮佛瑞，雖然劇本最後大多未順著她的意願。

華特跟崔佛斯靠著寫信角力，但作詞人謝爾曼（Sherman）兄弟檔則面對面接觸作者。一九六〇年，理查與羅伯特．謝爾曼為前鼠劍客安妮特．芙尼斯洛（Annette Funicello）所寫的〈大保羅〉（Tall Paul）一曲躍上金曲排行榜後，華特就雇用了這對兄弟檔。為了《歡樂滿人間》這部片，作詞人也深入故事創作部門跟創作者密切合作，以期寫出能夠推進劇情發展、主題曲又令人難忘的音樂作品。從〈一小匙糖〉（A Spoonful of Sugar）到〈Supercalifragilisticexpialidocious〉，他們一開始的創作就讓華特跟部門裡的人振奮不已，然而崔佛斯怎樣都不滿意，更對他們連連說「不」。

崔佛斯首肯的決定之一，是由茱莉．安德魯斯（Julie Andrews）出演瑪莉．包萍的角色。一九六〇年代初期，安德魯斯是因舞台劇《窈窕淑女》（*My Fair Lady*）跟《鳳宮劫美錄》（*Camelot*）而聞名，但她從未演過劇情片。一九六二年在百老匯看到她的演出後，華特決定安德魯斯是女主角的完美人選，因此向她提出邀請。安德魯斯拒絕了，她解釋自己已經懷孕三個月。這對華特來說不是問題，他說：「我們會等你。」安德魯斯的女兒出生六個月後，電影開拍，真人部分的攝製在一九六三年夏天進行。

茱莉・安德魯斯也吸引了瑞塔。瑞塔在華府家中，幾乎天天拿著接近完成的電影中的劇照，邊參照邊描繪這位女演員。她現在為一家小型動畫工作室工作，同時也繼續接童書插畫案。她剛剛跟華特簽約，要為宣傳品《瑪莉・包萍的故事與歌曲》（*The Story and Songs of Marry Poppins*）繪製插畫，裡面包含一本插畫書及原聲帶唱片。

瑞塔以她大膽的風格描繪即將上映的電影場景。她讓瑪莉・包萍、清理煙囪的伯特跟孩子們坐著彩色旋轉木馬，而且全都被送上天際。她的畫作並沒有全數收入書中，茱莉・安德魯斯的臉後來也因法律授權因素而得要改動，但每一景都捕捉到電影中的刺激冒險精神。瑞塔以不透明水彩複製童年那種奇妙的歡樂時光，同時在現實生活中，她眼前也在上演這樣的歡樂。四十八歲的瑞塔是兩個男孩的母親，經常是小學遊樂場上年紀最長的媽媽，但她擁有其他母親沒有的獨特優勢。她的畫可以讓孩子先看到華特・迪士尼即將上檔電影的畫面。

《歡樂滿人間》於一九六四年八月二十七日在好萊塢格勞曼中華戲院首映。這間戲院的外表看似層層疊疊的東亞塔樓，在一九二七年開幕，以戲院前方水泥人行道上的名人手印聞名。當晚走過手印的一群名人裡，包含該片主角茱莉・安德魯斯與迪克・凡・戴克（Dick Van

Dyke），以及各種迪士尼角色，例如七矮人與米老鼠。

這次首映是為加州藝術學院（California Institute of the Arts，簡稱 CalArts）募款而舉行的。一九六一年，華特與哥哥洛伊整合邱納德藝術學院與洛杉磯音樂學院，建立了這間學校。為了打開知名度，華特還拍攝一支紀錄短片《加州藝術學院的故事》（*The CalArts Story*），將在《歡樂滿人間》開始前播放。華特為他們的工作感到驕傲，他說：「加州藝術學院是我職業上開拓更大的疆域前，希望留下的主要成就。若可以幫忙打造出培育未來人才的地方，那我覺得確實達到某些成就了。」

這是一九三七年《白雪公主與七矮人》上映盛況以來，工作室首度舉行眾星雲集的好萊塢首映。盛大的慶典跟這部幾乎已贏得全面喝采的奇幻電影，可說相得益彰。《綜藝》雜誌宣稱：「迪士尼已為這部夢想世界的詮釋之作全力以赴。」觀眾似乎也相當同意，這部片首輪放映的票房達到三千一百萬美金。就一部成本約五百萬美金（比五年前的《睡美人》少一點）的電影來說，獲利驚人。這部片獲得十三項奧斯卡金像獎提名，也包含最佳影片在內。這是華特一生中唯一入圍最佳影片獎的電影。

對工作室高層來說，道理很明白：動畫是一隻臃腫的恐龍。他們不能期待《小鹿斑比》或《小飛俠》這樣的電影能帶來如此驚人的收益。一九六三年，《石中劍》（*The Sword in the Stone*）

上映後，票房只有一百萬美元。工作室的動畫部門緩下長片製作的腳步，他們不清楚何時，或者也不知是否有機會重新展開長片製作的計畫。

華特先前在工作室中推動長片製作，但現在他的注意力已被分散。一九六三年拍攝時曾經停在瑪莉・包萍手上的那隻發聲機械偶小鳥，現在飛進了華特的最新計畫中。這一次登場不是在迪士尼樂園中，而是一九六四年的紐約世界博覽會。當年的博覽會主題是「透過理解走向和平」（Peace through Understanding），華特負責設計四個不同展區：「林肯先生的偉大時刻」、「進步旋轉木馬」、「神奇天空道」、「小小世界」。

這是華特最後一次邀請瑪莉合作的計畫。由於展覽位於聯合國兒童展館，入場的門票收入也會捐贈聯合國兒童基金會，因此他規畫了一趟突顯世界兒童的遊船之旅。為了這趟船程，他們必須創造數百個不同族裔的兒童人偶，反映出各個國家的特色，但同時也要傳達和平與團結的訊息。無論對哪個藝術家來說，這都是個棘手任務。華特聽完員工的提案後，他只有一個問題：「瑪莉現在在做什麼？」

瑪莉仍住在東岸，而且極為忙碌。她不只為金色童書畫插畫，也接了各種案子，包含為羅德泰勒百貨公司（Lord and Taylor）做時尚設計；為全國大品牌如納比斯科（Nabisco）、嬌生

（Johnson and Johnson）及麥斯威爾咖啡（Maxwell House）製作廣告；為第五大道上的名店設計櫥窗；同時也為無線城音樂廳設計場景。然而一接到華特電話，她就拋下了一切，跳上飛機飛往洛杉磯。

華特與瑪莉的觀點類似。兩人都是以興奮、好奇的童稚眼光看待生命。他們並非稚氣或不成熟，而是那種覺得世界充滿驚奇、等著他們探索的感覺從未消失。瑪莉在畫作中捕捉的正是這種人格特質，即便經歷多年痛苦的成人歲月也未能抹去單純的童稚歡樂。華特看到瑪莉的作品，同樣也在自己身上認出這種感性。他希望在船程中凝聚這種感覺，傳遞給更多人。

瑪莉立刻投入她所謂「我做過最有趣的工作」。她開始將拼貼圖寄給伯班克的同事，裡面充滿了她對裝置的想像，同事們對其中的內涵驚訝萬分。她的想像滿是爆炸性的色彩與質地，圖案會在意外之處相互碰撞。這些包裹不斷寄來；即便瑪莉收到的指示很少，她在裝置的創作上卻勢不可當，產出速度更是驚人。

她從許多來源取得靈感，主要是一九四二年那趟墨西哥市之旅，當時她看見了請求避難的傳統活動。在她記憶中自己所見到的孩子非常快活，當她設計裝置時，不禁一再想起他們甜美圓潤的臉。然而無論是誰看到小小世界裝置首席設計師計畫下的歡快精神，大概都很難想像她正忍受著怎樣的個人苦難。

不知情的其中兩個人分別是馬克的太太愛麗絲・戴維斯及羅利・克朗普。愛麗絲跟瑪莉成為親如姊妹的好友，而羅利初見面就被她吸引，也很快成為好友，他們兩人都不知道狀況。小小世界裝置在洛杉磯一個大型攝影棚中組裝，雖然最後會運到紐約參展。瑪莉會跟羅利趁著休息時間坐在戶外享受加州的陽光，一邊喝咖啡或抽菸。這些時刻令她感到輕鬆愉快，而紐約似乎非常遙遠。她聊天時勾勒出一幅家庭生活的理想畫面，但願是真的就好了。當她潛到海灣的水中，溫暖又充滿愛意的先生從船上丟下一根呼吸管給她。下雪的午後，她跟家人一起造雪人，再回到大宅壁爐前喝杯熱巧克力。聽起來都很完美，但羅利愈聽就愈不相信。連瑪莉也發現自己聽起來就像個描述夢想的孩子，而非分享生活經驗的成人。但她怎能說出可怕的真相？

瑪莉的同事是在一次李跟著瑪莉來到西岸的機會中，首次發現布萊爾夫妻可能婚姻不甚美滿。他對瑪莉的才華受到廣泛認可感到憤怒，甚至對著華特抱怨：「這本來應該是我做的。」李難堪地發現自己根本未受到邀請，瑪莉則一語不發。

計畫就要完成時，他們預備測試發聲機械兒童人偶的動作。團隊在閒置的攝影棚中打造小小世界裝置的模擬環境，每個地方都依照正式的位置擺設。場中亮起燈，不斷播出的旋律很快就讓團隊所有人的神經不堪其擾。愛麗絲・戴維斯是裝置的服裝設計師，她覺得這首歌陰魂不散，後來終於說：「我們討厭這首歌。」

愛麗絲在這個案子上工作得戰戰兢兢，一邊是老公，另一邊是好友。瑪莉跟馬克有時對於服裝該呈現什麼風格，意見並不一致。有一次，瑪莉指揮愛麗絲給裝置上的王后們都加上珠寶，好讓她們與眾不同。愛麗絲照做了，然而討厭裝飾品的老公卻又要她移除。愛麗絲也照辦。瑪莉看到坐立難安的朋友，她覺得很抱歉。她說：「很抱歉讓你為難，」接著又補上一句，「不過還是請把珠寶戴回去。」最終，瑪莉才是當家作主的人。

加州的試營運（dry run）確實挺乾的，因為攝影棚裡沒有河可以讓船浮起來。他們將最終設計給華特過目確認。為了讓他有完整的體驗，他們請老闆坐進裝了輪子的船中，慢慢推他走完全程。這一幕遠遠看起來應該滿可笑的，但對華特來說，攝影棚變得奇妙無比。這套裝置展現出瑪莉的藝術經過強化的版本。她的風格在此受到禮讚，就算是迪士尼的影片也未全面接納她的風格。然而他也不是沒有抱怨。「為什麼，」華特問愛麗絲，「要給康康舞者穿上燈籠褲？」愛麗絲語塞了。加上褲子是因為要讓發聲機械偶動作順暢時，他們遇到了複雜的技術問題。不過，喜歡說笑勝過說出真相的愛麗絲回道：「因為你說要老少咸宜啊。」

紐約市已經準備好迎接迪士尼團隊，卻不是以他們期待的方式。當詹森（Johnson）總統致詞完，聚集群眾也想看看太空時代會帶來什麼樣的未來娛樂時，美國聯邦政府展場卻開始出愈來愈大的聲音。抗議者高喊：「吉姆．克勞滾出去！」及「現在就要自由！」，聲音之大，甚至連總統的聲音都被蓋過了。有些人拿著標語：「世界博覽會是奢侈品；但公平的世界卻是必需品」，以及「看看紐約的糟糕博覽會：黑人、波多黎各人與華人的種族隔離學校」。

這些運動人士的目標是希望世人能夠注意到紐約被漠視的區域。世界博覽會的大規模籌備工作並未觸及這些區域，因此當地仍舊面對頹圮校舍、高犯罪率、高失業率與警察暴力的問題。這是大規模抗議暴動的開始，之後將在一九六四年的夏天撼動紐約與美國各地主要城市。世界博覽會上的抗議本來應該是更大型的「塞車抗議」：數千輛汽車把博覽會場地包圍住，將遊客堵在外面。雖然這種規模的公民不服從運動並未發生，抗爭者還是為這些議題博得大量關注，也迫使隔天詹森總統被媒體追問時，不得不討論他們的訴求。

在社會面臨騷動之際，科技正引發創新。一九六四年，一名麻省理工學院的博士生即將改變人類與機器互動的方式。伊凡．蘇德蘭（Ivan Sutherland）一直自認為是個視覺化思考者——他看得到、摸得到的時候，理解的程度最高。學生時代，蘇德蘭受到一篇一九四五年刊於《大西洋月刊》（*The Atlantic*）的文章所吸引，作者是傳奇工程師兼麻省理工校友范內瓦．

布希（Vannevar Bush）。在這篇題為〈誠如所思〉（As We May Think）的文章裡，布希想像出一種名為擴展儲存器（memex）的機器，可用來儲存「書籍、錄音與通訊」，就像人類記憶的補充裝置；還附有手寫筆，可直接在螢幕上書寫。蘇德蘭認為布希所描述的這種互動具有某種親密性，因此將布希的文章記在心裡，而他設計出一種新的電腦軟體就，稱為「繪圖板」（Sketchpad）。

這種軟體會用到光筆（今日滑鼠的前身），它約於十年前在麻省理工的旋風計畫中經過構想後研發而成。蘇德蘭的軟體可用光筆直接在林肯TX-2號電腦螢幕上作畫，這也是電腦與使用者之間第一次有視覺溝通的管道。這只是電腦繪圖未來成就的萌芽階段，而這個軟體就像一隻伸出去的手，將所有缺乏工程經驗的藝術家拉進了電腦的世界。即便有大方的邀請當前，電腦運算仍是華特・迪士尼工作室眾人還沒準備好進入的領域。

小小世界成為世界博覽會中十分受到歡迎的景點，因此華特決定在安納罕延續這個經驗。身為主要設計師，瑪莉開始為園區修改裝置。她跟愛麗絲與羅利的友誼持續加深，現在三人常常聚在一起。不只在加州，愛麗絲跟羅利也會到長島拜訪瑪莉。

有時他們的來訪會揭露出更多瑪莉意料不到的事。某次到東岸拜訪時，李正好出城，羅利跟瑪麗正值青少年期的兒子在屋外陽台玩耍。他誇張表演魔術技法，雙手輕鬆又靈巧地洗桌上的紙牌。羅利轉向瑪莉，他看到她靜立一旁看著他們，而她在哭。「怎麼了？」他問。那天過得很愉快，他想不出有什麼事情讓她不開心。眼睛含淚的她回答：「我從沒看過李像這樣跟兒子玩。」

瑪莉生命的所有面向，都充斥著歡愉跟痛苦所構成的對立感性。當她看著迪士尼樂園完工的小小世界設施時，她感到既狂喜又不安。這裡充滿她的藝術創作，對她一直以來以色彩和形式來進行實驗的職涯而言，更是達到高峰了。此外它也傳遞了她所相信的訊息：讓孩子一窺世界諸多語言、地景及文化。然而在她眼中，這仍未臻完美。正因家中的不幸，在這個她可以控制的領域中追求完美便有其價值。她發現幾乎沒辦法認定作品已足夠完善。倘若有得選擇，她永遠都會繼續修改、變更設計。無論是在瑪莉的想法或後世的批評中（批評者認為其中有族群與種族刻板印象），即便有些缺失，這項設施都會帶著對人類和平往來的期望，持續存在下去。

即便瑪莉很難放下小小世界，她的苦惱卻被華特為她安排的其他計畫給沖淡了。兩人又有工作上的合作關係令他欣慰，這一次華特無意讓她離開。他提出許多計畫：為朱爾斯．史坦眼科中心（Jules Stein Eye Institute）的新兒童病房製作大型陶瓷壁畫；迪士尼樂園明日世界中一幅五十四英尺長的巨大壁畫；華特稱為「佛羅里達專案」的壁畫，那裡正是當時仍在興建、後來會成為迪士尼世界的地方；往後甚至還會有更多計畫。瑪莉擁有更多藝術自由，也獲得比過去高得多的薪資。

眼前擺著如此豐富的機會，瑪莉甚至都還沒著手進行，噩耗就傳來了。華特生病了。一九六六年十一月他被診斷出肺癌，那個月底他被緊急送回伯班克工作室對面的聖約瑟醫院。醫生幾乎全都束手無策，癌症已經相當晚期，很可能肇因於長達五十年的抽菸史。十二月十五日，華特過世了。在那之前幾乎毫無警訊，瑪莉甚至沒機會道別。她的心都碎了。工作室廊道的燈持續亮著，好讓對街病床上的華特可以看到光亮。大家都明確感受到一切終將不同。

一天晚餐時，李醉得太嚴重，還昏倒在沙拉盤上。兩個男孩嚇到了，哭著叫他們的父親，聲音中充滿恐懼。然而瑪莉已經不再為他擔心，只是抬起他的頭，把他拖到床上去。他們一起打造的生活一度充滿藝術野心與靈感，現在扁平得只剩下恐懼與擔憂。

藤川恭拜訪瑪莉時，發現了前同事悲戚的境況。華特之死重創了瑪莉，藤川恭盡可能安撫落淚的瑪莉。然而她也懷疑瑪莉的沮喪不只因為華特之死。

華特一死，瑪莉就發現她在華特．伊萊亞斯．迪士尼公司所有美好的未來計畫全都蒸發了。她仍有華特安排給她的工作在手上，但「想像工程師（Imagineer）」（這個詞是專為設計迪士尼園區的菁英團隊所創）的未來遠景卻不復再。華特對瑪莉的喜愛長期以來一直讓公司內其他人妒忌。倘若他沒那麼偏愛她，華特死後，瑪莉的境遇可能還會好一些。

然而，瑪莉在其他方面的憂慮更甚於工作。她的長子唐納文出狀況了，她卻無人可傾訴。她的姊妹古西（Gussie）感到不對勁，但瑪莉拒絕向任何人坦承自己的困境，直到有一晚愛麗絲來訪。「瑪莉，」在沒有旁人的廚房裡，愛麗絲說，「我很愛你，但我覺得你的生活似乎出了可怕的事。你願意說出來嗎？說出來會不會有幫助？」瑪莉看著親愛的朋友，她說：「沒人開口問過我。」然後她的淚水就潰堤了。

她對朋友說出這個悲傷的故事。唐納文在大學裡試了一些藥物，那些東西卻對他的心智產生可怕的作用。少年被送進醫院，沒有醫療保險的瑪莉跟李付了三萬美金的大筆醫藥費，卻完全找不出哪裡出了問題。

唐納文會有幻覺，無法清楚表達自己，還對周遭環境感到恐慌，而且也會焦躁。他的生活無法自理，卻因為開始有攻擊性，所以住在家裡也不安全。他正值十八、九歲的年紀，也是思覺失調症患者開始出現症狀的常見年紀。然而在一九六〇年代，這種疾病飽受汙名化，治療的選項很少。唐納文必須被送進專責機構，瑪莉因而陷入深深的悲傷。她擁抱了朋友，也告訴她夫妻倆要把房子賣掉，並搬回加州。她的生活變得痛苦而窄狹，更悲傷的是，她的小世界將持續萎縮下去。

第十六章

上上、下下，碰地板

「這間工作室永遠都不會讓女性成為動畫師。」海蒂．古德爾（Heidi Guedel）進入動畫部門的第一天，一位同事這麼說。「我是個助理動畫師，這是女性能爬到的最高職位。前一位進入這項訓練計畫的女孩是哭著離開的。」海蒂點點頭，但很快對其充耳不聞。她不用聽這些在華特．迪士尼工作室要變成動畫師很困難的說法；她早就知道了。

海蒂對於好萊塢的試煉非常熟悉。她父親是知名製作人約翰．古德爾（John Guedel），以例如格魯喬．馬克思（Groucho Marx）主持的《一世好命》（*You Bet Your Life*）廣播電視節目而聞名。古德爾與妻子貝絲在一九四八年領養了新生兒海蒂，將她帶回兩人在比佛利山棕櫚樹夾道的殖民時期白色豪宅。即便環境富裕，海蒂成長的過程卻極不開心。她的家裡缺乏愛。父親常不在家，母親則擺出一副冷漠無感的表情，就算是拿高跟鞋面打女兒的時候也一樣。海蒂常希望自己是個男孩，她哥哥至少可以防禦母親的攻擊。

一九六六年自比佛利山高中畢業後，海蒂向多間動畫工作室求職。即便有父親的廣泛人脈，她仍舊被拒絕。每封信說的都一樣：她得先有藝術學校的學位。因此海蒂申請了最有可能讓她找到工作的大學：加州藝術學院。一九七二年，取得美術學士學位的她，畢業後成為了華特．迪士尼工作室雇用的長長一列女性之一。

她進入知名的工作室D側，九大老以前曾在此畫出許多經典電影，其中幾位也仍舊使用此處空間；但這裡卻跟她期待的不大一樣。牆壁感覺有些破舊，裡面的人也有點難相處。身為還在試用期的中間人，她發現自己畫的線條常被更資深的動畫師去除或蓋過。競爭的氣氛很濃，嫉妒心瀰漫此處。高階動畫師的職位才剛剛設立，因此那些已在工作室二十年卻沒有升遷機會的助理動畫師們全都虎視眈眈。

一九七〇年代，其他產業開始有空前大量的女性進入職場，華特．迪士尼工作室卻反其道而行。在故事創作部門，女性人數由一九四〇年大約占百分之四十的高點，降到一九七五年剩下約百分之十。在動畫部門，女性受限於助理動畫師的職位。急遽下滑的情況出現在描圖上色部門，人員幾乎都消失了，只剩二十四名女性核心成員依然靠手工繪製每張賽璐珞片，在場景上描繪精密細節。整體來說，今日工作室雇用的女性，比十年前少上許多。有關過去那些女性員工的歷史也在快速從大家腦海消失。

海蒂取得美術學士學位時，一位名叫艾德文・卡特姆（Edwin Catmull）的人也取得了學位。他從猶他大學獲得物理學士學位，卻覺得自己只是這個領域的新鮮人。小時候，為《木偶奇遇記》與《小飛俠》大感驚豔的他夢想著要成為華特・迪士尼工作室的動畫師。然而缺少繪畫的能力讓他不得不放下這個夢想，轉往新興的電腦科學領域發展。在麻省理工學院研發出繪圖板而聞名的蘇德蘭當時剛獲得猶他大學教職，卡特姆視他為導師，後來在他進入該校研究所後，也請他擔任論文指導老師。

就一個研究電腦科學的人來說，卡特姆的研究所論文計畫似乎選了一條奇異的路。他用自己的左手做模，過程中還得痛苦拔掉手背上的體毛。接著她在模中灌滿石膏，石膏手定形、脫模後，他就直接在上面作畫。卡特姆跟同學佛瑞德・帕克（Fred Parke）在自己的石膏手模上畫了三百五十個黑色多邊形；他們小心沿著手背線條畫，也記下尺寸。

為了讓模型數位化，他們辛苦測量每個多邊形的座標，並將資料輸入卡特姆寫的 3D 動畫程式。運用這個動畫程式，他們就可以讓卡特姆的「斷手」伸展手指、指某個方向，甚至握拳。接著軟體再戲劇性地從手的底部拉近鏡頭，並從手指內部展現這個模型。他們運用為電腦螢幕改造的三十五釐米電影攝影機拍下此過程的短片。卡特姆與帕克還數位化一具人工心臟瓣膜；甚至在野心驅使下，還數位化了帕克妻子的臉。最終成果雖然僵硬變形，但看過影片的猶他大學眾人都說不出話來。那是一九七二年，他們首度看到了電腦繪圖的潛能。美國國會圖書館後來稱這部影片為「早期的電腦動畫發展里程碑」。該作品是進入3D奇觀世界的踏腳石，後來更標誌著電腦合成影像（CGI）領域的誕生。

即便卡特姆有如此驚人的成果，他希望獲得的工作機會卻沒到來。他的指導老師跟華特・迪士尼工作室的高層安排了一場會議，想要說服他們這項科技可用來提升傳統動畫，但會議卻沒有帶來他們想要的結果。倘若華特還活著，以他樂於投資未明朗化新科技的歷史來看，他很可能會給卡特姆這個機會。但對其他高層來說，動畫就是一種瀕死的技藝，他們並不願意投入資源。

當然他們也沒讓卡特姆空手而回。迪士尼方面看到他的才能，要提供他迪士尼樂園想像工程師的職位，請他幫忙開發新的太空雲霄飛車，也就是後來稱為太空山（Space Mountain）的設施。卡特姆拒絕了，遂返回猶他大學完成他的論文。

即便他沒接受這個工作，卡特姆仍繼續拿華特的角色人物來變花樣。他嘗試在軟體中以數學取徑再現弧面。他論文的其中一部分就是要找出將影像投射到弧面的方式，這種發明稱為紋理映射（texture mapping），可用來投影到他想要的任何一種表面（木質、大理石，甚至是羽毛）上，好取代原本電腦圖像那種蠟質外表。他首選的弧面，就是投射米老鼠的臉。

卡特姆在一九七四年畢業。雖然他原創力高，工作機會卻不多。電腦動畫部門十分稀少，他也沒有獲得俄亥俄州立大學的教職。需要養妻子跟兩歲女兒的卡特姆決定接受波士頓一份無趣的軟體工程師工作。他不知道未來是否有機會追尋自己在電腦動畫領域真正的興趣。

華特死後，他的哥哥洛伊於一九六六年成為華特．迪士尼製作公司的總裁。洛伊已經七十三歲，即將退休，卻覺得自己的存在對「佛羅里達計畫」來說相當有必要。這個計畫就是後來在一九七一年十月一日開幕的華特．迪士尼世界度假村。

新遊樂園裡的景點之一就是小小世界，幾乎跟加州版一模一樣。這是遊樂園裡最受歡迎的設施，人潮大排長龍。園區開幕時，瑪莉下榻在當代旅館（Contemporary Hotel），這裡是新度假村的一部分，華特交辦她的最後工作也在此處進行。瑪莉為大峽谷廣場設計了九十英尺長的壁畫——由一萬八千塊手繪壁磚構成，而且是從加州運到佛州來。藝術家跟她的團隊花了超過十八個月的時間完成了令人目不暇給的動物與兒童圖像，完全是瑪莉的藝術風格表現。

瑪莉跟一群家人朋友飛到佛州歡慶度假村開幕。她希望瑞塔也能來，然而她卻遠在四千英里以外。瑞塔的先生仍舊任職於軍隊中，還被轉調到夏威夷檀香山。這次遷移讓她失去所有工作機會；那樣的距離遠到她不可能為華特．迪士尼製作公司或其他任何動畫工作室工作。她轉而專注於磨練自己的藝術——學習書法、實驗絹印，還寄給家人與朋友他們看過最精緻的聖誕卡片。

即便瑪莉享受到眾人對迪士尼世界作品的連連讚美，她也知道公司正經歷劇烈變化。洛伊．迪士尼在一九七一年底過世後，艾斯蒙德．卡爾敦．沃克（Esmond Cardon Walker）接手公司總裁之位，唐．塔頓（Don Tatum）則成為董事會主席與執行長。兩人已經計畫好挾帶成功的遊樂園經驗向全球擴張。然而動畫部門進行的長片計畫卻比過去任一段十年期間都還要少。一九六〇年代工作室出品的五十二部影片中，只有兩部是動畫：《石中劍》（一九六三）與《叢林王子》（一九六七）。兩部影片都是華特還在世時由工作室發想、製作的。除了唯一一部真人／動畫結合影片《歡樂滿人間》以外，其他都是全真人演出影片。雖然兩部動畫長片都有些收益，卻不足以吸引高層持續發展下去。動畫就像卡特姆的新科技，都被認為太冒進。

一九七〇年代，專業職場中的女性愈來愈多。她們占美國勞動力的百分之四十，更在電腦程式設計領域扮演關鍵角色，占了相關學門畢業生的百分之二十八。但動畫界卻非如此。當加州藝術學院一九七五年成立人物動畫系時，在全國首創先例，然而系上只有兩名女性。由於欠缺女性人才，因此受到華特．迪士尼工作室雇用並參與最新長片計畫的女性就更少了。

幾十年來，背景部門的瑟爾瑪．威特瑪及空間構圖部門的希爾維亞．羅莫看過許多變化襲捲工作室，然而沒有任一件事的嚴重性比得上華特過世帶來的衝擊。即便他並不完美，華特經常為女性藝術家發聲。少了他，就算是瑪莉．布萊爾這麼才華洋溢的藝術家也找不到工作。

瑪莉現在以舊金山南方約一個半小時車程的加州索克爾（Soquel）為據點。她以為西岸會比東岸容易找到工作，結果卻非如此。過去二十多年來雇用她的工作室不再需要她。馬克與愛麗絲．戴維斯將她介紹給舊金山一位經紀人，但他立刻就拒絕了。即便瑪莉的作品集中展現了善於多元藝術表現的能力，卻沒有人願意雇用她。也許大家都感受到她的走投無路了。

收到好幾次交通罰單後，李終於被抓到酒後駕駛，也要被關十二個月。他被逮捕加上唐納文入院都讓瑪莉情緒低落。她當時六十歲，有時卻自覺似乎更蒼老。現在凱文離家進入海軍，她經常獨自一人。麻醉自己的心智好擺脫這個世界的念頭變得愈來愈讓她無力招架，憂鬱情況惡化的瑪莉非常需要一個出口。

工作室裡，海蒂在複製動畫師的圖稿，填補景與景之間的動作，將他們的鉛筆草稿轉變成清楚乾淨的線條，好用複印機轉印到賽璐珞片上。有時候她需要將一張乾淨白紙放在原始圖稿上，才能描出整齊的線條。其他時候她可以用掉一塊橡皮擦處理石墨鉛筆的塗痕。如果有選擇，她比較喜歡用擦的，不是因為這樣比較快——事實上要花更長時間——而是那樣能保留動畫師的線條，也就保留了原始畫作的生命力。

海蒂在家裡創作自己的動畫場景，她也面臨很多生命的難題。她決心要撐過試用期。若要達到她的目標，那就得製作自己的動畫段落，送交動畫師跟監督委員會審閱。倘若他們喜歡她的作品，她就會獲得升遷，從臨時的中間人一職升格為動畫師見習生。

當海蒂預備投入下一部長片的工作時，她並未預期自己會愛上跳跳虎（Tigger）這個角色。工作室正準備要製作三部維尼熊短片中的第三部；這三部作品包含《小熊維尼與蜂蜜樹》（*Winnie the Pooh and the Honey Tree*）、《小熊維尼與大風吹》（*Winnie the Pooh and the Blustery Day*）及《小熊維尼與跳跳虎》（*Winnie the Pooh and Tigger Too*），全都根據米爾恩（A. A. Milne）在一九二〇年代出版的著作《小熊維尼》（*Winnie the Pooh*）及《小熊維尼與老灰驢的家》（*The House at Pooh Corner*）發展而成。這是華特在工作室中發起的最後幾個動畫計畫。他在一九六一年買下改編的版權，也協助短片的製作工作。第一部在一九六六年他去世前出品。現在他們打算重新包裝三部短片，編輯成一部兩小時的長片，取名為《小熊維尼歷險記》《*The Many Adventures of Winnie the Pooh*》。這是華特・迪士尼工作室第二十二部動畫長片，於一九七七年上映。

海蒂描繪跳跳虎時，覺得他彷彿有自己的生命一般。他如此的歡樂，全然自由自在。就和之前的幾十年一樣，動畫師與故事創作部門密切合作。她直接從故事板上挑中了跳跳虎，被他掉到樹下、撞到地上又大喊：「喔喔喔！這地也太硬了吧！嗯嘛！」的橋段給逗笑了。海蒂想像他開心攤在地上，也不管自己看來多好笑，然後把嘴唇對著地面響亮親了一下。

海蒂將整組鉛筆圖稿交給音像剪輯機的一小群動畫師時，神經相當緊繃。這種簡易投影設備已經在工作室用了很長一段時間了，甚至連比安卡也用這種機器進行影片剪輯。海蒂緊張了片刻，皮膚上開始出汗，此時開始出現笑聲，溫暖的恭喜聲不斷傳來。她畫的段落非常受到團隊喜愛。她還沒過關，也還沒通過試用期（試用期會被一再延長），但逗笑這些傳奇動畫師的快感久久不散。

工作室中的女性歷史已經失落，被那些選擇忘記的人給埋葬了，因此海蒂以為自己是工作室的第一批女性之一。她對於一度走在相同廊道，也在同一間辦公室裡活動的許多女性藝術家與動畫師無知無覺。然而，她將步入的世界是那些前輩都從未見過的。一個週五下午，她走進長久以來禁止女性進入的電梯，接著搭到頂樓，進入了禁忌的頂樓俱樂部。

女性之所以可以進入，是因為一個重要場合：員工正在歡慶動畫師米爾特・卡爾在工作室服務滿四十年，他是華特的九大老之一。海蒂的眼睛四處張望這個專屬特定人士的俱樂部，華特與他的動畫師愛將在此曾共度無數時光。她不由得感到嫉妒。女性動畫師可沒有這種享受。俱樂部僅限男性高層、資深動畫師與少數助理動畫師使用。無論她工作多久、升遷到多高位，都不可能進入這間俱樂部，這一點似乎很不公平。描圖上色大樓的舊茶室當然不可能取代俱樂部裡的所有享受，這裡仍設有按摩、剪髮及專屬餐廳這些設施。

然而海蒂擁有一項過去動畫部門女性所沒有的優勢：新的平等雇用機會委員會（Equal Employment Opportunity Commission，簡稱 EEOC）。當國會通過一九六四年《公民權利法案》時，便禁止因種族、膚色、宗教、出身國家或性別為由的歧視行為。不幸的是，一開始這個法案沒有約束力，缺乏強制實行的管道。直到一九七〇年代國會通過一系列法律，賦予平等雇用機會委員會起訴雇主的權力，公司行號才開始感受到遵守法律的壓力。在那之後對於女性員工的保護卻推行得更加遲緩。一直要到一九八六年，最高法院才判決女性應受到保護，免於「具有敵意或虐待性的工作環境」。

海蒂與另一名女性見習生決定向一九六六年創立的全國婦女組織（National Organization for Women）提出正式抗議。兩人希望工作室為女性開放頂樓，或為女性員工創造類似空間。結果卻適得其反，俱樂部被關閉，私人電梯封了起來，對於女性動畫師的仇恨是更火上澆油。

海蒂對工作室中其他令人沮喪的行為幾乎沒有招架之力。她的動畫部門外有一個櫃台可讓動畫師放置鉛筆畫稿，之後再轉交給攝影機操作員。由於助理動畫師每天會產出幾十件畫稿，他們會在這個櫃台待上很長的時間。然而海蒂跟其他女同事卻希望可以不用待在這裡。

賴瑞．弗林特（*Larry Flint*）出版的色情雜誌《好色客》（*Hustler*）剛於一九七四年問世。該雜誌描繪女性的方式眾所皆知，比起《花花公子》（*Playboy*）或《閣樓》（*Penthouse*）雜誌，內容更加裸露且貶低女性。海蒂震驚發現櫃台後面的三面牆全貼滿了從雜誌撕下來的頁面。

工作室裡的惡作劇文化並未隨著時間消失。海蒂看著眼前令人反感的圖像，突然有了想法。另一本雜誌近期也問世了，那就是《花花女郎》（*Playgirl*）。當櫃台那些男性送信員下班後，海蒂趁著工作到很晚的機會，跟其他女性偷偷換上裸男照片。幾天過去，似乎沒人發現有什麼改變。直到一名男性看見照片，才指出來照片不一樣了。在櫃台工作的男性大怒，一邊口出惡言，一邊把照片從牆上扯下來。為了報復，海蒂決定要貼上更多照片，最好貼在更高的地方，讓人更難撕下來。這些小動作讓她保持理智，一九七八年，她終於獲得自己渴望的職位。她不再是助理，而是正式的動畫師。然而比她更早在此服務的傳奇女性，仍舊無人聞問。

一如過往好幾代的情況，從加州藝術學院畢業的新鮮人魚貫進入工作室的大門。然而在七〇年代末海蒂升遷後，新進的中間人卻有些不同。不知為何，他們一直跑到「停屍間」去。「停屍間」依舊是工作室深處一些房間綜合而成的空間，就在描圖上色大樓下方，由很長的水泥通道連通，管線還會從低矮的天花板垂下。過去用來製作影片的所有材料（包含研究資料、劇本與藝術概念）都存放在此處。這裡不是藝術死去之地，但也不是具有博物館管理水準那種正式的研究圖書館；要等到一九八〇年代末才會設立這樣的單位。相反地，這裡是靈感的泉源，工作室員工可以出借過去的作品長達幾個月的時間，讓往日的傑作啟發當下的作品。「停屍間」內材料的歷史意義才剛開始獲認可。對新一代的藝術家來說，能夠詳細研究心目中偉大前輩的作品是種令人陶醉的享受。這些人都是他們在藝術學校裡聽過的傑出動畫佼佼者。

麥可・吉亞莫（Michael Giaimo）最近才從加州藝術學院畢業。他跟同期員工剛發現到「停屍間」裡神奇的寶藏。一九七〇年代，工作室只產出四部動畫長片：《貓兒歷險記》（*Aristocrats*，一九七〇年）、《羅賓漢》（*Robin Hood*，一九七三年）、《小熊維尼歷險記》及《救難小英雄》（*The Rescuers*，後兩部都是一九七七年）。麥可當時是《黑神鍋傳奇》（*The Black Cauldron*）的助理動畫師，這齣黑暗動畫大致以洛伊德・亞歷山大在一九六〇年代出版的系列奇幻小說為藍本。

某天下午，當麥可跟幾個年輕同事正在找尋隱藏珍寶時，發現了一個舊紙箱。打開蓋子後，裡面的內容物讓他們都呆住了。箱子裡裝滿了色彩驚人的藝術概念，風格跟工作室裡其他人的作品全然不同。這些物件都簽上了瑪莉．布萊爾的名字。

麥可當然聽過瑪莉．布萊爾的名字，但卻從來不知道她的藝術有如此大的能量。他問過幾位資深動畫師，但這個團隊裡已經沒有半個曾跟她共事過的人。九大老現在真的老了，多數也退休了。當時的資深動畫師是某種第二線陣容，他們迅速將瑪莉的才華扔到一邊，對於這位女性藝術家所知不多，也不想知道更多。

華特生前曾經引領風騷的大膽藝術監督群都已經離開，現在的工作室有一種更為統一的風格，每部片看起來就像上一部片。然而當麥可看著瑪莉的藝術創作，他感覺自己好像上了一門設計碩士課程。他將箱子緊緊抱在懷中，決定要盡可能用最長的時間跟瑪莉．布萊爾的藝術共存。他將她的畫釘到故事板上（這個做法幾乎就跟工作室的歷史同樣古老），並且讓自己沉浸在眼前歡樂與憂鬱參半的場景中。

第十七章 你世界的一部分

瑞塔凝望瑪莉的臉，看到了時間的痕跡。此時是一九七八年，兩人現在都六十多歲了，但若忽略瑪莉眼角的皺紋，她仍舊能看出往日那位年輕女子的樣子。她在瑪莉家中過週末，兩人懷念起三十年前一起住的時光，當時她們都沉浸在工作室的工作裡。那時的瑞塔單身，瑪莉的丈夫則是遠在數千英里外的地方。

她們笑談自己在華特．迪士尼工作室中創作的電影此刻正經歷相反的命運。公司現在由華特的女婿隆恩．米勒（Ron Miller）管理，他們正在開始重映她們一九四〇、五〇年代創作的長片。《木偶奇遇記》、《小鹿斑比》、《小飛象》、《幻想曲》、《愛麗絲夢遊仙境》及《小姐與流氓》這些片一度被視為票房毒藥，現在卻賺進千百萬美金的收益。

她們開心想著作品重回戲院經歷的命運轉折時，李也在一旁。他現在很清醒了。出獄後，他加入戒酒團體。雖然跟瑪莉的關係軟化，他也不再動不動就生氣，但反複凌虐已經在瑪莉身上造成傷害。

這晚，瑞塔跟瑪莉一起睡，她雖然外向、傻氣又親熱，私底下卻很擔心。瑪莉的人跟瑞塔印象中的她相比虛弱很多。兩人喝著酒開心敘舊的時候，瑞塔可以看到自己感到苦惱的倒影。過去幾十年給兩人帶來未曾預期過的難題。

就和瑪莉一樣，瑞塔也想淹沒自己的失望情緒。她每天在廚房餐桌上喝酒，想要再度找回自我。她的婚姻關係惡化，最後走向崩潰；兩個兒子高中一畢業，先生就離開了她。過去這幾年，她失去了自我；她了解到，自己想要再找回過了大半輩子藝術家生活的那個自己。

帶著這股新的動力，瑞塔開始尋找動畫工作。她住在北加州，因此她通知在舊金山灣區的故舊自己想找工作。一九八〇年，她接到來自舊金山尼彭特製作公司（Nepenthe Productions）老闆馬丁・洛森（Martin Rosen）來電。電話面試中，他說自己只能雇她為助理動畫師，而瑞塔並沒有被這個初階職位嚇跑。從過去的經驗來看，她知道自己可以往上爬。第一天，她帶著經驗累積起的自信心走進動畫工作室。那時她已經六十五歲，有很多年沒坐上動畫桌了，但她已經準備好要再度感受筆下的紙。

一九七八年，洛森已推出以理查・亞當斯（Richard Adams）的小說改編的動畫電影《猛兔雄兵》（*Watership Down*），而且備受好評。現在他正在製作《疫病犬》（*The Plague Dogs*）這部以同一位作者一九七七年小說為基礎的作品，描述的是兩條狗逃離英國動物研究那危險的世界之後的生活。這非常適合瑞塔，尤其她有幾十年前為《小鹿斑比》繪製狗動畫的豐富經驗。

跟瑞塔一起合作的人是剛被華特・迪士尼工作室開除的動畫師。他是布拉德・伯德（Brad Bird），後來會因擔綱暢銷電影如《超人特攻隊》（*The Incredibles*）及《料理鼠王》（*Ratatouille*）的編劇與導演而聞名，當時他才二十出頭。這位加州藝術學院畢業生才在伯班克經歷短暫、動盪的職涯後，很開心能受雇為動畫師。伯德在華特・迪士尼工作室待了幾年，卻對跟他共事的動畫師感到失望。他覺得那間工作室正在沒落，失去了過去讓它獨領風騷的藝術才華。「這些經驗不足的人傾向打安全牌，那就是無聊。」他後來這樣評論那段經驗。不過，他很珍惜跟華特九大老之一的米爾特・卡爾共事的經驗；伯德形容他「不可思議地嚴格」。

並非所有年輕人都知道瑞塔在華特・迪士尼工作室的歷史，但他們很快就對她的作品印象深刻。她的線條乾淨俐落，這是多年歷練的結果。她的工作倫理屬於早年那種標準：總是很早進辦公室，專注在工作上，能快速完成一疊又一疊圖稿。最終，她回到了自己歸屬的地方。

當瑞塔在北加州取得成功之際，艾德・卡特姆也搬到了這個地區。他的電腦繪圖方面的專業在一名年輕導演喬治・盧卡斯（George Lucas）心中留下深刻印象。他的電影《星際大戰四部曲：曙光乍現》（*Star Wars: Episode IV-A New Hope*）在一九七七年上映，以英雄冒險故事及特效、化妝與服裝震撼觀眾。然而許多星際大戰三部曲的驚人特效都是前一個世代的產物。團隊使用停格動畫，一格一格拍攝逐漸靠近的物品，創造出移動的幻覺。這項科技最早是在十九世紀末開始用於影片中，盧卡斯團隊製作的外星猛獸塑膠模型在千年鷹號（Millennium Falcon）上的丘巴卡跟機器人R2-D2的全息棋戰中打鬥。同樣地，電影也仰賴賽璐珞動畫與光學印片機來創造目不暇給的場景，將黑武士達斯維達與天行者路克之間的光劍戰鬥場景，疊加到高掛雲之城上的危險走道。為了打造這幕傳奇的決鬥場面，盧卡斯運用了華特・迪士尼工作室在十年前開創、讓瑪莉・包萍飛起來的那種鈉氣技術。整個星戰三部曲中展示了許多華特的科技，也包含四邊光學印片機的運用。這項裝置包含四部投影機鏡頭，讓導演可以同時組合多個畫面，也因此讓鈦戰機得以斜飛過銀河系。

一九七九年，盧卡斯雇用卡特姆來領導盧卡斯影業的電腦部門。卡特姆會為盧卡斯開拓動畫與特效這個領域中一條獨特的路線。聽起來很吸引人，現實卻很複雜。那時卡特姆正在研發可以創造出複雜立體影像的軟體與技術。他的團隊最早開始進行的計畫之一，是將於一九八三年上映的《星艦迷航記II：星戰大怒吼》（*Star Trek II: The Wrath of Khan*）。他們正在打造的景，是讓已死的星球在「創世機器」的作用下，起死回生。這一幕畫面要快速轉變，死去星球的灰暗表面先是起火，然後再變得像地球一樣，達到了電腦繪圖的驚人成就。然而卡特姆卻無法做到他想要的品質，因為盧卡斯影業的電腦效能實在太不堪用。因此卡特姆知道自己得先專注在硬體的加強上，才有機會拓展其他可能性。倘若他想要產出更高畫質的影像，那就需要更好的計算能力。

然而，盧卡斯影業已經不是卡特姆發揮野心的合適之處。這間公司正面臨財務困境，無法砸錢支持電腦技術進一步發展。電腦部門的人決定最好的辦法就是集結起來，組成自己的公司。為了這個目標，一九八六年卡特姆跟他的團隊成立了皮克斯動畫工作室（Pixar）。當時剛被蘋果電腦逐出公司的史提夫．賈伯斯（Steve Jobs）成了最大股東。

他們不是唯一改了名號的人。在伯班克，企業重整也帶來變化。現在的團隊稱為華特．迪士尼公司（Walt Disney Company），而華特．迪士尼動畫片廠（Walt Disney Feature Animation）則成為電影部門（亦即華特．迪士尼工作室〔Walt Disney Studios〕）底下的子公司。這波重整之中，公司再度拒絕投資卡特姆的公司及其吸引人的新科技。

無論名稱如何變化，華特．迪士尼公司也還處於動亂之中。一九八四年，華特的姪子洛伊．E.迪士尼（Roy E. Disney）對工作室忽視電影部門十分惱怒，他憤而離開董事會。華特死後的十八年間，工作室出品的電影中沒有任何一部的評價或收益成就，能比得上一九六六年前製作的電影。許多元老——包含九大老——都退休了。由於面臨才華枯竭且缺乏創意自由，年輕動畫師紛紛出走，也包括海蒂．古德爾。她跟其他十一人離開迪士尼後，成立了一間由動畫師唐．布魯斯（Don Bluth）領導的新動畫公司。

洛伊．E.迪士尼跟叔叔華特一樣，也相信動畫才是公司業務的核心，因此他發起拯救公司的行動。經過戲劇性的周折，他重返董事會，把時任總裁暨執行長的華特女婿朗恩．米勒趕出董事會，並讓麥可．艾斯納（Michael Eisner）接掌營運工作。從派拉蒙影業執行長一職轉來的艾斯納一起把傑夫．卡森伯格（Jeff Katsenberg）也帶來擔任主席，準備重振公司電影部門。

一九八五年，《黑神鍋傳奇》損失了兩千一百萬美元，艾斯納不得不重新考慮整個關掉動畫部門。公司無疑正處於低潮，就類似一九五九年《睡美人》之後的絕望情形。顯然，公司內部文化必須有重大改變，才能讓動畫生存下去。洛伊．E.迪士尼出任新的動畫片廠總裁，打算放手一搏投資推動事業的創新。幾十年過去了，這是許久以來又一次，名字裡有「迪士尼」三個字的男人，要帶領公司在藝術面與技術面上孤注一擲。

當洛伊．E.迪士尼在籌謀新投資計畫時，艾斯納也尋求大膽的降低成本措施。雖然他決定不會整個關掉動畫部門，卻收走了他們的據點。建築物本身被視為有其價值，就因為真人電影的導演喜歡在這個場地工作。曾有許多想法百花齊放的那些空間與辦公室都被清空了，動畫部門（現在只剩一百五十位藝術家）搬出此地，移到距離伯班克四英里遠的格蘭岱爾（Glendale）花街（Flower Street）上，一棟舊倉庫周遭的一組貨櫃屋裡。簡樸的環境讓人想起六十年前華特跟他的藝術家在亥伯龍大道上起家的情況。

同時間，新的工作室高層現在以不同眼光看著皮克斯工作室。由於皮克斯專注在硬體發展上，公司的第一項產品是一部電腦。它看起來就像同時代其他跟桌子一樣大的個人電腦：包含裝著電腦硬體的灰盒子、顯示器跟鍵盤。然而皮克斯影像電腦跟競爭者不同，它有強大的運算速度及產出非常高畫質影像的能力。雖然走在時代前沿，但十三萬五千美元的售價也表示它不會賣得太好。一九八六年，皮克斯的第一個客戶是華特．迪士尼動畫片廠。接下來，皮克斯的產品會進入政府機關與研究室，但到了一九八八年，它也不過售出一百來台。國際商業機器公司（IBM）個人電腦售價為一千五百六十五美元，挾著這便宜許多的價格優勢，IBM大概每分鐘可賣出一部。這對皮克斯來說不是太樂觀的開始。

艾倫．伍德柏利（Ellen Woodbury）成長過程中並不喜歡迪士尼電影；她覺得太煽情。她比較喜歡華納兄弟的卡通，她認為跟自己憨傻的幽默感比較接近。即便如此，當她在紐約州康寧市讀高中的時候，好友求她去看一九七二年重映的《石中劍》，艾倫勉強答應了。當時她才剛看完懷特（T.H. White）的四部曲《永恆之王》（*The Once and Future King*），而電影大致上以此為藍本改編，因此她並沒有太大期待。這部片頭一次上映時，影評跟票房都很差，內容講述的是少年亞瑟王的崛起過程。雖然原本不太抱什麼期待，艾倫仍被銀幕上的影像震懾住了。一想到動畫師完全靠手繪畫出眼前這些美麗景象，就令她難以抗拒。

進入雪城大學後，艾倫並沒什麼機會研究動畫，因此她發起了自己的獨立研究計畫。她盡可能閱讀跟動畫相關的書籍，包含一九八一年由華特九大老的其中兩位：法蘭克．湯瑪斯跟歐利．強斯頓所寫的《生命的幻象》（*The Illusion of Life*）。出於對這個主題的狂熱，她寫信給法蘭克．湯瑪斯，而他也親切回信鼓勵艾倫。她非常珍惜知名動畫師的來信，也決定要追隨他的腳步：首先進入藝術學校，接著進入華特．迪士尼動畫片廠。

艾倫取得加州藝術學院的實驗動畫碩士學位，這個學位的學生追求創新科技的運用，以拓展動畫界現有做法的疆界。然而當艾倫在一九八五年進入華特．迪士尼工作室時，她的作品似乎已經過時。她是助理動畫師，負責接手資深動畫師的草稿，再以自己精細、優雅的線條描圖。這麼做的同時，她似乎與那些比她更早在工作室中工作的世世代代動畫師產生了連結。然而手繪傳統的傳承，即便在艾倫眼中很強大，卻也將被打破。

一九八六年皮克斯影像電腦帶著迪士尼集團專用的軟體來到工作室，軟體名為電腦動畫製作系統（Computer Animation Production System，簡稱CAPS）。對融合這套軟體不可或缺的一號人物是緹娜．普萊斯（Tina Price），這名員工一開始擔任中間人一職，現在則是新成立的電腦動畫部門主管。該部門新到沒人知道該怎麼稱呼，所以大家傾向叫它「緹娜的部門」。

在緹娜的部門裡，CAPS軟體的作用就好比電腦化的描圖上色部門。運用傳統動畫師熟悉的圖層分開背景與前景，藝術家可以操作電腦滑鼠，以全數位的方式產生印度墨的線條與不透明水彩上色而成的作品。過去需要仰賴巨大的十五英尺高懸吊機器才能移動攝影機，現在只需要軟體內的「數位多平面攝影機」選項即可。這並非卡特姆所想像的電腦繪圖革命，因為產生的平面場景仍舊無法跟一九七二年卡特姆拍攝自己手的影片深度相提並論。但這很適合華特．迪士尼公司簡樸得多的需求。

這個軟體用起來十分直觀，因此迪士尼的傳統賽璐珞動畫師如艾倫，也能立刻上手。然而對於卻乏電腦經驗的人，要真正了解這個軟體，並操作電腦硬體，一樣會是個挑戰。對許多藝術家來說，光是首次使用滑鼠就已既尷尬又讓人感到挫敗。艾倫看到了電腦正在改變工作室，因此她在新的迪士尼電腦實驗室裡為動畫師開辦相關課程。課程開始的時候，她對自己幫忙替公司新進員工設計專門訓練課程，感到非常興奮。

在下一部長片計畫《小美人魚》製作期間，艾倫晉升為動畫師。這部片是工作室時隔三十年後的第一部公主電影。從《睡美人》之後，就沒有哪部以女性為主角的童話故事能獲得迪士尼團隊的青睞。這是洛伊・E.迪士尼、艾斯納跟卡森伯格為動畫部門帶來的新願景。經過幾十年的藝術與技術枯竭期，工作室將要步入後來許多人所謂的「復興時代」。

自從華特死後，這是首度有大量資金與資源投入動畫長片。這部電影的預算一開始是四千萬美金，比起工作室在一九八〇年代製作的其他四部動畫片高很多，四部作品分別為《狐狸與獵犬》（*The Fox and the Hound*）、《黑神鍋傳奇》、《妙妙探》（*The Great Mouse Detective*）及《奧麗華歷險記》（*Oliver and Company*）。然而再加上新CAPS系統的開銷，這部電影很可能超越原本就已經很高的成本。

除了資金跟科技以外，工作室也重新將音樂放回作品核心。華特生前製作的電影經常很仰賴配樂說故事，從《白雪公主》的〈一邊工作，一邊吹口哨〉到《歡樂滿人間》的〈一小匙糖〉，音樂在敘事過程中扮演了不可或缺的角色。然而近年來音樂卻愈來愈不具地位。有些電影，例如《妙妙探》，上映的時候完全沒有任何歌曲。

此刻新上任的工作室主管卡森伯格雇用了亞倫・孟肯（Alan Menken）與霍華德・艾許曼（Howard Ashman），分別負責譜曲、寫詞。兩人曾合作無數音樂劇，包含後來在一九八六年改編成電影的外百老匯舞台劇《恐怖小店》（*Little Shop of Horrors*）。他們雖然從未寫過電影配樂，卻受到劇院經驗的啟發，決心要寫出能跟華特．迪士尼經典電影並駕齊驅的作品。這些電影都是他們童年的回憶，特別是《木偶奇遇記》跟《小飛俠》。

孟肯與艾許曼讓自己融入動畫部門裡，現在該部門已遷到工作室外的新地點。他們也參與故事創作部門所有的劇本討論。這些會議又再度蓬勃起來，幾十年前瀰漫於工作室中的那種合作氣氛回來了。

艾許曼為了要將自己的敘事風格介紹給團隊，一天下午，他將所有動畫部門員工集合到花街倉庫的小表演廳裡。這一刻就跟一九三四年華特將員工集合到亥伯龍大道工作室的視聽室看他演出《白雪公主》那時候同樣關鍵。艾許曼坐在舞台上面對所有藝術家，也描述美國音樂劇的演化，以及華特．迪士尼電影的演進。「那被稱為女孩的『我渴望』之歌。」艾許曼解釋美國音樂劇跟經典動畫長片的核心主題。「你絕不會搞錯電影的內容。那是整部片的中心訊息。由她唱出來，就會讓這點無可動搖。」艾許曼將音樂劇《窈窕淑女》連結到經典動畫《白雪公主》，同時明確點出融合兩種敘事媒介的必要性。

原本《小美人魚》在一九四〇年代就在構思中了，當時希爾維亞．荷蘭德與艾瑟．庫爾薩為這則安徒生童話寫下故事劇本與腳本。團隊此刻正在檢視的，正是從「停屍間」找回來的她們所留的大量工作資料。

從許多方面來看，一九八七年華特．迪士尼動畫片廠的故事創作部門與一九四〇年的那個部門並沒有太大不同。這個團隊仍是手繪圖稿，再用圖釘釘在軟木板上。他們仍會在眾人面前演出場景內容，一邊唱歌（甚至跳舞），一邊指出每張圖稿。他們仍舊互相批評，而且往往更加嚴厲，無不努力想精進故事品質。然而有一部分卻不見了——現在幾乎沒有女性。將近五十年前的故事創作部門曾經有比安卡．馬喬利、葛麗絲．杭亭頓、瑪莉．布萊爾、瑞塔．史考特、瑪莉．固德利奇與艾瑟．庫爾薩跟其他人的才華加持；但一九八七年卻只剩一名女性。她的名字是布蘭達．查普曼（Brenda Chapman）。

布蘭達生於伊利諾州鄉下，是五個孩子中的老么。她的兄姊年紀都大得多；年紀最相近的手足也比她大了八歲。布蘭達有時覺得自己像是這個農業社區裡唯一的孩子。她沒什麼事好做，最近的電影院又遠在十英里外，因此從很小的時候，布蘭達就愛上閱讀與畫圖，她的家人也很支持。在伊利諾州林肯學院修習藝術之後，她搬到加州去就讀加州藝術學院。

布蘭達在一九八七年五月畢業，並且向華特．迪士尼動畫片廠投履歷。面試她的人對她在工作室的未來並不看好，於是告訴她：「如果六週後你沒通過試用，我們就會錄用另一位見習生。」他勉強解釋工作室的新領導階層——包含艾斯納及卡森伯格在內——希望動畫公司能雇用更多女性，特別是故事創作部門。

這份工作的不確定性讓布蘭達不是滋味，因此她決心要證明自己擔負得起困難的工作。她在整理一九四〇年代創作出來的海底宮殿那幅閃耀場景時，也受到這些女性前輩作品的啟發，雖然她們的名字已經從工作室的集體意識中淡去。

故事創作與動畫部門此刻產製的內容多是新的。故事創作部門對於影片中的反派海女巫烏蘇拉有些不同想法。在一張圖稿中，他們將她畫成有尖銳臉部線條的鬼蝠魟；另一張圖稿上，她則是獅子魚；還有一張圖稿將她表現為迷人卻邪惡的旗魚。然而動畫師羅伯・明科夫（Rob Minkoff）的圖稿抓住了艾許曼的眼球。這位烏蘇拉戴著珠寶、畫上濃妝，有一副胖胖的身材。艾許曼覺得她看起來很眼熟；他說她就是傳奇的變裝皇后「Divine」。她以約翰・沃特斯（John Waters）導演的電影《粉紅火烈鳥》（*Pink Flamingos*）及《髮膠明星夢》（*Hairspray*）中的演出而聞名。艾許曼身為猶太裔男同志，因而對Divine特別有感；他們都是在巴爾的摩同一個社區中長大。團隊決定要採用這個靈感，創造出擁有章魚身體的烏蘇拉，而且不只表面看起來像Divine，也要像她一樣擺臀唱歌。

這部影片融合舊與新，完美體現了動畫界的變革。這是第一部使用電腦軟體的迪士尼電影，也是最後一部使用多平面攝影機的作品。後面這項一九三七年發明的技術曾是公司成就的關鍵推手。

參與《小美人魚》製作的艾倫．伍德柏利開始懂得嫻熟混合色彩、創造陰影，讓物品與動物造成的陰影看起來真實得不可思議。不同於手繪，電腦動畫可以描繪出透明感，讓圖層與顏色以工作室前所未見全新的風格相互融合。雖然很享受電腦軟體帶來的成就，但艾倫卻對滑鼠動作與螢幕箭頭之間的二點五秒時間差感到十分沮喪。感覺上電腦應該讓他們的工作效率更好，事實卻是相反。午餐時間參加迪士尼寫生課時（比安卡、瑞塔、希爾維亞及瑪莉在幾十年前也樂在其中的課程），她再度對鉛筆畫在紙上那種輕鬆自在感動不已。

動畫師在這部電影的不同段落運用CAPS，但真正考驗軟體能力的，卻是《小美人魚》的倒數第二景。當愛麗兒與艾瑞克王子的船航向遠方時，一群人魚向他們揮手道別，這時有道彩虹出現在海平線上。CAPS創造出來的彩虹不但亮麗，更有恰到好處的透明感。沒有任何手繪方式能創造出完美的透明感；那道彩虹融入天空，彷彿就像真正的彩虹一般。很顯然，電腦動畫的表現更優美。複印機與賽璐珞片動畫的年代過去了。

即便有新科技與膾炙人口的配樂加持，工作室並不期待這部片會大賣。「這是部女孩看的電影。」卡森伯格對作品監督們這樣說，他彷彿忘了工作室歷來出品公主電影的力量。然而，當電影即將完成之際，他的態度卻變了。所有人都很清楚，這是一部很特別的作品。

當這部電影在一九八九年十一月十七日上映時，影評一片叫好，《綜藝》雜誌特別讚美烏蘇拉這個角色，影評稱之為「視覺饗宴」。當時擔任《芝加哥太陽報》（*Chicago Sun-Times*）影評的羅傑・艾伯特（Roger Ebert）則喜歡愛麗兒，他描述她為「逼真而完整的女性角色」。這部片後續拿下兩座奧斯卡金像獎：最佳原創歌曲（〈海底下〉〔Under the Sea〕）及最佳電影配樂獎。除了得獎外，這部片還取得票房大捷，首輪即帶來八千四百四十萬美元的收入。

這讓工作室內的動畫部門鹹魚翻身。隨著新片的成功，高層決定擴編部門規模，並成立華特・迪士尼動畫片廠的佛羅里達分公司，由一小群藝術家負責開發新故事線。《小美人魚》的獲利雖對工作室內動畫與科技的未來有了明確的影響，但女性角色的命運卻仍混沌不明。

「貝兒不烤蛋糕！」琳達・伍佛頓（Linda Woolverton）在工作室下一部長片《美女與野獸》（*Beauty and the Beast*）的故事創作會議上咆哮。伍佛頓即將成為第一位由工作室認可的女性編劇，但跟她共事的許多男性創作者卻讓她愈來愈煩躁。她盯著眼前的故事板，感到不可思議。她的劇本裡寫了一景：貝兒在地圖上用圖釘標出她想造訪的世界各地。然而將這一景改編成故事板的創作者卻更改了場景與動作——讓貝兒進廚房裝飾蛋糕。這讓琳達將身體往前傾，盛怒中她的頭幾乎要撞上眼前的木桌。

伍佛頓在加州長灘市長大，離迪士尼樂園只有一小時路程。她於一九七三年獲得戲劇學士學位，後來又取得兒童戲劇碩士學位。到了一九八〇年代，她擔任兒童電視節目劇如《我的小馬》（*My Little Pony*）的編劇，同時也創作青少年小說。一九八七年，她帶著自己的第二部小說《順風起跑》（*Running With the Wind*）走進迪士尼動畫片廠位於花街的簡樸辦公室。令她意外的是，並沒有任何警衛、大門等屏障阻攔她進入。她走到接待處，將書交給了接待員，並說：「也許有人會有興趣。」

還真的有。不久之後，故事創作部門聘用了伍佛頓。她在此引起了卡森伯格的注意，於是她成為《美女與野獸》的主要編劇之一。「他們雇用我的時候，根本不知道自己面對的是什麼樣的角色。」伍佛頓後來這麼說，她指的是自己企圖挑戰動畫疆界的野心，她想創造出不需要被拯救的女性角色。伍佛頓與孟肯、艾許曼密切合作；他們兩人在《小美人魚》電影中挑起的大梁，立刻成為工作室內的傳奇。洛伊・E.迪士尼對艾許曼的才華印象深刻，稱這位作詞者為「另一個華特」。

艾許曼也對工作室動畫的發展前景有自己的想像。一九八八年，甚至在《小美人魚》尚未上映前，他就提出一部新的長片計畫。他寫的故事劇本是一部稱為《阿拉丁》的動畫片，以《一千零一夜》（*One Thousand and One Nights*）的〈阿拉丁與魔法神燈〉為改編基礎。《一千零一夜》是十八世紀歐洲譯者蒐集來的中東民間故事集。少年時代，艾許曼曾在社區劇場演出，當時就扮演過阿拉丁一角。在此啟發下，他的故事劇本很貼近原版故事：少年發現了一盞神燈，裡面往著能實現願望的魔法精靈。艾許曼開始積極推動這項計畫，他跟孟肯寫了三首歌，還動筆畫了藝術概念，但工作室很快就將其擱置一旁。雖然失望，但團隊希望未來有機會再讓它敗部復活。縱然沒有《阿拉丁》，艾許曼跟孟肯也已經夠忙的了。卡森伯格迫切希望他們協助撐起工作室搖搖欲墜的下一部長片。

《美女與野獸》跟許多其他計畫一樣，是在工作室創意爆發的一九四〇年代啟動的。然而這一次卻沒有當時留下的故事劇本或藝術概念可引導後世藝術家，所以他們只能轉而參考原始故事，也就是一七四〇年法國版童話〈美女與野獸〉（La Belle et la Bête）。工作室的改編工作並不順利。一九八九年，卡森伯格捨棄整套劇本跟故事板，他認為這部電影需要一個全新的方向，於是決定要打造一部音樂劇，而他也知道自己需要艾許曼／孟肯的魔法。

不幸的是，霍華德．艾許曼病了。一九八八年製作《小美人魚》的過程中，他就被診斷感染人類免疫缺乏病毒（HIV）。有效的抗反轉錄病毒療法還要再過七年才會問世；這種雞尾酒藥物將拯救千百萬感染此病毒的人。立妥威（AZT）藥物在一九八七年通過許可，但病毒立刻開始產生抗藥性。感染人類免疫缺乏病毒的病人沒有太多選擇。

艾許曼的免疫系統大受削弱，病程演變為後天免疫缺乏症候群（AIDS）。作詞人無法前往西岸，因此伍佛頓、其他故事創作者與動畫師，甚至是部分高層會前往艾許曼位於紐約州費雪基爾（Fishkill）的家。他們經常住在鎮上的居家旅館（Residence Inn），也常去紐約市，伍佛頓與艾許曼會一邊討論想法，一邊漫步在街道上。

伍佛頓想了一個可愛的角色：一隻名叫奇普（Chip）的茶杯，能為劇情增添幽默感和甜蜜感。她也堅守貝兒的人物設定原則：絕不讓別人將女主角變成烘焙師。故事創作部門同意讓貝爾成為熱愛閱讀的人，同時為了解決故事創作群認為這項活動太悠緩的顧慮，他們讓女主角在鎮上一邊走動，一邊埋首書中。

伍佛頓在故事創作部門裡有一名盟友，她全心相信伍佛頓給貝兒的人物設定。剛完成《小美人魚》的布蘭達．查普曼現在也加入了《美女與野獸》計畫團隊。貝兒為野獸清理並包紮手掌時，他因為痛苦而對她猙獰咆哮；為此景製作故事板時，貝兒消極的台詞實在讓布蘭達受不了。**我在幫助別人，別人卻還要吼我時**，布蘭達心想，**我肯定會吼回去**。她決定貝兒得要展現怒意，她要吼回去。「你不要亂動，就不會那麼痛！」這是迪士尼公主頭一回對著王子吼叫。

至於艾許曼則是將他的個人經驗注入歌曲中，幫忙訴說貝兒的故事。最明顯不過的例子就是〈殺了那野獸〉（Kill the Beast），這是村民決定要全副武裝消滅怪物時所唱的歌，後者打破詛咒的希望會隨著魔法玫瑰每片掉落的花瓣一起枯萎。艾許曼將他對於自身疾病的痛恨，以及圍繞著疾病的汙名，全都寫進了歌詞裡。反派加斯頓唱道：「我們不喜歡費解的事物，這嚇壞了我們。」這些話完全適用在後天免疫缺乏症候群病患的情況，以及這種疾病在八〇、九〇年代引起的恐懼。當時許多美國人甚至害怕擁抱感染病毒的人。後天免疫缺乏症候群已經奪走艾許曼許多朋友的生命，現在他也進入了疾病末期。

在紐約市的聖文森醫院中，一群動畫師來探望艾許曼。體重只剩八十磅，並為後天免疫缺乏症候群相關的失智症所苦的艾許曼已失明，講話也只剩下氣音。他時年僅四十歲。

動畫師告訴艾許曼，《美女與野獸》的第一次試映非常成功。這部片將獲得全面肯定，而這只是開始而已。後來《紐約時報》的珍奈特．馬斯林（Janet Maslin）在熱烈讚許的影評中形容艾許曼是「才思機敏的傑出作詞人」——艾許曼卻永遠也沒機會讀到她的文字了。他在電影正式上映前八個月去世，是一九九一年死於後天免疫缺乏症候群的兩萬九千八百五十位美國人之一。《美女與野獸》最後畫面漸黑後，這些文字浮現在銀幕上：「致我們的朋友霍華德，他賦予小美人魚聲音，也給了野獸靈魂，我們永遠感謝他。霍華德．艾許曼，一九五〇至一九九一年。」

艾許曼去世後一個月，卡森伯格重啟作詞人提的《阿拉丁》計畫。卡森伯格決定要在短短二十個月內讓它上映，因此劇本需要快速重寫。琳達・伍佛頓的提案根據一九四〇年的電影《月宮寶盒》（*The Thief of Bagdad*），另再增加一些故事情節，還添了反派角色：賈方（Jafar）。

有些部分不須改動。孟肯跟艾許曼已經為這部片寫了好幾首歌，其中三首入選，分別是〈阿拉伯之夜〉（Arabian Nights）、〈我這樣的朋友〉（Friend Like Me）及〈阿里王子〉（Prince Ali），但他們還需要更多歌曲。因此卡森伯格請來知名的英國作詞人提姆・萊斯（Tim Rice）跟孟肯合作完成配樂。《阿拉丁》在一九九二年十一月二十五日上映。這部片的票房表現特別亮眼，成為當年度票房收益最高的影片之一，賺進超過兩億美元。影評反應也相當正面，許多影評都提及了羅賓・威廉斯（Robin Williams）為精靈配音的出色表現。

然而影片上映沒多久後，部分歌曲被指出有種族歧視色彩，特別是孟肯／艾許曼寫的〈阿拉伯之夜〉：「如果不喜歡你的臉／他們會砍掉你的耳朵。／這裡是野蠻，但這就是家。」工作室為了回應美國阿拉伯人反歧視委員會洛杉磯分會的指責，在九三年將歌詞改為：「此地廣闊平坦／且炎熱。／這裡是野蠻，但這就是家。」

隨著近期有一連串暢銷電影，華特・迪士尼動畫片廠開始加緊腳步，準備推動下一個計畫：一開始稱為《叢林之王》（*King of the Jungle*），現在則改稱《獅子王》。艾倫・伍德柏利在工作室過去四部影片中都扮演了重要角色，她在《小美人魚》跟隔年的《救難小英雄澳洲歷險記》（*The Rescuers Down Under*）中擔任角色動畫師，此外還負責繪製《美女與野獸》中貝兒的父親墨里斯（Maurice）以及《阿拉丁》裡的猴子阿布的動畫。現在她將要迎向下一個挑戰。

布蘭達．查普曼也是如此。從當初面試被告知要撐過六星期試用期，到現在不過四年時間，她就要出任重大職位了。下一部長片的導演羅傑．艾勒斯（Roger Allers）問她是否願意接任故事創作部門主管。這個職位從來沒有任何女性做過。布蘭達猶豫了；她不確定自己想不想接，而且並非因為缺乏對部門的情感。她不像比安卡身為唯一的女性故事創作者而遭到排擠，男性同事肯聽布蘭達說話，她也很珍惜這個團隊的創作自由。沒人會敲壞她的門。事實上，他們在創造對話跟故事板時合作得很愉快，其中一位男性偶而會靠過來說：「嗨！妳知道妳是這部門唯一的女性嗎？」布蘭達聳聳肩，大家會一起笑開。

然而布蘭達知道自己想做的是哪一種電影：有強大女主角的童話故事。她曾經希望下部片可以改編柴可夫斯基一八七七年的芭蕾舞劇《天鵝湖》（*Swan Lake*）。這類計畫是來自迪士尼過往年代的女性——尤其是比安卡跟希爾維亞——會渴望製作成動畫的故事。不幸的是，這部片陷入「發展煉獄」裡，也就是一個計畫進入真正製作階段前的漫長冷凍期。工作室高層決定要推《獅子王》，這部片的劇情靈感源自莎士比亞《哈姆雷特》，是關於叔叔的背叛與年輕王子尋求復仇與復國機會的故事。工作室的版本將背景設定在非洲大草原上，以獅群為主角。

布蘭達對會講話的動物沒什麼感覺，但她知道自己不可能拒絕這職位。這是錯過了就可能不再有的機會。故事創作部門唯一的女性現在成了部門主管。但她隻身一人的景況很快就會結束，一如多年前，一名女性獲得升遷必然吸引更多人加入。

故事創作部門之外其他單位也有女性員工。現在的動畫部門中，參與製作這部電影的員工有百分之三十七是女性。然而她們多數都是助理動畫師。在《獅子王》的製作過程裡，艾倫一開始分配到繪製小獅子辛巴的母親沙拉碧。這是個令人垂涎的職位，許多動畫師都會抓緊機會，想形塑電影裡的關鍵角色，然而艾倫卻不確定。她沒有孩子，也不怎麼想要孩子。思考這個角色的表現方向時，她覺得自己可能無法共感母親的想法，因此推掉了這份工作。

這是個困難的決定，何況她並不知道是否有畫其他角色的機會。幾個星期過去，她已經開始懷疑自己是否做了正確決定。此時動畫部門主管提出了紅嘴犀鳥沙祖（Zazu）的角色，這隻鳥同時也是國王的參謀。艾倫非常開心，這是她能好好掌握並發揮的角色。很快地，艾倫沉浸在犀鳥的研究中，試著了解這種鳥的生理結構、行為，以及如何在天空中飛翔。她花了很多時間研究羅溫．艾金森（Rowen Atkinson）——他是犀鳥角色的配音員。她看了每一集的《豆豆先生》（*Mr. Bean*）及《黑爵士》（*Black Adder*）影集，這麼做是要感受他的表演風格與行為舉止。一個自信又自大的角色因此開始成形。

然而該角色的外表還要等到艾倫將手繪稿送進CAPS之後才會成形。只有在電腦上，她才能創造出沙祖羽毛的蓬鬆質地、鳥喙上噴槍風格的色型，以及青藍色的身體。當她在螢幕上看到最終成果，除了讓人發狂的反應延遲之外，整體結果就跟她完成的任何手繪動畫一樣令人滿意。

銀幕上還可以看到別的事情，例如艾倫的名字。不像先前許多女性，艾倫獲得適當的列名。她在一九八〇跟九〇年代的作品中，成為工作室歷史上首位被列名的女性動畫監督與角色動畫師。然而即便有這些出色成就，艾倫仍舊覺得工作中少了些什麼。

工作室在作品打造的女性角色雖然可人，卻少了些主動性或個性。艾倫對愛麗兒沒什麼感覺，她無法想像自己會跟愛麗兒交朋友，也許部分問題在於她台詞的侷限性。在《白雪公主》、《仙履奇緣》跟《睡美人》中，約有一半台詞是由女性角色來說。《小美人魚》卻突顯了一位沒什麼聲音卻有膽量的愛麗兒，不過百分之六十八的台詞是由男性來說。在《美女與野獸》裡，比例來到百分之七十一；《阿拉丁》跟《獅子王》更是高達讓人難以置信的百分之九十。只有女性故事創作者回歸故事創作部門，才可能矯正這種單一方向的發展。

第十八章

我會讓你成為男子漢

麗塔．蕭（Rita Hsiao）手上拿著上面印有動畫角色木蘭（Mulan）被溫柔的粉色櫻花瓣包圍的卡片，木蘭臉上笑容燦爛。母親寄來了生日賀卡，卡片裡則印著**我以你這個女兒為榮**。這是麗塔為一九九八年上映的電影《花木蘭》所寫的台詞，對她來說別有意義。她很難相信自己寫的對話會印在母親給她的卡片上。

這一刻對麗塔來說彌足珍貴，畢竟父母親並不總是認同她的抉擇。麗塔在紐約州普奇普西（Poughkeepsie）長大，是華人移民的女兒。她的雙親很少表現出情感，雖然她知道他們愛她。他們敦促她要有優異的學業表現，對她未來出路的期待也很明確。當地是國際商業機器公司的重鎮，麗塔的父親也是該公司的工程師，他們顯然認為女兒也該進入這個產業。

麗塔帶著這樣的想法，進入加州大學聖地牙哥分校就讀，主修人工智慧；這個學門看似結合了父母對於電腦的熱情跟她個人對心理學的興趣，然而課程內容並不吸引她。為了家人，她一邊勉強修讀課程，一邊則盼望可以追求自己心之所好。

畢業後，她告訴父母自己想要成為編劇，她找到一個在電視製作公司接電話的工作，作為入行的敲門磚。麗塔父母親的臉都垮了，表情藏不住他們強烈的失望。這個女兒背棄在大學所受的教育，屈就一個低階工作。她媽媽的第一個問題是：「工作有醫療保險嗎？」

雖然沒有福利，但這個職位的確是麗塔的跳板。她轉入電視編劇的工作，為《兩小無猜》（*The Wonder Years*）劇集與美國廣播公司（ABC）由趙牡丹（Magaret Cho）主演的情境喜劇《美國女孩》（*All-American Girls*）效力。影集完結後，她被華特．迪士尼動畫片廠雇用，當時的工作團隊已經開始製作下一部長片：《花木蘭》。

《花木蘭》的劇本是以中國的花木蘭傳說為基礎。詩歌〈木蘭辭〉的寫作年代與作者都不明，但最早的紀錄可追溯到西元六世紀的中國文本《古今樂錄》（*Musical Records of Old and New*）。幾個世紀以來，這首詩歌以民間歌謠的形式流傳，愈來愈受歡迎。詩中講述女兒代父從軍的故事，她掩藏自己的性別，為家族爭取榮耀。這首不到千字的短詩充滿了強而有力的意象：「萬里赴戎機……寒光照鐵衣。」

即便有優美的詩歌為引導，在木蘭一角的塑造上，故事創作部門仍碰上困難。喜愛民間故事的童書作家羅伯特．聖蘇西（Robert San Souci）是最早引介這個改編計畫給工作室的人。然而《花木蘭》的第一版故事劇本卻跟詩歌大不相同。早期改編的故事中，木蘭是生活很不開心的中國女子，之後還跟著英國王子私奔並離鄉。她對未來感到陰鬱沮喪，這趟旅程也毫無目的——拯救父親與保護家族榮耀的主題不見了。這部電影的故事創作會議經常是一片混亂。加州跟佛州的工作室首度同時針對同一部作品提案。隨著想法在兩岸一來一往，這部長片似乎正在失去個性。英勇的戰士不見了，取而代之的是個對身受傳統束縛感到厭倦的女性，她等著王子拯救。故事創作團隊所構思的人物很自私自利，偶而還自以為是，就連藝術家有時也不大喜歡這個角色。

在木蘭之前，有兩位近期登場的女性角色：《阿拉丁》的茉莉公主及與影片同名的寶嘉康蒂公主。茉莉公主的西方外表與後宮風格的服裝激起部分評論者的怒意；對於寶嘉康蒂的評論則跟造型無關。她是動畫工作室第一位美國原住民角色，也是華特．迪士尼動畫長片中首位擔綱主角的有色人種女性。

《風中奇緣》（*Pocahontas*）在一九九一年首度出現在故事創作會議上，當時九〇年影片《救難小英雄澳洲歷險記》的導演麥克．蓋布里耶（Mike Gabriel）拿出一張《小飛俠》中的美國原住民女性虎女莉莉的圖片。蓋布里耶在虎女莉莉的圖片上畫了鹿皮裝，在她頭部上方的空間寫下：華特．迪士尼的寶嘉康蒂。為了找靈感，他研究過包含安妮．奧克利（Annie Oakley）

與水牛比爾（Buffalo Bill）在內的一些歷史人物，於是腦中出現了這個想法。他的提案相當精簡；劇情描述：「一方面自己的父親想摧毀英國屯墾者，另一方面自己卻想要幫助英國人——印第安公主陷入左右為難」。這項計畫以前所未有的速度進行；會議之後提案通過，籌備、發展工作就開始了。

高層會有興趣部分是因為這部片呼應了《羅密歐與茱麗葉》的主題，那是當時工作室正在考慮的計畫。然而故事創作部門的人卻很擔憂——這是他們首度以真人實事為基礎來創造角色，而這個人的真實故事卻一點也不像是童話。

在創意面上，這部片得益於藝術監督麥可．吉亞莫。他跟作詞人史蒂芬．舒瓦茲（Stephen Schwartz）與作曲家亞倫．孟肯合作，為電影的音樂表現創作出戲劇性段落。吉亞莫在工作室的「停屍間」做過研究，他從迪士尼過去的女性身上獲取靈感，也研究了未受採用的長片中描繪美國原住民的藝術概念，包含《在路上》跟《海華沙之歌》（*The Song of Hiawatha*）這兩部片。它們都是瑞塔在一九四〇年代的作品。然而，最重要的是，瑪莉．布萊爾對他影響甚深，尤其是他為歌曲〈風之彩〉（Colors of the Wind）挑選用色以表現人物感情渲染力的時候。「她一直在我心中，」他解釋道，「即便我從未見過她。」

《風中奇緣》在一九九五年上映，此時麗塔剛進入工作室。這部片說的是包華頓族女性與英國人約翰・史密斯在十七世紀的維吉尼亞殖民地相遇的故事。它在票房上有些斬獲，但相對不那麼亮眼，特別是與前一年上映的《獅子王》比起來——後者首輪的票房收入高達七億六千三百萬美元，成為影史上票房收入第二高的電影。許多評論者讚美《風中奇緣》的動畫及強調族群包容跟環境保護的故事線，不過仍有人嚴厲批評此片「毫無特出之處」。一位影評甚至稱主角為「寶嘉－芭比」。然而最有殺傷力的批評並非來自報章雜誌，而是出自包華頓雷納普族（Powhatan Renape Nation）。族中領袖的聲明寫道：「影片將歷史扭曲得面目全非……還利用包華頓族來鞏固一個虛假、自利的迷思。」

當然，華特・迪士尼動畫片廠裡的故事創作者不會宣稱劇本符合史實。影片中的女主角跟約翰・史密斯陷入愛河，但實際上十七歲的寶嘉康蒂遭到詹姆士城殖民者監禁，被迫嫁給一位名為約翰・羅夫的男性，她在二十一歲時死於倫敦。故事創作部門覺得這些事實不適合給小朋友看，然而真相除去之後，寶嘉康蒂這個角色變得平淡無味，也少了行動的熱情或個性。

在《風中奇緣》仍受到外界檢視，而《花木蘭》還在故事板之間跌跌撞撞之際，麗塔進入了故事創作部門。她立刻自覺可以汲取身為年輕女性的經驗，好讓木蘭的角色更有人性。木蘭在建立自我認同與家族榮耀之間的衝突，是麗塔很能體會的，而這偏偏是故事創作部門忽略掉的面向。布蘭達・查普曼那時已離開工作室，轉往夢工廠動畫工作室（DreamWorks Animation）

這個由卡森柏格、史蒂芬・史匹柏（Steven Spielberg）與大衛・格芬（David Geffen）創立的新事業。沒有任何有色人種女性參與《風中奇緣》的製作工作，故事創作部門的十五個人中，只有一位女性故事創作者。

《花木蘭》團隊開始在工作室工作時間內和其他時候，都投入大把工夫，他們一起旅行、週末聚會，不斷討論他們的人物角色。雖然東、西兩岸都在推動計畫，但這是由佛州團隊主導創作與動畫的首部影片。在許多方面，他們的工作強度與熱情就像幾十年前的故事創作部門。因此開始成形的木蘭，是個會思考身上所背負的期待的少女，她了解到自己身為士兵不只是為了拯救父親，也是為了找到真正的自我。有人提議電影以木蘭親吻愛人作結，立刻就被團隊強力反對，他們不希望這個角色也仰賴過去的女主角所走的路線。麗塔說：「不能這樣結束。」她指出木蘭才剛拯救了中國，「吻戲不必急於一時。」

當麗塔與她的團隊以創新的故事線打造史無前例的迪士尼女主角時，他們所使用的技術卻比競爭對手遜色許多。麗塔一看到皮克斯一九九五年出品的第一部電腦動畫劇情長片《玩具總動員》（*Toy Story*）時，她立刻清楚意識到這一點。四年前，華特・迪士尼動畫片廠總裁彼得・施奈德（Peter Schneider）打電話給皮克斯的卡特姆提出財務挹注的建議，並表示要發行皮克斯頭三部動畫長片。這是華特・迪士尼公司第一次做這樣的事。此提案對皮克斯的技術與藝術眼光都是很高的讚譽。雖然提案提到三部長片，但也仍要看第一部作品成功與否。

對華特・迪士尼動畫片廠來說，這是很值得的賭注。工作室近期雖然有一連串亮眼票房成績，但技術水準卻還不夠。迪士尼依舊使用CAPS這套已有十年歷史的系統，至少比起皮克斯正在發展的3D電腦動畫來說，CAPS相當古老。

這是一條漫長的路。二十年來，卡特姆一路戰戰兢兢往這個目標邁進。皮克斯的工程師辛勤不懈打造硬體，接著又精進執行工作所需的圖形語言。一九八七年，他們稱呼發展出來的程式之一為「RenderMan」，向這個時代最受歡迎的產品：索尼隨身聽（Sony Walkman）致敬。

RenderMan是一連串發明中的最新產品，它的「曾祖父」就是繪圖板——一九六三年由卡特姆的指導教授開發的軟體，可用來在電腦螢幕上繪圖，也是第一代互動式動畫。接著出現了電影產業最早的3D電腦繪圖工具，也就是卡特姆在一九七二年數位化的人手。後來又有CAPS——數位描圖上色系統。

一如卡特姆能夠用看起來相當真實的皮膚覆蓋動畫中的手，RenderMan也能在二維或三維模型上，創造出具有照片逼真感的影像。這種被稱為「凹凸與紋理貼圖映射技術」（bump and texture mapping）的軟體可以為《玩具總動員》中的玩具抱抱龍創造出有綠色鱗片的外皮，同時也給了太空人公仔巴斯光年一頂可穿脫的透明頭盔。軟體的使用就像點心主廚裝飾甜點：藝術家仍需要先把蛋糕烤出來，但軟體可以幫忙上糖霜。

這樣的「糖霜」最後證明是美好卻也繁重的甜點工序。皮克斯從小型動畫案開始做起，包含製作短片和為其他公司製作廣告。然而即便是這些單純的計畫也不無挑戰，畫每個景都得花上很長的時間。他們的電腦硬體無法應付動畫師的軟體需求。計算能力欠佳阻礙了皮克斯的進展，甚至連製作兩分鐘動畫短片《頑皮跳跳燈》（*Luxo Jr.*）時，他們都沒辦法替這個段落上背景；這部片以淘氣的檯燈為主角，後來也成為公司的標誌。前華特・迪士尼動畫片廠動畫師約翰・拉賽特（John Lasseter）使用皮克斯的電腦系統，花了五天工夫完成十二分半的影片，這是手繪動畫的兩倍時間。一直要到一九九〇年代初期，電腦的處理速度、記憶體及硬碟空間才跟得上動畫師的野心。

華特・迪士尼動畫片廠和十歲大的皮克斯影像電腦一同奮力並進，同時間皮克斯工程師則在視算科技（Silicon Graphics）工作站上打造《玩具總動員》。接著，他們在稱為太陽室（sunroom）的地方自動生成影像，因為那裡好幾部SPARCstation 20電腦一天二十四小時不間斷運作。這個運作方式只需要一百一十名員工，包含二十八位動畫師與三十名技術監督，以及八十萬個機器運作時數。

《玩具總動員》立刻造成轟動，不只是因為影片本身使用的創新科技，更以區區三千萬美元的預算，在美國國內首輪票房就賺進一億九千一百八十萬美元，是一九九五年票房收入最高的影片，遠遠超過《風中奇緣》的表現。該部片也獲得三項奧斯卡獎提名，包含最佳原創劇本——是首部獲此殊榮的動畫電影。影片故事簡潔扼要，獲得觀眾共鳴，大家發現從玩具的角度說故事相當新鮮。影片中雖然展現出男孩與玩具之間的溫馨情感，卻少了一項元素：重要的女性角色。

這樣的情況並未發生在華特·迪士尼動畫長片裡。一九九八年，迪士尼推出《花木蘭》，對麗塔來說是個興奮的時刻，她在打造工作室首位中國公主的過程中角色非常關鍵。雖然影評多半給予正面回應，還是不乏些許批評。《時代》雜誌說：「其吸引力在於身手厲害的女孩表現得就像男孩一樣好。然而這能幫助她們應付成人那種複雜世界嗎？」這部片的票房表現也不俗，國內首輪票房達到一億兩千萬美元。然而麗塔可以看見，動畫的未來不在佛州的工作室，而是皮克斯的革命性技術。她最終轉去為那間公司效力，開始參與《玩具總動員三》的製作。

當電影人布蘭達·查普曼於二〇〇三年來到皮克斯時，她的名片打趣印著頭銜：「皮克斯女性故事創作藝術家代表」。她解釋了兩間工作室之間的差異。「職涯之初，我是迪士尼故事創作部門中唯一的女性，但那時我們製作的是有強大女性主角的『公主電影』，因此似乎沒必要強化其她女性角色……多數好笑的角色都是男性，」她說，「然而現在在皮克斯，他們的電影很大一部分是要給男孩看的。我認為不是有意為之，我想他們只是製作出自己想看的片……喬・蘭夫特（Joe Ranft）邀我來皮克斯，好讓《汽車總動員》（*Cars*）的女性角色看起來更像『真的』。皮克斯就是某種『男孩社團』，似乎很少思考女性角色，即便是很適合安插女性角色的地方也是如此。例如，為什麼《玩具總動員》裡的彈簧狗或抱抱龍不能是女性呢？」

布蘭達注意到的皮克斯與華特・迪士尼動畫片廠之間的差異，即將出現巨大的改變。二〇〇六年，這間曾多次拒絕卡特姆的公司終於買下皮克斯，收購價碼為七十四億美元。這次交易是由洛伊・E.迪士尼發起，他決定再度重整華特・迪士尼公司的領導階層，這導致麥可・恩斯納離去，二〇〇五年由羅伯特・伊格爾（Robert Iger）接任執行長。兩間動畫工作室雖然財務上合併，創意工作卻仍各自獨立。皮克斯的總部設在愛默利維爾（Emeryville），華特・迪士尼動畫工作室則仍在格蘭岱爾。然而隨著兩公司合併，布蘭達・查普曼發現自己又回到老鼠之家的屋頂下，距離她初入華特・迪士尼公司，已有將近二十年了。

電影中的女性角色現在對布蘭達來說有新的重要性。她視迪士尼復興時代的公主們——包含愛麗兒、貝兒、寶嘉康蒂與茉莉公主——為一九四〇、五〇年代的女主角與她想創造的未來動畫女角之間的墊腳石。皮克斯現在所畫的女性，舉凡《怪獸電力公司》（*Monsters, Inc.*）中的阿布（Boo）、《海底總動員》（*Finding Nemo*）中的多莉、《料理鼠王》的樂樂（Collette）、《瓦力》（*Wall · E*）中的機器人伊娃（Eve）與《蟲蟲危機》（*A Bug's Life*）的雅婷公主（Atta），可愛是可愛，卻缺乏深度。而今布蘭達製作電影不只是為了自己跟員工，還為了她的女兒。

母職是責任與疲憊交雜其中的旋風，特別是早晨的倉促忙亂中，布蘭達得把三歲女兒艾瑪送到幼兒園，再去上班。她的孩子就像個迷你青少女，無論布蘭達再怎麼催促，她都不願吃早餐、穿衣服、穿上鞋子。每天當布蘭達抵達皮克斯時，腦袋裡仍滿是早上的爭吵，她忍不住想未來不知道還會怎麼樣。女兒成為真正的青少女時，她跟艾瑪的關係又會如何？想著這些問題，一部電影也開始成形了。

這部電影名為《勇敢傳說》（*Brave*），說的是意志堅強的蘇格蘭青少女梅莉達的故事。她的外表也跟先前的公主們很不同；她有肌肉強壯的身體及不馴的紅髮。她的故事也很不同。這是一位不需要依靠任何男性角色的公主。驚人的是，她不同於白雪公主、仙杜瑞拉、愛麗兒、貝兒、茉莉公主與寶嘉康蒂——這位女性角色的母親還活著。事實上，這個故事圍繞著複雜的母女關係，以及最終療癒一切的魔咒。布蘭達做了另一張名片，寫著：「女性總監代表」。不幸的是，她在這個位子上的時間並不長久。在電影上映前，布蘭達就因為創意歧見離開了工作室。這次的經驗令人憤怒，「有時女性表達想法卻被打槍，」她解釋道，「等到另一位男性表達了根本就一樣的想法，卻反而能獲得大家支持。在我們有足夠數量的女性領導高層之前，這種情況不會消停。」

《勇敢傳說》還面對其他挑戰。許多預測不看好這部片。他們的譏諷是出於工作室前兩部公主電影的票房。二〇〇九年上映的《公主與青蛙》（*The Princess and the Frog*），主角是工作室第一位非裔美國公主蒂安娜（Tiana）；二〇一〇年上映的《魔髮奇緣》（*Tangled*）則是樂佩公主（Rapunzel）的故事，大致以一八一二年出版的格林兄弟德國童話為基礎。兩部片的票房都還過得去；《公主與青蛙》的美國首輪放映收入為一億四百四十萬美元，片中對於種族的描寫也招來譴責。正如《紐約時報》指出：「我們終於看到一位黑人公主，但銀幕上大半時間，她都是隻青蛙？」

《魔髮奇緣》則好一點，大多獲得正面評價，國內首輪票房超過兩億美元。然而影片的成功卻被高昂製作成本打敗，據報導，迪士尼斥資高達兩億六千萬美元，這部片成為有史以來最昂貴的動畫電影。兩部公主電影都比不上一連串皮克斯強片，例如《海底總動員》（二〇〇三年）的首輪票房為三億三千四百萬美元，《汽車總動員》（二〇〇六年）則賺進兩億四千四百萬美元。

因為有這些前例，電影產業的某些人已經準備好要將《勇敢傳說》定義為「很標準的公主電影」，很可能只會吸引一些女性觀眾。因此當《勇敢傳說》在二〇一二年六月十日上映後硬是打破這些框架時，很多人都跌破眼鏡。這部片佳評如潮，國內首輪票房還達到兩億三千七百三十萬美元。

第八十五屆奧斯卡獎的最佳動畫長片獎項中，《勇敢傳說》並不被看好。因此當它贏得這個獎項時，更是震驚了業界的許多人。布蘭達是第一位獲得此獎的女性。登台領獎時，她立即感謝了自己的靈感來源：「我美好、強壯且美麗的女兒艾瑪。」

布蘭達手持小金人驕傲挺立，同時間，女性藝術家也前仆後繼從世界各地湧入伯班克，她們已準備好轉變電影產業。這些人的成就將奠定在比安卡、希爾維亞、瑞塔、瑪莉與迪士尼黃金年代所有其他女性的肩膀上。

第十九章

有史以來第一次

二〇一一年一個平凡的午後，珍妮佛・李（Jennifer Lee）接到一通後來將改變她生命的電話。她的好友兼前哥倫比亞大學同學菲爾・強斯頓（Phil Johnston）從國土另一端打電話邀請她：「妳想要搬到加州來嗎……譬如說……明天之類的？」強斯頓現在是華特・迪士尼動畫片廠的編劇與製作人，想邀珍妮佛來洛杉磯八週，幫忙製作工作室的長片《無敵破壞王》（*Wreck-It Ralph*）。

強斯頓認為珍妮佛是一名傑出編劇，雖然她本人經常看不見自己的價值。一九九二年由新罕布夏大學英文系畢業後，她搬到紐約，成為蘭登書屋（Random House）的平面設計師——這只是她說故事生涯的開端。三十歲時，她盯著哥倫比亞大學電影學院的網站，不太敢申請，卻又非常想要進入這間學校。她鼓起勇氣，最後成了班上年紀較大的學生之一。畢業七年後，她贏得好幾座獎項，兩部劇本獲得預售，但計畫卻遲遲等不到製作資金到位。因此，成為《無敵破壞王》的共同編劇，正是此刻她的職涯所需要的機會。

這部電影是一首給電玩的情詩，講的是一名電玩中的反派想要變成好人的故事。他跟一位追求夢想的道路受阻的小女孩結為好友。珍妮佛熱愛「這些原創可愛角色的殘缺之美」，她沉浸於製作計畫中。幾週很快就過去了，菲爾想要珍妮佛再待一陣子，至少等到影片完工。當時她就在工作室裡到處逛，一項新計畫引起了她的興趣。然而她所看到的劇本與藝術概念還欠缺很多加工。

〈冰雪女王〉的故事就像先前許多故事一樣，是工作室醞釀很久的計畫。參與過《幻想曲》跟《小鹿斑比》的故事創作者瑪莉．固德利奇在一九三八年寫出第一份故事劇本。原版故事是安徒生在一八四〇年代創作的，內容卻不容易改編，因為裡面包含七段故事，卻缺乏明確的敘事線。然而很難不被這種重複的主題所吸引：愛的救贖力，以及脆弱兒童戰勝成年人的毀滅力量。故事的最後，孩子們逃離被囚禁的冰雪城堡，令人回味的最後一句話寫道：「他們坐在那裡，兩人都長大了，內心卻仍是孩子；現在是夏天了，溫暖、美好的夏天。」

一九三九年，計畫進入製作發展階段，它會是安徒生傳記影片計畫的一部分，最終將結合真人與動畫演出的形式。真人動畫影片最終雖然沒有後續進展，這個計畫仍被擱在工作室的心上。安徒生童話是許多故事創作者的最愛，當他們在構思長片想法的時候，經常會重新想像要訴說這些故事。然而很少能迅速進入製作階段，希爾維亞在一九四〇年用《小美人魚》的故事熱情提案時便已經發現了。然而未來還有發展前景這件事，就足以促使藝術家繼續運用這些童話。

一九七七年，馬克．戴維斯再度提起〈冰雪女王〉。他在公司裡已經從動畫師轉到想像工程師一職，要幫忙設計如叢林奇航、鬼屋及加勒比海盜等遊樂設施。現在馬克正在進行一項新計畫。他想像了一座有涼意的設施，很適合炎炎夏日的迪士尼樂園。設施中要有一位冰雪公主長長的金髮辮編在側邊，她身上穿著飄逸閃亮的禮服。他畫下雪花裝飾及夜空中閃亮的極光。他的魔法冰宮要以人造冰打造，有長長階梯與寬闊露台。他的想像雖美，此刻卻非實現計畫的良機，因此並沒有打造出來。

然而，好的點子總會一再回到眼前。一九九〇年代中期，〈冰雪女王〉被重新想像成一部冒險動作動畫片，其中的反派艾莎將可憐的貧民安娜的心臟給凍結了。藝術概念中表現出一位藍皮膚、怒髮衝冠的邪惡女王，身穿活黃鼠狼皮毛製成的大衣，相當於冰雪版的庫伊拉．德．維爾。艾莎的行為動機來自過去被遺棄在婚禮上，此後她將自己的心臟凍結，再也不為無望的愛所苦。

和工作室裡的其他人一樣，珍妮佛也覺得故事相當老套；這些女性幾乎沒有任何顯著特色。她坐下來看著一段動畫，被拍成影片的故事板開放給所有員工觀看並回饋意見。這已經行之有年，華特經常會要求大家對提案影片提出回饋。當她看著故事板時，珍妮佛以不同方式想像這部電影，而且會是像《小美人魚》的那種音樂劇。珍妮佛的回饋讓團隊留下深刻印象，即便她還沒完成《無敵破壞王》的工作，冰雪女王電影的導演克里斯．巴克（Chris Buck）立刻邀請她以編劇身分加入團隊。

珍妮佛很快就跟詞曲夫妻檔羅伯特．羅培茲及克莉絲汀．安德森—羅培茲（Robert Lopez and Kristen Anderson-Lopez）展開密切合作，這兩人已受邀加入這部片的製作團隊。合作關係持續深化，就像一九八〇年代孟肯／艾許曼任內，以及六〇年代《歡樂滿人間》製作期的謝爾曼兄弟那時候，工作室與音樂團隊之間有沉浸式的合作關係。

當珍妮佛開始處理反派艾莎時，團隊也開始討論她是誰，以及她孤獨享有自己身上那種力量會是什麼感覺。羅培茲與安德森—羅培茲播放了一首歌的試唱帶，這是他們為艾莎寫的歌，歌曲就是在梳理前述的這些情感。故事創作團隊聽到這首〈放開手〉（Let It Go）時，珍妮佛環顧四周。她自己的眼睛因為淚水而刺痛，她知道半數成員也都哭了。這首歌強而有力捕捉到艾莎做自己的渴望，完全不需要任何調整。然而艾莎的角色設定需要大幅修改。珍妮佛大聲說：「我要重寫整部電影。」

她沒有太多時間可以改寫，因為她的約聘有七個月的嚴格期限。團隊已經知道電影要結束在安娜為艾莎犧牲自己的生命，然而他們卻不清楚要怎麼鋪陳劇情，再導向這個結局。卡特姆給這位新人完全的創意自由。二〇〇六年，皮克斯併購案後，卡特姆成為華特・迪士尼動畫片廠與皮克斯動畫工作室的總裁。由於兩間工作室相隔三百多英里，卡特姆搭機往返兩地，通常每週會花兩天時間領導格蘭岱爾的團隊。據說他告訴珍妮佛：「在這部片上，你可以做你需要做、你想做的任何事，但你得走到那一刻。」此話指的是他們預定的結局。接著他說：「如果成功，這會是部精采的電影；如果失敗，這部片就毀了。」

這部片的方向仍舊混沌未明，直到有人講出了那魔法般的字眼：**姊妹**。直到那一刻之前，艾莎跟安娜都沒有任何親屬關係。對珍妮佛來說，那是個魔幻時刻，突然間整部片變得對她意義非凡。她開始比過往更努力打造劇本中的情感連結。當她想像被手足隔離、排拒是什麼感覺時，也從自己跟姊姊的關係中汲取許多靈感。

珍妮佛成長於羅德島東普羅維登斯市，一家子滿是女人。她從很小的時候就熱愛閱讀和畫畫。小時候她很迷戀《仙履奇緣》，這部五〇年代經典電影的錄影帶她看了五十幾次，直到電影的每一秒都鐫刻在記憶裡為止。當年，在她聽到〈這就是愛〉這首歌時，珍妮佛還不知道擔任這部片藝術監督的女性：瑪莉・布萊爾有一天會深深影響她自己的職涯。

童話故事裡呈現的「從此幸福快樂」的主題，明顯不存在於眼前父母親婚姻的現實中。父母親離婚後，珍妮佛跟本來很親近的姊姊艾美隨著年紀愈長，就愈漸行漸遠。對珍妮佛來說，感覺像是這段關係失落了。直到二十歲她就讀新罕布夏大學英文系時，一場悲劇才讓姊妹又再重逢。珍妮佛的男友意外溺斃，在緊接而來的痛苦時期，艾美無條件陪伴她。長大成人的兩人得以建立起新的關係。「從那一刻起，」珍妮佛後來說，「她就是我的最佳啦啦隊。」

現在珍妮佛將這些經驗帶進作品裡。為了肯定她對這個計畫的熱情奉獻，同時團隊只剩下一年時間完成這部電影，製作人彼得・戴爾維喬（Peter Del Vecho）邀請珍妮佛擔任工作室史上第一位女性動畫長片導演，與導演克里斯・巴克共同合作。

現在身為共同導演的珍妮佛強烈感覺自己與團隊需要真實呈現出影片核心的家庭關係。考慮到這一點，他們做了一件從來沒做過的事，那就是舉辦一場「姊妹高峰會」（sister summit）。某個程度上，這其實是個復古的點子，就類似一度是工作室重頭戲的大型故事創作會議，差別在於從來沒有數百名女性參加過那些會議。

高峰會匯集來自華特・迪士尼動畫工作室（二〇〇七年改名）所有部門的女性，請她們輪流分享自身經驗，與會者會討論身為女性與姊妹的意義。有些主題是小事情，例如爭搶衣服；有些則十分深入，例如如何幫助姊妹度過難關。

這場姊妹高峰會為期好幾天，為編劇及故事創作者帶來新的靈感。從排斥、孤單及姊妹情誼長存這些主題，艾莎與安娜的角色取得了精巧的平衡。他們將安娜打造成許多女性都記得的那種小妹妹，一心想要個玩伴，就像安娜在歌曲〈妳想要一起堆雪人嗎？〉（Do You Want to Build a Snowman?）所唱的那樣。團隊先前刪除了這首歌，覺得它太過強烈，現在這卻能用來展現兩個女孩關係的核心。安娜在歌曲中懇求姊姊告訴她，為何兩人不能再當朋友。這首歌對他們更是有個人層面的意義，最終影片的版本由珍妮佛的女兒與羅培茲夫婦的女兒各唱了一段。

珍妮佛也強烈希望能給女性角色人性化的一面；她不想塑造毫無瑕疵的公主。通常只有男性角色才有機會表現一些低俗笑點，珍妮佛卻決定要給安娜公主來點「解氣」的特色。在故事創作會議中，她的打嗝橋段讓大家笑了出來。更大的主題也浮現了。在珍妮佛的引導下，電影的核心概念轉變成愛能戰勝恐懼這個更大的前提。

隨著姊妹高峰會即將結束，麥可．吉亞莫走進會議室中聆聽（男性不允許在高峰會裡發言）。他知道他正在見證工作室史上獨一無二的時刻；他後來稱之為「迪士尼能量的最佳時刻」。吉亞莫已經在工作室待了幾十年，做過許多不同職位，但他對瑪莉．布萊爾作品的熱情卻愈來愈深。在《冰雪奇緣》（*Frozen*）中，他擔任的是瑪莉的職位，也就是藝術監督，他將自己從這位女性先鋒身上學到的一切，全都用在這部片的風格塑造上。他重新檢視了瑪莉一九五四年的動畫短片《冬日回憶》（*Once Upon a Wintertime*）。從瑪莉對冰雪的描繪中，吉亞莫對她運用色彩暗示情緒中不同溫度的能力特別驚豔。影片中的冰封畫面並非一片單調的雪白，反而映照出天空、角色，以及每個景所發生的動作。

麥可也將這些原則運用在他的色彩調配上，他想方設法讓顏色融入電影，成為情緒的潛台詞。當艾莎在她的冰宮中生氣踱步時，牆壁也變成驚人的冷酷紅色。冷靜的時候，霧藍色則又籠罩全景。麥可選擇在雪面鋪上亮紫紅色，反映著頭頂上的極光，同時黃色也有其用處。當他第一次提及運用這個色調時，高層憂心忡忡地問：「不會是黃雪吧？」然而麥可找到將黃色融入故事的方式，他用黃色作為一種警示光，代表場景的緊張情勢升高，直到色調再轉為紅色。

麥可在《冰雪奇緣》中的創作代表著早期世代大膽無畏的藝術概念用色。他將此歸功於他的繆思瑪莉，並說：「她的作品不再只是工作計畫的一環而已，那已經是純藝術了。那是藝術，也有自己的表述方式。」

《冰雪奇緣》中閃亮發光的不只是故事本身，特效動畫更是工作室至今所採用過最先進的技術。為這部電影工作的八十位動畫師創造出超過兩千片獨特的雪花。《冰雪奇緣》需要大量的白雪，於是團隊使用一種由電腦產生的工具，稱為物質點法（Material Point Method）；這種方法是由密蘇里大學研究人員所研發。此種模擬科技可讓科學家預測火災或爆炸會如何影響結構體，藉此改善建築設計與建材。在華特．迪士尼動畫工作室中，團隊運用同樣的演算法，略為改變後，用以決定雪球如何四散、冰宮如何碎裂。

創造艾莎的精緻冰宮，是全片技術上最困難的一段。這一段畫面裡，城堡巨大門廊的長階梯、細緻的冰川牆面與露臺的細節，在在證明對四千部電腦（二〇一三年《怪獸大學》〔*Monsters University*〕）所需機器數量的兩倍）是極大的損耗；它們一次只能產生一格電影畫面。單一畫面——例如艾莎走上冰宮露台的畫面——就讓四千部電腦花了五天時間產生，比任何一部當代電影都更費時。相較之下，《汽車總動員2》的單一畫面需要十一小時來產生；《怪獸大學》則是二十九小時。這證明了每一個景都經過精雕細琢；此刻藝術家也有了足夠的電腦運算能力來應付這樣的細節。

在《冰雪奇緣》的製作過程中，工作室引進了一隻活馴鹿讓動畫師素描。團隊坐在巨碩的動物四周，牠的鹿角柔軟，帶著天鵝絨觸感——這一幕令人想起七十多年前的工作室，那時的華特也為了《小鹿斑比》找來兩隻小鹿讓藝術家素描。而當年只有一位女性坐在畫鹿的人群之中，那就是瑞塔．史考特，而今卻有十幾位女性動畫師參與影片的製作。

若非女性重新回到華特．迪士尼動畫工作室的故事創作與動畫部門，那是不可能成就《冰雪奇緣》故事與藝術之美的。這些部門在七〇、八〇年代時，幾乎把女性藝術家都清空了，此刻卻人才濟濟。新世代如克萊兒．金恩（Claire Keane）與珍．吉爾摩爾（Jean Gillmore）兩位視覺發展藝術家的角色就像比安卡與希爾維亞，都將她們多元的經驗帶到工作中。

普拉桑蘇克．維拉桑屯（Prasansook Veerasunthorn）（朋友和同事叫她「小鹿」〔Fawn〕）也是動畫長片的故事創作藝術家。她在泰國的春武里（Chonburi）出生長大，小時候就一直不斷看著《小飛象》。看到瑪莉．布萊爾設計的母象用鼻子抱起小象的那一幕，她還會看到哭。小鹿在十九歲時以學生簽證來到美國，就讀俄亥俄州的藝術學院。一開始，英文讓她緊張，對話不是很流利，因此電影的視覺媒介便顯得吸引人。透過電影，她不需語言就能進行溝通。

小鹿在二〇一一年來到華特．迪士尼動畫工作室的故事創作部門、加入《冰雪奇緣》工作團隊之前，她輾轉換過幾間不同的動畫工作室。現今雇用小鹿這樣背景的人已不再是特殊個案。她現在是工作室中許多女性與移民的其中一位。

小鹿從創作快速故事板（beatboard）開始。這種故事板能用來快速呈現可納入既有段落的點子。她的圖稿裡描繪小時候的安娜與艾莎玩雪，還跟歐拉夫在城堡大廳滑冰的頑皮逗趣動作。她的圖掌握了姊妹倆在艾莎的魔法下，共享童年歡樂，直到後來一切都走了樣。在故事創作室中，他們將冷氣的溫度調低，一邊就「派對結束」這個段落進行最後修整。在這個段落中，成人的艾莎終於對著安娜跟一整個宴會廳的賓客展現自己的力量。小鹿為安娜與艾莎的反應添入悲傷的成分，也為這一景創造微妙的情緒，從中表現出姊妹關係急轉直下。

當電影在二〇一三年十一月上映時，沒人預期到全球觀眾的反應。影評就像迪士尼電影經常獲得的評價一樣——好壞參半。《綜藝》雜誌批評「主要角色個性一般」。《紐約每日新聞報》則宣稱這部影片缺乏「印象深刻的歌曲」。網路雜誌《石板》（*Slate*）則譴責配樂「缺乏音樂性」。其他影評則比較正面，稱這部片為工作室的「第二次復興」。票房則有自己的意見：上映才一百零一天，這部片已賺進超過十億美元，成為影史上票房收入最高的動畫電影。

第八十六屆奧斯卡頒獎典禮上，珍妮佛．李跟她的姊姊艾美一起走紅地毯，向啟發這部電影的手足關係致敬。當《冰雪奇緣》贏得最佳動畫長片獎時，「賽璐珞天花板」被打破了。這是迪士尼工作室女性員工兩項戲劇性的「第一」：華特．迪士尼動畫第一次有女性導演獲得奧斯卡獎；這也是史上第一位女性導演的電影票房超過十億美元。

兩天後，小鹿在工作室的辦公室裡抱著令人垂涎的小金人。抱著這座她幫忙贏得的獎項是很令人感動的經驗。成為團隊的一分子讓她極為驕傲。她的名字也在創作團隊名單中，而懷裡

（暫時）抱著奧斯卡獎座的她更擁有幾十年來許多女性故事創作者求之不得的肯定。

新計畫已經擺在眼前。珍妮佛與小鹿都參與了《動物方程市》（*Zootopia*，二〇一六）的製作。這部片以野心勃勃的兔子女警為主角，處理的是更大的歧視與包容的主題。這部片獲得影評正面評價，《今日美國報》（*USA Today*）讚美劇情「微妙地將種族定性、刻板印象與對他人的成見，以有創意的方式交織在一起」。小鹿也參與了賣座電影《海洋奇緣》（*Mona*，二〇一六）的製作，這部片的故事談的是海洋本身選中了充滿生命韌性的波里尼西亞女主人公，要她在恢復自然世界與拯救同胞之間尋求平衡。她在沒有任何戀愛對象的協助下達成任務。《綜藝》雜誌宣稱這部片「標誌著迪士尼回到了復興時代的高點」。

沒有哪部電影能取悅所有人的喜好。華特．迪士尼動畫工作室近期的電影中，也沒有哪一部在處理種族與性別議題上盡善盡美。有些影片今日可能獲得溫暖的讚美，然而二十年後，觀眾可能會發現它們少了某些必要的面向與敏感度。然而工作室推出的新長片確實標誌著產業的變化——所有電影的背後，都有一群致力於改寫童年故事的真實人物。

二〇一八年，小鹿獲得升遷，成為故事創作部門主管。站在許多前人肩膀上的她跟故事創作同儕正運用手中的創意，推進一個女性與多元文化角色有適切展現方式的新時代，不再受過去刻板印象的拘束。

然而困境仍未成為歷史，也不只在3D動畫的技術面遇上阻礙。長期以來女性對職場性騷擾與歧視都保持沉默，直到二〇一七年#MeToo運動，不同領域才開始打破沉默，特別是娛樂產業。

當皮克斯與華特．迪士尼動畫工作室前執行長約翰．拉賽特在二〇一七年因被控對女性再三施以不當行為而遭停職，對工作室內部的人來說，他們的驚訝不盡然出自老闆被報出來的行徑，而是這麼有權力的人終於也受到究責了。（拉賽特說他的行為「無庸置疑錯了」，也為自己的行為道歉。）也許未來還會有動畫產業內部其他類似的指控會曝光，但這個產業總算有了進步，每年噤口不報的侵害案件也會減少。

動畫界的女性世世代代一直深受其害，許多人也仍隱忍著這種傷害。華特．迪士尼工作室早期的女性雖然擁有創意自由與影響力，但她們最接近姊妹高峰會的活動，也不過是希爾維亞為《幻想曲》中《胡桃鉗》段落所召開的故事創作會議。在那個場合，女性齊聚一堂構思故事線，而男人則蔑視成品為太過女性化。

對這些女性先鋒來說，有朝一日故事創作會議將充滿有自信的女性藝術家，並由她們主導動畫長片的想像——這該是多麼令人欣喜的想法。然而，自比安卡．馬喬利加入故事創作部門開始，八十多年後的今天，這樣就夠了嗎？

彼特・達克特（Pete Docter）不這麼認為。二〇一八年，他跟珍妮佛・李接任拉賽特的職位，分別成為皮克斯與華特・迪士尼動畫工作室執行長。兩人都全心改變公司文化。達克特也希望能讓工作室的女性先鋒獲得應有的肯定。一九九〇年，他從加州藝術學院畢業隔天就進入皮克斯工作。從一開始，他就強烈感受到動畫的歷史會影響到當下。在導演首部作品《怪獸電力公司》（二〇〇一年）時，他從瑪莉・布萊爾的用色風格取得靈感。由他共同執導且備受好評的《天外奇蹟》（*Up*，二〇〇九年）中，他也以布萊爾的形象來創造主角去世的愛妻艾莉。電影中艾莉的畫作，就是對這位傳奇畫家作品的致敬。《腦筋急轉彎》（*Inside Out*，二〇一五年）中，色彩豐富亮麗的少女內心世界，也反映了瑪莉的藝術風格；這部片也是由達克特執導。

瑪莉・布萊爾的藝術是最近才為大眾所知，雖然被她作品中的純真與歡樂啟發的那些人之中，幾乎沒人知道這些作品有時是在痛苦、甚至是受凌虐的情況下創作出來的。瑪莉的藝術獲得今天的人投以新的注意力，也將持續影響新時代的作品，而所有同時期受低估的重要女性藝術家的遺產也應該重獲新生。

此刻更勝以往，動畫界需要她們的啟發來發揮影響力。科學界經常哀嘆缺乏女性，許多組織也致力於讓更多女性投入科學、科技、工程及數學領域，但電影產業的女性人數卻更是少。雖然在全美各地藝術學校研讀動畫的學生中，有百分之六十是女性；她們卻只占好萊塢動畫師人數的百分之二十三。前一百大收入最高的電影中，只有百分之十的編劇跟百分之八的導演是女性。聖地牙哥州立大學的影視女性研究中心在二〇一八年出版的一份報告中表示，一旦是由女性導演執導作品，劇組就會產生涓滴效應，更多女性會被雇用為編劇、剪輯、攝影師與作曲家。世界各地的電影圈——從加拿大到法國再到日本——這類統計數字都相去不遠。

螢幕上也經常看不到女性；收入前一百大的美國影片中，只有不到百分之二十四的主角是女性。二〇一七年的動畫長片裡，這個比例更是低得驚人，只有百分之四。一九八〇年代由漫畫家艾莉森・貝克德爾（Alison Bechdel）想出來的貝克德爾測試（有時又稱貝克德爾－華萊斯測試〔Bechdel-Wallace〕），雖然一開始是玩笑性質，現在已經成為評估娛樂產業描繪女性方式的普遍辦法。若要通過貝克德爾測試，一件作品必須擁有三項特質：首先是片中至少要有兩名女性；其次，女性得跟彼此對話；第三，她們得聊些男人以外的事情。未能達到這三項簡單要求的電影實在不計其數。一九七〇至二〇一三年間，一千七百九十四部好萊塢影片中，只有百分之五十三通過測試。

對許多兒童來說，電影代表著看見自己文化的第一印象，還有第一眼見到這個文化中的男、女角色分別為何。這些觀眾易受影響的心靈正形塑我們未來的世界，而只有更平等的環境才有益於這個未來的世界。

比安卡在驚恐中跑出故事創作會議，將作品碎片留在身後的地板上。一九三七年那個命定的下午，跑過走廊的她恨透了自己身為故事創作部門唯一女性這件事。她的孤立就是徹頭徹尾的痛苦來源。倘若今日華特·迪士尼動畫工作室的女性能跨越時空，向那位藝術家伸出手，她們肯定會安慰她，事情會愈來愈好的。「沒有關係，」她們會告訴她，「現在妳可以放慢腳步了。」

終話
永遠幸福快樂

我跟五歲的女兒站在迪士尼樂園明日世界裡兩幅彼此相對的巨大壁畫前。「妳為什麼看著這些畫，媽媽？」大批遊客經過我們時，女兒伊利諾問道。「因為妳喜歡太空嗎？」女兒很清楚我確實喜歡外太空的影像，特別是那些星球。但那不是我看著這兩道又長又彎曲的牆的原因，每道牆長度都有五十四英尺。

「有一位叫做瑪莉．布萊爾的藝術家，在那邊留下了畫著小朋友玩耍的磁磚壁畫。」我指著牆面告訴伊利諾。「但是我們再也看不到了。」「它們只是躲起來了，對嗎，媽媽？」伊利諾問。我們看著現在的牆面，雖然上面畫的是星球跟太空船，看起來卻無趣且缺乏生命力。伊莉諾看起來有點哀傷。我點頭說是，但這個答案只有部分正確。其中一幅壁畫在一九八六年被剷掉了，但另一幅一九六七年完成的瑪莉．布萊爾壁畫很可能還在。那些圖像埋藏在層層石膏下，有望仍保存良好。那幅壁畫一如瑪莉．布萊爾的豐厚遺產，即便就在我們眼前，但卻無法得見。

為了讓彼此開心一點，我帶伊莉諾去搭小小世界遊船。船沿著運河搖擺前進，我們進到洞穴內部，洞裡的美妙與歡欣很快讓我們笑了出來。「妳有看到艾菲爾鐵塔旁邊那個娃娃嗎？」我靠向前問女兒，她的頭正左顧右盼，試圖看到每樣事物，還一邊興奮大叫，一開始我不確定她是否聽到我講話。「抓著紅氣球的那個？」她興奮大叫。「對，那個，金色短頭髮的。」我說，「那就是瑪莉．布萊爾。這個設施是她的作品。」伊莉諾的臉轉向我，笑著說：「我很喜歡。」

她不是唯一喜歡這個設施的人。華特設計迪士尼樂園的方式，就是讓它持續處於變動狀態，舊景點要讓位給新裝置，但小小世界遊船一直都很受歡迎，因此成為園內固定會有的設施。即使設計者去世了四十多年後，它仍在遊樂園中。一九七八年七月二十六日，瑪莉．布萊爾死於腦溢血。華特．迪士尼工作室週報以一段夾在頁面中間的簡短訊息，宣布瑪莉的死訊。同一份週報的首頁以長文跟照片懷念同一個月去世的公司稅務會計師。

生命的最後幾年，瑪莉在家人陪伴下獲得平靜；她喜歡外甥女的陪伴，也經常畫畫。她用色的風格雖然在最後幾年逐漸消失，臨終時又恢復了。她畫中的景象就跟事業高峰期的那些作品一樣，靈動又歡欣。喪禮在加州卡比托拉（Capitola）的聖公會教堂舉行，出席的人很少。

儀式之後骨灰撒入大海。瑪莉被列入了迪士尼傳奇，這是很高的榮譽。那時的李．布萊爾還在嫉妒她，於是對朋友說：「他們為何把這個名譽給瑪莉？她都死了。」他選擇不參與典禮。

瑪莉的好友瑞塔．史考特同樣也在生命晚年找到平靜與滿足。一九八〇年代，瑞塔．史考特成功回歸動畫圈，參與製作《疫病犬》；這間公司後來被皮克斯動畫工作室收購。此後她也接一些動畫短片與其他商業片的案子。她告訴兒子班傑明：「如果你不懂，就畫不出來。」這些話源自她生命經驗的深處。一九八五年十二月的一場中風讓她身體虛弱，喪失溝通能力。她在一九九〇年八月二十六日去世，享壽七十四歲。她的離世幾乎跟手繪動畫的落幕同時發生。

葛麗絲．杭亭頓的飛行表現十分傑出，創下許多速度跟高度紀錄。她在一九四八年三十五歲時死於肺結核，身後留下先生與五歲的兒子。她先生認為葛麗絲的死，不只因為四〇年代無藥可醫的細菌感染，還因為心碎——她從未突破飛行界對女性的偏見。她生病之後沒多久，軍隊開始徵求願意渡運飛機的女性飛行員。這正是她長久以來夢想的機會，卻已經太遲了。

一九四六年遭到華特．迪士尼工作室裁員後，希爾維亞．荷蘭德先在米高梅片廠工作。後來變成童書插畫家及卡片設計師。一九五〇年代，她運用長久以來被忽視的建築技能，蓋了兩棟自己設計的房子，並且開始培養新的興趣。過去也曾餵養、撫摸華特．迪士尼工作室流浪貓的希爾維亞憑藉對貓的熱愛，培養出新品種的暹羅貓：峇里貓（the Balinese），也以此享譽國際。這個品種今日仍生生不息，伯班克工作室也依然有貓在裡面漫步。希爾維亞年老時，四肢受風濕病所苦，即便疼痛影響行動，她依舊堅持作畫。她曾希望有朝一日可以寫下自己的回憶錄，可惜已經沒有這個機會了。一九七四年，她死於中風。

比安卡．馬喬利反而是笑到最後的人。首位進入故事創作部門的女性比她的三〇年代同代人活得更久。離開工作室後，比安卡嫁給藝術家同事卡爾．黑爾本（Carl Heilborn）。兩人成立黑爾本工作室藝廊，比安卡常在此展出作品。藝廊位在亥伯龍大道上，跟她的動畫事業開展之處就在同一條街上。比安卡晚年時視力愈來愈差，導致她無法素描繪畫。「我想我不會再碰顏料了，」她說，「但倘若還能的話，我應該會把手指插進顏料桶，像孩子一樣畫畫。這樣重新展開生命也不錯，像個孩子一樣。」比安卡在一九九七年九月六日去世，享壽九十七歲。

這些女性藝術家的作品就像迪士尼樂園裡被埋藏的壁畫一樣難辨，但其實就在我們四周，儘管許多人的名字從我們的意識中消逝，常取而代之的反而是跟她們共事的那些男性。她們形塑電影中女性角色的演進、推動技術發展、打破性別藩籬，給了我們今天在電影跟動畫中所見到那些強而有力的故事。她們的藝術不只塑造過去千百萬人的童年，未來還將影響無數的人。

致謝

首先誠摯向讀者致謝，你們分享的訊息與故事支持我度過低潮時刻，也激勵我繼續寫下去。倘若少了一開始就鼓勵我的瑪姬．理查森（Maggie Richardson）提供看似無窮無盡的研究資料，以她強大的說故事能力強化我的意志，這本書不可能問世。我也非常感謝與我談話過，所有現任、前任的迪士尼員工，以及他們的家人和朋友，無不大方跟我分享回憶與珍藏的資料：感謝簡恩．張伯倫（Jeanne Chamberlaine）、柏克萊．布蘭特、班．沃賽斯特（Ben Worcester）、希歐．哈樂代、安．塔爾文（Ann Tarvin）、史帝夫與蘇西．歐諾帕（Steve and Suzi Onopa）、卡洛．韓納門（Carol Hannaman）、麥可．吉亞莫、彼特．達克特、布蘭達．查普曼、艾倫．伍德柏利、麗塔．蕭及其他許多人。我的研究也仰賴許多迪士尼史學家的協助，特別是約翰．坎麥可（John Canemaker）。倘若沒有他們寶貴的照片、藝術作品、訪談、故事創作會議逐字稿及其他許多資料，這本書不可能寫得出來。尤其感謝許多圖書館員與文獻專員——包含凱瑟琳．普拉茲（Katherine Platz）——協助我做研究，甚至幫我找到根本就不知道有它存在的文件。還要感謝亥伯龍歷史聯盟（Hyperion Historical Alliance）的成員不只協助了研究工作，還讓我加入這多采多姿的社群。

倘若少了優秀的出版經紀人羅莉・阿伯克米爾（Laurie Abkemeier）的支持與鼓勵，我會迷失方向。對於才華洋溢的編輯阿希雅・穆齊尼克（Asya Muchnick），我心中充滿無限感激，很幸運能獲得她專業的協助。同時感謝珍・亞夫・坎普（Jayne Yaffe Kemp）與崔西・洛（Tracy Roe），她們不只大幅精進了初稿，機智詼諧的編輯建議也常讓我忍俊不住。

感謝我的大都會丘陵家族，包含瑞秋與蓋瑞・科克里（Rachael and Gerry Coakley）、蘇西與班・貝爾德（Susie and Ben Bird）、伊莉莎白・金恩（Elizabeth Keane）、西恩・凱許曼（Sean Cashman）及莎拉・艾略特（Sarah Elliott）。感謝我在溫塔基（Ventucky）的工作同仁，包含伊莉莎白・蕭（Elizabeth Shaw）、艾姆琳・瓊斯（Emlyn Jones）、珍妮佛與派森・湯普森（Jennifer and Payson Thompson）、提姆・弗拉納根（Tim Flanagan）、J.A.及裘琳・麥克法爾蘭（J.A. and Joline MacFarland）、艾美・坎特（Amy Cantor）及史考特・安布魯斯特（Scott Ambruster）。感謝親愛的朋友：我永遠的好友安娜・瑟爾茲（Anna Seltzer）、桃樂絲與馬利安諾・德古茲曼（Dorothy and Mariano Deguzman）、傑瑞米・班奈特（Jeremy Bennett）、雷貝嘉・李（Rebecca Lee）與瑞奇・瑟蓋爾斯基（Rich Cegelski）、達西與馬克・圖伊特（Darcie and Mark Tuite）、莉

莎與路得・沃德（Lisa and Luther Ward）、黛博拉・沃德（Deborah Ward）與梅根・佛尼斯（Megan Furniss）。很感謝在最黑暗的歲月裡讓我振作精神的小火雞們：克莉絲汀・拉斯康（Kristin Rascon）、艾胥莉・米凱爾斯（Ashlee Mikels）、艾美・麥坎（Amy McCain）、亞曼達・韋伯（Amanda Webb）、雪莉・麥吉爾（Shirley McGill）、凱特・布倫姆（Kate Brum）、米雪爾・丹莉（Michelle Danley）、莉莎・弗納里（Lisa Funari）、珊曼莎・威爾森（Samantha Wilson）、潔西卡・薩卡斯凱（Jessica Sakaske）、艾莉卡・西爾登（Erica Hilden）、A.J.倫德（A.J. Lund）、安德莉亞・亞歷山大（Andrea Alexander）、史黛西・威廉斯（Stacey Williams）、荷莉・巴頓（Holly Button）、珍納・伍德（Jenna Wood）、瑞秋・尼爾森（Rachael Nelson）、艾莉卡・約翰森（Erica Johansen）、潔西卡・密德蘭（Jessica Midland）、凱莉・斯拉馬（Callie Slama）、貝姬・布朗（Becky Brown）、金伯莉・菲利浦（Kimberly Philip）、亞曼達・舒斯特（Amanda Shuster）、薇樂利・哈爾希（Valerie Halsey）、克萊爾・萊斯（Clare Rice）、蘿西・福布斯（Rosie Forbes）、凱琳・古德曼（Karyln Goodman）、克斯蒂・皮龍（Kiersti Pilon）與艾美・布萊克威爾（Amy Blackwell）。感謝許多老師，包含珍妮佛・歐萊利（Jennifer O' Reilly）、麥庫爾女士（Ms. McCool）、克雷莎・布萊克斯頓（Koresha Braxton）、史黛西・艾爾斯（Stacey Isles）與傑克琳・羅莎里歐（Jacqueline Rosario）。感謝我的家人，馬可・卡茲（Marco Katz）、

貝西・布恩（Betsy Boone）、喬伊斯・布恩（Joyce Boone）、蘿絲・葛倫德蓋格（Rose Grundgeiger）、克萊兒與傑瑞・麥克里瑞（Claire and Jerry McCleery）、夏恩（Shane）、法蘭妮（Frannie）、露比（Ruby）、哈里森（Harrison）與安德魯・維斯利（Andrew Vesely）、史考特・霍特（Scott Holt）與希亞・霍特（Shea Holt），還有可愛的漢娜・霍特（Hannah Holt）。紀念一位備受摯愛的父親與祖父：肯尼斯・佛萊・霍特（Kenneth Fry Holt）。

此外，更獻給我生命中最重要的人：我先生拉金（Larkin），以及天天用古靈精怪小腦袋啟發我的女兒——伊利諾（Eleanor）及菲莉芭（Philippa）。

註釋

本書的研究很大程度仰賴瑪姬・理查森、簡恩・張伯倫與柏克萊・布蘭特、希歐・哈樂代與班傑明・沃賽斯特的家族藏品，以及史學家約翰・坎麥可收藏的文獻資料。除了坎麥可優秀的出版作品之外，他們大量的個人與對外開放的收藏品（包含訪談、故事創作會議逐字稿、書信往來、照片與藝術品）都提供我們有關工作室生活與女性員工的生命的豐富細節。約翰・坎麥可未出版的訪談，已獲得本人授權使用於本書中，乃書中傳記資料的核心。故事創作會議逐字稿來自個人收藏、劇本圖書館及文獻資料庫。此外，我也找到華特・迪士尼與皮克斯動畫工作室的現任、前任員工及其家人、朋友進行訪談。

除非特別註記出處，比安卡・馬喬利、希爾維亞・荷蘭德、瑞塔・史考特、葛麗絲・杭亭頓及瑪莉・布萊爾的生平資料都是出自書信往來、筆記、畫稿、照片、日記，以及與其家人、朋友、同事所做的訪談。

第一章｜我們年輕的時候

關於比安卡・馬喬利更多資訊，包含作品案例，見：John Canemaker, Before the Animation Begins: *The Art and Lives of Disney Inspirational Sketch Artists* (New York: Hype- rion, 1996); John Canemaker, *Paper Dreams: The Art and Artists of Disney Storyboards* (New York: Hyperion, 1999); and Didier Ghez, *They Drew As They Pleased,* vol. 1, *The Hidden Art of Disney's Golden Age: The 1930s* (New York: Hyperion, 2015).

關於比安卡提出《白雪公主》藝術概念及相關對話，出自一九三七年一月二十五日故事創作會議逐字稿、比安卡的書信，以及與其友人的訪談。

關於比安卡災難性故事創作會議的記憶，以及「這就是我們不該用女人⋯⋯」等引言，見：Didier Ghez, ed., *Walt's People,* vol. 9, *Talking Disney with the Artists Who Knew Him* (Bloomington, IN: Theme Park Press, 2011).

關於華特・迪士尼的歷史，包含在美國紅十字會救護隊服役的經歷，見：Neal Gabler, *Walt Disney: The Triumph of the American Imagination* (New York: Ran dom House, 2006).

關於紐約傑西潘尼百貨的員工對一九二九年股市崩潰的反應，來自作者對前員工與其家人的訪談。

關於第一支影音同步的米老鼠卡通，見：Dave Smith, "Steamboat Willie," Film Preservation Board, Library of Congress.

湯瑪士・愛迪生曾言：「美國人比較喜歡默片」，見：*Film Daily,* March 4, 1927.

關於聲音如何融入電影，見：Scott Eyman, *The Speed of Sound: Hollywood and the Talkie Revolution, 1926–1930* (New York: Simon and Schuster, 1997), and Tomlinson Holman, *Sound for Film and Television* (Abingdon, UK: Routledge, 2010).

關於節拍音軌的歷史與技術，見：Mervyn Cooke, ed., *The Hollywood Film Music Reader* (Oxford: Oxford University Press, 2010).

華特・迪士尼早年遭遇的財務困境，以及賣掉一九二六年出廠月亮敞篷車一事，見：Timothy S. Susanin, *Walt Before Mickey: Disney's Early Years, 1919–1928* (Jackson: University Press of Mississippi, 2011). 比安卡・馬喬利與華特・迪士尼的書信往來曾出版於：Ghez, *They Drew As They Pleased,* vol. 1.

薪水相關資訊出自迪士尼員工紀錄；收藏於紐約大學艾默爾・荷姆斯・鮑伯斯特圖書館（Elmer Holmes Bobst Library）內、費爾斯圖書館與特別典藏館（Fales Library and Special Collections）中的約翰・坎麥可動畫藏品。

關於迪士尼寫生課起源，見：Michael Barrier, *The Animated Man: A Life of Walt Disney* (Berkeley: University of California Press, 2007).

關於《白雪公主與七矮人》的發展與製作，見：J. B. Kaufman, *The Fairest One of All: The Making of Walt Disney's "Snow White and the Seven Dwarfs"* (San Francisco: Walt Disney Family Foundation Press, 2012).

關於故事板的起源，見：Chris Pallant and Steven Price, *Storyboarding: A Critical History* (Berlin: Springer, 2015).

關於一九三〇年代如何以性別界定工作內容，以及華特・迪士尼工作室寄出的拒絕信範例，見：Sandra Opdycke, *The WPA: Creating Jobs and Hope in the Great Depression* (Abingdon, UK: Routledge, 2016).

第二章｜一邊工作，一邊吹口哨

關於工作室早年位於亥伯龍大道二七一九號的資訊，見：Bob Thomas, *Walt Disney: An American Original* (Glendale, CA: Disney Editions, 1994).

「華特・迪士尼徵求藝術家」的廣告出現在一九三六年四月號的《大眾機械》雜誌上。這則廣告吸引了許多才華洋溢的藝術家，包含華特九大老中的幾位。

比安卡早期的《小鹿斑比》研究，記錄在當時書信及後來的訪談裡。背景資訊請見：John Canemaker, *Before the Animation Begins: The Art and Lives of Disney Inspirational Sketch Artists* (New York: Hyperion, 1996).

更多關於菲力克斯・薩爾坦的作品與其重要性，見：Paul Reitter, *Bambi's Jewish Roots and Other Essays on German-Jewish Culture* (New York: Bloomsbury, 2015).

「他們會停止迫害我們嗎？」是薩爾坦作品的其中一種譯法，有時也譯為「他們會停止追殺我們嗎？」，後面接著探討對人類的殘酷與力量。關於《小鹿斑比》作品文化同化的進一步討論，見：Paul Reitter, "The Unlikely Kinship of

Bambi and Kafka's *Metamorphosis,*" *The New Yorker,* December 28, 2017.

關於哈爾．宏恩與他的「笑話檔案」，見：Daniel Wickberg, *The Senses of Humor: Self and Laughter in Modern America* (Ithaca, NY: Cornell University Press, 2015).

桃樂絲．安．布蘭克的故事，見：Didier Ghez, *They Drew As They Pleased,* vol. 1, *The Hidden Art of Disney's Golden Age: The 1930s* (New York: Hyperion, 2015), and Chris Pallant and Steven Price, *Storyboarding: A Critical History* (Berlin: Springer, 2015).

關於多平面攝影機的歷史與發展，見：Whitney Grace, *Lotte Reiniger: Pioneer of Film Animation* (Jefferson, NC: McFarland, 2017).

關於烏布．伊沃克斯的重大貢獻，見：Leslie Iwerks and John Kenworthy, *The Hand Behind the Mouse* (Glendale, CA: Disney Editions, 2001).

關於《白雪公主與七矮人》盛大的首映，見：J. B. Kaufman, *The Fairest One of All: The Making of Walt Disney's "Snow White and the Seven Dwarfs"* (San Francisco: Walt Disney Family Foundation Press, 2012).

第三章｜當你向星星許願時

關於工作室員工間對於銀幕列名一事的不滿，見：Todd James Pierce, *The Life and Times of Ward Kimball: Maverick of Disney Animation* (Jackson: University Press of Mississippi, 2019), and Tom Sito, *Drawing the Line: The Untold Story of the Animation Unions from Bosko to Bart Simpson* (Lexington: University Press of Kentucky, 2006).

一九三〇年代的洛杉磯歷史及一九二三年蓬勃發展的原油供應，可見美國公共事業振興署的聯邦作家計畫（Federal Writers Project）：*Los Angeles in the 1930s: The WPA Guide to the City of Angels* (Berkeley: University of California Press, 2011).

關於圖坦卡門王發掘及後續引發的圖坦卡門熱潮，見：Ronald H. Fritze, *Egyptomania: A History of Fascination, Obsession and Fantasy* (London: Reaktion Books, 2016).

關於歐洲插畫家對華特．迪士尼工作室藝術家的啟發，詳見：Bruno Girveau, ed., *Once Upon a Time: Walt Disney: The Sources of Inspiration for the Disney Studios* (Munich: Prestel, 2007).

關於《木偶奇遇記》文本分析，見：Clancy Martin, "What the Original *Pinocchio* Says About Lying," *The New Yorker,* February 6, 2015.

關於阿諾德．吉列斯彼在米高梅片場的歷史，見：A. Arnold Gillespie, *The Wizard of MGM: Memoirs of A. Arnold Gillespie* (Albany, GA: BearManor Media, 2012).

關於《木偶奇遇記》特效的描述，見：J. B. Kaufman, *Pinocchio: The Making of the Disney Epic* (San Francisco: Walt Disney Family Foundation Press, 2015).

描圖上色部門用於《木偶奇遇記》的技術，詳見：Mindy Johnson, *Ink & Paint: The Women of Walt Disney's Animation* (Glendale, CA: Disney Editions, 2017).

關於米老鼠商品的歷史，見：Alan Bry man, *The Disneyization of Society* (London: Sage

Publications, 2004).
華特・迪士尼為伯班克五十一英畝地付出頭期款一事，見：Erin K. Schonauer and Jamie C. Schonauer, *Early Burbank* (Mount Pleasant, SC: Arcadia Publishing, 2014).
關於盤尼西林的歷史，見：Eric Lax, *The Mold in Dr. Florey's Coat: The Story of the Penicillin Miracle* (Basingstoke, UK: Mac millan, 2004).
葛麗絲與同事的對話取自一九三九年一月十九日故事創作會議逐字稿。
關於芭芭拉・沃斯・鮑德溫在工作室空氣噴槍部門中的角色，見：Johnson, *Ink & Paint.*

第四章｜花之華爾滋

「這不是卡通……」該段話為華特・迪士尼在一九三八年十二月八日音樂會長片的故事創作會議上的發言，取自會議逐字稿。
關於華特・迪士尼跟利奧波德・史托科斯基傳奇的會面，以及後續合作推動「幻音」的過程，見：Tomlinson Holman, *Surround Sound: Up and Running* (Abingdon, UK: Taylor and Francis, 2008).
關於史特拉汶斯基與華特・迪士尼的歷史及「難以抑制的低能」一語，見：Daniel Albright, *Stravin sky: The Music Box and the Nightingale* (Abingdon, UK: Taylor and Fran cis, 1989).
關於作曲家與編舞家的合作，見：Charles M. Joseph, *Stravinsky and Balanchine: A Journey of Invention* (New Haven, CT: Yale University Press, 2008).
喬治・巴蘭欽的早期生命，見：Robert Gottlieb, *George Balanchine: The Ballet Maker* (New York: Harper Collins, 2010).
未刪減版的《胡桃鉗》舞劇美國首演，是在一九四四年十二月二十四日由舊金山芭蕾舞團演出。關於這齣舞劇在美國演出的歷史，見：Sarah Begley and Julia Lull, "How *The Nutcracker* Colonized American Ballet," *Time*, December 24, 2014.
關於「幻音」發展的細節，見：Mark Kerins, *Beyond Dolby (Stereo): Cinema in the Digital Sound Age* (Bloomington: Indiana University Press, 2010).
「海斯法規」帶來的限制，詳見：Thomas Doherty, *Hollywood's Censor: Joseph I. Breen and the Production Code Administration* (New York: Columbia University Press, 2009).
關於《幻想曲》中向日葵角色的討論，見：Johnson Cheu, *Diversity in Disney Films: Critical Essays on Race, Ethnicity, Gender, Sexuality, and Disability* (Jefferson, NC: McFarland, 2013).
關於向日葵角色發展的對話，出自一九三八年十月十七日故事創作會議逐字稿。
希爾維亞為《田園交響曲》提出的藝術概念，出自她同一時期的畫稿與筆記。
美國全國有色人種協進會與好萊塢片廠主管的談判資訊，見："Better Breaks for Negroes in Hollywood," *Variety*, March 25, 1942.
「整部片中唯一令人不滿……」一語，見：Pare Lorentz, "Review of *Fantasia*,"

McCall's, February 1941.

《田園交響曲》被稱為「《幻想曲》最糟糕的一刻」，見：John Culhane, *Walt Disney's "Fantasia"* (New York: Abradale Press, 1983).

海蒂・諾耶為《時辰之舞》段落擔任模特兒一事，見：Mindy Aloff, *Hippo in a Tutu: Dancing in Disney Animation* (Glendale, CA: Disney Editions, 2008). 隨之而來的嘲弄出自李・布萊爾書信。

關於《胡桃鉗組曲》故事創作會議的資訊，出自一九三八年故事創作會議逐字稿。

「這像是眼睛半開半闔⋯⋯」語出華特・迪士尼，見：Neal Gabler, *Walt Disney: The Triumph of the American Imagination* (New York: Random House, 2006).

赫曼・舒提斯取自愛德懷自然中心之旅的影像，並為《幻想曲》創作雪花、露珠的停格動畫的技術細節，見：John Canemaker, *The Lost Notebook: Herman Schultheis and the Secrets of Walt Disney's Movie Magic* (San Francisco: Walt Disney Family Foundation Press, 2014).

BLB 氧氣面罩設計於一九三八年，在 W.I. Card et al. 所作論文中介紹給醫學界，見："The B.L.B. Mask for Administering Oxygen," *Lancet* 235, no. 6079 (1940).

葛麗絲的第一次飛行高度紀錄，見："Woman Flyer Sets Altitude Record," *Los Angeles Times,* August 1, 1939.

藤川恭的生平資訊出自坎麥可於一九九四年十月二十七日進行的訪談，已獲授權使用於本書中；另見：Edwin McDowell, "Gyo Fujikawa, Creator of Children's Books," *New York Times,* December 7, 1998; and Elaine Woo, "Chil dren's Author Dared to Depict Multiracial World," *Los Angeles Times,* December 13, 1998.

華特・迪士尼工作室早年到一九八〇年代，需製作一百英尺動畫才有資格上銀幕列名一事，見：J. B. Kaufman, "Before *Snow White,*" *Film History* 5, no. 2 (1993). 奧斯卡・費辛格的文件與作品目前藏於洛杉磯視覺音樂中心。關於他的歷史，見：Wil- liam Moritz, "Fischinger at Disney," *Millimeter* 5, no. 2 (1977). 關於他在工作室工作時，門上被釘納粹符號一事，見：William Moritz, *Optical Poetry: The Life and Work of Oskar Fischinger* (Bloomington: Indiana University Press, 2004).

關於一九三〇年代末蘇聯與日本邊界衝突的更多說明，見：Stuart Goldman, *Nomonhan, 1939: The Red Army's Victory That Shaped World War II* (Annapolis, MD: Naval Institute Press, 2012).

伊利亞斯・迪士尼與兒子關於工作室用途的討論，見：Sarah Kimmorley, "Why Walt Disney's Animation Studio Is Nicknamed 'the Hospital,' " *Business Insider,* August 24, 2017.

關於一九三〇及四〇年代，米老鼠在歐洲受到歡迎的程度，見：Richard J. Evans, *The Third Reich in Power* (New York: Penguin, 2006); Carten Laqua, *Mickey Mouse, Hitler, and Nazi Germany: How Disney's Characters Conquered the Third Reich* (New

Castle, PA: Hermes Press, 2009); and Robin Allan, *Walt Disney and Europe: European Influences on the Animated Feature Films of Walt Disney* (Bloomington: Indiana University Press, 1999).

華特・迪士尼宣布削減一百萬美元支出一事，見：Gabler, *Walt Disney.*

《木偶奇遇記》的製作經費與收益，見：boxofficemojo.com and the-numbers.com.

《幻想曲》首映與後續收到的平淡迴響，見：Charles Solomon, "It Wasn't Always Magic," *Los Angeles Times,* October 7, 1990, and Neal Gabler, "Disney's *Fantasia* Was Initially a Critical and Box-Office Failure," *Smithsonian,* November 2015.

第五章｜四月小雨

動畫師解釋他們認為史考特的《小鹿斑比》圖稿，是出自強壯男性之手一事，見：Ollie Johnston and Frank Thomas, *Walt Dis- ney's "Bambi": The Story and the Film* (New York: Stewart, Tabori, and Chang, 1990).

關於頂樓俱樂部的描述，可見一九四三年華特・迪士尼工作室員工手冊，另見：Don Peri, *Working with Disney: Interviews with Animators, Producers, and Artists* (Jackson: University Press of Mississippi, 2011).

華特被引述：「我從來不覺得《小鹿斑比》是我們家的作品。」，見：Neal Gabler, *Walt Disney: The Triumph of the American Imagination* (New York: Random House, 2006).

關於薩爾坦寫作歷史與他的作品為何在德國被禁，見："*Bambi*'s Jewish Roots," *Jewish Review of Books* (Winter 2014), and Paul Reitter, *Bambi's Jewish Roots and Other Essays on German-Jewish Culture* (New York: Blooms- bury, 2015).

「動畫師一直期待……」，出自瑞塔・史考特收藏的一九四〇年工作室內部通訊，另見：Mindy Johnson, *Ink & Paint: The Women of Walt Disney's Animation* (Glendale, CA: Disney Editions, 2017).

關於米爾德瑞・福維亞・迪羅西（又名米莉森・派屈克〔Millicent Patrick〕）的歷史，見：Tom Weaver, David Schecter, and Steve Kronenberg, *The Creature Chronicles: Exploring the Black Lagoon Trilogy* (Abingdon, UK: McFarland, 2017).

「華特一直希望……」的內部備忘錄，出自葛麗絲・杭亭頓私人收藏，於一九三九年一月十七日開始流傳。

工作室內的女性員工人數，尤其描圖上色部門人數，見：Johnson, *Ink & Paint.*

黃齊耀的歷史出自一九六五年一月三十日黃齊耀口述歷史訪談記錄，藏於史密森尼博物館美國藝術文獻庫。另見：John Canemaker, *Before the Animation Begins: The Art and Lives of Disney Inspirational Sketch Artists* (New York: Hype rion, 1996); 另見：Pamela Tom, *Tyrus* (PBS, American Masters, 2017)。黃齊耀在三處資料來源中都提及在工作室內遭種族歧視言論相待。

關於埃利斯島與天使島移民經驗比較，包含「一大群破爛不堪的建築」等引言，見：Ronald H. Bayor, *Encountering Ellis Island: How European Immigrants Entered America* (Baltimore: Johns Hopkins University Press, 2014).

關於排華法案的歷史，見：John Soen nichsen, *The Chinese Exclusion Act of 1882* (Santa Barbara, CA: ABC-CLIO, 2011).

因亞洲移民而出現排拒現象的案例，見：J. S. Tyler, "Tiny Brown Men Are Pouring Over the Pacific Coast," *Seattle Daily Times,* April 21, 1900；另見社論"The Yellow Peril: How the Japanese Crowd Out the White Race," *San Francisco Chronicle,* March 6, 1905.

一八九二年，華盛頓州塔科馬貼出手寫大字報：「我們要中國人嗎？不不不！」，其中一張現收藏於塔科馬的華盛頓州歷史學會。

天使島牆面上刻下的詩句，見：Him Lai, Genny Lim, and Judy Yung, eds., *Island: Poetry and History of the Chinese Immigrants on Angel Island, 1910–1940* (Seattle: University of Washington Press, 1991).

關於亞裔美國移民在華特・迪士尼工作室中的歷史，見：Iwao Takamoto with Michael Mallory, *Iwao Takamoto: My Life with a Thousand Characters* (Jackson: University Press of Mississippi, 2009)；另見：Didier Ghez, ed., *Walt's People,* vol. 9, *Talking Disney with the Artists Who Knew Him* (Bloomington, IN: Theme Park Press, 2011).

《小鹿斑比》工作進展情況取自一九三七至一九四〇年間故事創作會議逐字稿。

華特引言「隨著公鹿離開……」，出現在一九四〇年六月二十日的故事創作會議逐字稿中。這段話也出現在：Johnston and Thomas, *Walt Disney's "Bambi."*

黛安・迪士尼據傳曾說：「為什麼要讓斑比的媽媽死掉？」，見：Jamie Portman, "Generations Stunned by Death Scene in *Bambi,*" *Boston Globe,* July 15, 1988.

關於黃齊耀的藝術創作在縮減《小鹿斑比》對話方面的影響，見：Johnston and Thomas, *Walt Disney's "Bambi."*

關於法蘭克・邱吉爾發展《小鹿斑比》配樂上的技術，見：James Bohn, *Music in Disney's Animated Features: "Snow White and the Seven Dwarfs" to "The Jungle Book"* (Jackson: University Press of Mississippi, 2017).

關於《小鹿斑比》的視覺效果，見：Johnston and Thomas, *Walt Disney's "Bambi"*; Chris Pallant, *Demystifying Disney: A History of Disney Feature Animation* (London: A and C Black, 2011); and Janet Martin, "Bringing Bambi to the Screen," *Nature,* August 9, 1942.

關於醋酸纖維、硝化纖維的定義，以及賽璐珞動畫的特性，見：Karen Goulekas, *Visual Effects in a Digital World: A Comprehensive Glossary of Over 7000 Visual Effects Terms* (San Francisco: Morgan Kaufmann, 2001).

華特引言：「重點是放慢腳步……」，見：Johnston and Thomas, *Walt Disney's "Bambi."*

第六章｜我的寶貝

Helen Aberson and Harold Pearl, *Dumbo the Flying Elephant* (Syracuse, NY: Roll-a-Book Publishers, 1939).

比安卡・馬喬利為《小象艾默》所作的原始故事板，見：John Canemaker, *Paper Dreams: The Art and Artists of Disney Storyboards* (New York: Hyperion, 1999).

關於瑪莉・固特利奇的資料，參見紐海文的康乃狄克州女性名人館。關於她在改編〈冰雪女王〉故事所扮演的角色，見：Charles Solomon, *The Art of "Frozen"* (San Francisco: Chronicle Books, 2015).

華特之語：「呆寶就是……」，見：Michael Barrier, *The Animated Man: A Life of Walt Disney* (Berkeley: University of California Press, 2007).

根據不同資料來源，《木偶奇遇記》的製作成本花了兩百六十萬美元，資料包含：James Bohn, Music in Disney's Animated Features: "Snow White *and the Seven Dwarfs" to "The Jungle Book"* (Jackson: University Press of Mississippi, 2017).

《木偶奇遇記》有兩種語言的配音版本，見：Michael Bar- rier, *Hollywood Cartoons: American Animation in Its Golden Age* (Oxford: Oxford University Press, 2003).

「銀幕上最迷人的電影」，見：Kate Cameron, "Disney's *Pinocchio* a Gem of the Screen," *New York Daily News,* February 8, 1940.

瑪莉・布萊爾為《小飛象》所繪的藝術概念，見：John Canemaker, *The Art and Flair of Mary Blair: An Appreciation* (Glendale, CA: Disney Editions, 2014).

關於華特・迪士尼與特藝彩色的關係，見：Scott Higgins, *Harnessing the Technicolor Rainbow: Color Design in the 1930s* (Austin: University of Texas Press, 2009).

關於娜塔莉・卡爾穆斯的故事，見：Christine Gledhill and Julia Knight, eds., *Doing Women's Film History: Reframing Cinemas, Past and Future* (Champaign: University of Illinois Press, 2009).

桃樂絲的銀鞋因政治因素而改編，見：Henry M. Littlefield, "*The Wizard of Oz:* Parable on Populism," *American Quarterly* 16, no. 1 (1964), and Ranjit S. Dighe, *The Historian's "Wizard of Oz": Reading L. Frank Baum's Classic as a Political and Monetary Allegory* (Westport, CT: Praeger Publishers, 2002).

大衛・塞爾茲尼克對於娜塔莉・卡爾穆斯的評語，見：Patrick Keating, *Hollywood Lighting from the Silent Era to Film Noir* (New York: Columbia University Press, 2009).

關於描圖上色部門的描述，包含午茶時間，見：Mindy Johnson, *Ink & Paint: The Women of Walt Disney's Animation* (Glendale, CA: Disney Editions, 2017), and Patricia Kohn, "Coloring the Kingdom," *Vanity Fair,* February 5, 2010.

關於褪色跟醋酸纖維的問題，見：Richard Hincha, "Crisis in Celluloid: Color Fading and Film Base Deterioration," *Archival Issues* 17, no. 2 (1992).

華特・迪士尼從一九四〇年開始公開發行特別股，但股價很快從二十五美元掉到三點多美元，見：Bryan Taylor, "Disney Reminds Us of a Time When Anyone Could Invest Early and Really Make a Lot of Money," *Business Insider,* November 17, 2013.

華特一九四〇年開出的兩千美元週薪以及工作室搬遷至伯班克的資訊，見：Neal Gabler, *Walt Disney: The Triumph of the American Imagination* (New York: Random House, 2006).

小羅斯福總統回憶一位小女孩給他紙條的故事，見：Franklin D. Roosevelt, *The Public Papers and Addresses of the Presidents of the United States,* vol. 5 (New York: Random House, 1938).

關於《平等勞動標準法》，見：Cass Sunstein, *The Second Bill of Rights: FDR's Unfinished Revolution — And Why We Need It More Than Ever* (New York: Basic Books, 2009).

關於白雪公主特餐的描述，出自葛麗絲・杭亭頓個人收藏的工作室餐廳菜單。

關於一九四〇年工作室薪水平均值與水準，以及銀幕卡通畫家公會成立的資訊，見：Tom Sito, *Drawing the Line: The Untold Story of the Animation Unions from Bosko to Bart Simpson* (Lexington: University Press of Kentucky, 2006).

關於幻想音響系統的龐大規模與支出，見：Charles Solo mon, "Fantastic *Fantasia:* Disney Channel Takes a Look at Walt's Great Experiment in Animation," *Los Angeles Times,* August 26, 1990.

關於《幻想曲》的負評，見：Charles Solomon, "It Wasn't Always Magic," *Los Angeles Times,* October 7, 1990.

關於工作室的四百五十萬美元債務，詳見：Gabler, *Walt Disney.*

關於比安卡為《仙履奇緣》及《小飛俠》創作的藝術概念，見：Didier Ghez, *They Drew As They Pleased,* vol. 1, *The Hidden Art of Disney's Golden Age: The 1930s* (New York: Hyperion, 2015).

第七章｜巴西之泉

關於東映動畫中的女性，見：Jonathan Clements and Helen McCarthy, *The Anime Encyclopedia: A Century of Japanese Animation,* 3rd ed. (Southbridge, MA: Stone Bridge Press, 2015).

一九四一年二月十日華特對員工所作演說全文，見：Walt Disney, *Walt Disney Conversations* (Jackson: University Press of Mississippi, 2006).

關於亞特・巴比特跟賀伯・索瑞爾在一九四一年罷工中所扮演的角色，見：Tom Sito, *Drawing the Line: The Untold Story of the Animation Unions from Bosko to Bart Simpson* (Lexington: University Press of Kentucky, 2006), and Steven Watts, *The Magic Kingdom: Walt Disney and the American Way of Life* (Columbia: University of Missouri Press, 2013).

關於華特・迪士尼的南美洲之旅，見：J. B. Kaufman, *South of the Border with Disney: Walt Disney and the Good Neighbor Program, 1941–1948* (Glendale, CA: Disney

Editions, 2009), and Allen L. Woll, "Hollywood's Good Neighbor Policy: The Latin Image in American Film, 1939–1946," *Journal of Popular Film* 4, no. 2 (1974).

關於南美之旅的細節，出自布萊爾家族遺產提供的瑪莉與李・布萊爾的紀錄、文件、訪談及書信。

第八章｜此刻，身在軍中

洛伊・迪士尼的備忘錄，出自希爾維亞・荷蘭德所留的紀錄，由希歐・哈樂代提供。

《小美人魚》的藝術概念與初期發展，經迪迪兒・蓋茲（Didier Ghez）授權使用於本書中，資訊出自其研究。

關於迪士尼員工對罷工的反應，見：Don Peri, *Working with Disney: Interviews with Animators, Producers, and Artists* (Jackson: University Press of Mississippi, 2011).

《小飛象》被稱為「異想天開」，見：Bosley Crowther, "Walt Disney's Cartoon *Dumbo,* a Fanciful Delight, Opens at the Broadway," *New York Times,* October 24, 1941.

關於珍珠港事件的歷史，見：Craig Nelson, *Pearl Har bor: From Infamy to Greatness* (New York: Simon and Schuster, 2016).

關於智利人對《你好！朋友》的反應，見：Jason Borge, *Latin American Writers and the Rise of Hollywood Cinema* (Abingdon, UK: Routledge, 2008).

關於波堤加背景及《小鷹》的發展，見：H. L'Hoeste and J. Poblete, eds., *Redrawing the Nation: National Identity in Latin/o American Comics* (Berlin: Springer, 2006).

「這不像迪士尼男性……」之評論見：Bosley Crowther, "The Screen; *Saludos Amigos,* a Musical Fantasy Based on the South American Tour Made by Walt Disney, Arrives at the Globe," *New York Times,* February 13, 1943.

關於美國聯邦調查局（FBI）對於珍珠港事件的回應，以及後續第九〇六六號行政命令的相關討論，見：Matthew Dallek, *Defenseless Under the Night: The Roosevelt Years and the Origins of Homeland Security* (Oxford: Oxford University Press, 2016).

關於烏布・伊沃克斯跟華特・迪士尼使用光學印片機的歷史，見：Jeff Foster, *The Green Screen Handbook: Real-World Production Techniques* (Indianapolis, IN: Wiley Publishing, 2010), and Les lie Iwerks and John Kenworthy, *The Hand Behind the Mouse* (Glendale, CA: Disney Editions, 2001).

「《小鹿斑比》……反映出森林……」之評論，見："*Bambi,*" *Variety,* December 31, 1941.

「希臘神話地獄犬……」之評論，見："The New Pictures," *Time,* August 24, 1942.

「對美國所有運動員最惡劣的侮辱」，見：Raymond J. Brown, "*Outdoor Life* Condemns Walt Disney's Film *Bambi* as an Insult to American Sportsmen," *Outdoor Life,* Sep tember 1942.

「……森林幾乎跟《森林王子》……不相上下……」及「這樣何必……」之評論，

見：“*Bambi,* a Musical Cartoon in Technicolor Produced by Walt Disney from the Story by Felix Salten, at the Music Hall,” *New York Times,* August 14, 1942.

《小鹿斑比》的首輪戲院放映損失了十萬美元，見：“101 Pix Gross in Millions,” *Variety,* January 6, 1943.

Alexander P. de Seversky, *Victory Through Air Power* (New York: Simon and Schuster, 1943).

關於《空中致勝》的角色，見：John Baxter, *Disney During World War II: How the Walt Disney Studios Contributed to Victory in the War* (Glendale, CA: Disney Editions, 2014).

關於瑞塔．史考特的小精靈畫稿與此計畫的背景，見：Didier Ghez, *They Drew As They Pleased,* vol. 2, *The Hidden Art of Disney's Musical Years: The 1940s — Part One* (San Francisco: Chronicle Books, 2016).

關於羅德．達爾與迪士尼關係的歷史，見：Rebecca Maksel, “The Roald Dahl Aviation Story That Disney Refused to Film,” *Air and Space,* May 22, 2014.

切斯特．卡爾森的歷史，見：David Owen, *Copies in Seconds: How a Lone Inventor and an Unknown Company Created the Biggest Com- munication Breakthrough Since Gutenberg — Chester Carlson and the Birth of the Xerox Machine* (New York: Simon and Schuster, 2004).

第九章｜Zip-a-Dee-Doo-Dah

關於迪士尼與健康內容相關的短片的藝術創作與背景資訊，見：Didier Ghez, *They Drew As They Pleased,* vol. 2, *The Hidden Art of Disney's Musical Years: The 1940s — Part One* (San Francisco: Chronicle Books, 2016).

月經墊的歷史，見：Elissa Stein and Susan Kim, *Flow: The Cultural Story of Menstruation* (New York: St. Martin's Press, 2009).

迪士尼改編《仙履奇緣》的歷史，見：Charles Solo mon, *A Wish Your Heart Makes: From the Grimm Brothers' Aschenputtel to Disney's "Cinderella"* (Glendale, CA: Disney Editions, 2015).

Joel Chandler Harris, *Uncle Remus: His Songs and His Sayings* (New York: D. Appleton, 1880).

關於《南方之歌》的討論，見：Gordon B. Arnold, *Animation and the American Imagination: A Brief History* (Santa Barbara, CA: ABC-CLIO, 2017); Jim Korkis, *Who's Afraid of the "Song of the South"? And Other Forbidden Disney Stories* (Bloomington, IN: Theme Park Press, 2012); Jason Sperb, *Disney's Most Notorious Film: Race, Convergence, and the Hidden Histories of "Song of the South"* (Austin: University of Texas Press, 2012).

關於莫里斯．拉夫跟《南方之歌》與《仙履奇緣》的關係，包含「這就是我找你這樣的人」一語，詳見：Maurice Rapf, *Back Lot: Growing Up with the Movies*

(Lanham, MD: Scarecrow Press, 1999).

關於韋恩．卡德維爾的《南方之歌》備忘錄，見：Neal Gabler, *Walt Disney: The Triumph of the American Imagination* (New York: Random House, 2006).

瑪莉．布萊爾《南方之歌》的部分藝術概念，見：John Canemaker, *The Art and Flair of Mary Blair: An Appreciation* (Glendale, CA: Disney Editions, 2014).

華特．懷特與美國全國有色人種協進會達成的成就歷史，見：Kenneth Robert Janken, *Walter White: Mr. NAACP* (Chapel Hill: University of North Carolina Press, 2006); Melvyn Stokes, *D. W. Griffith's "The Birth of a Nation": A History of the Most Controversial Motion Picture of All Time* (Oxford: Oxford University Press, 2008); Jennifer Latson, "The Surprising Story of Walter White and the NAACP," *Time,* July 1, 2015.

洛杉磯港的慶祝活動，見：*Yank, the Army Weekly,* June 1, 1945.

更多關於二戰歸來的非裔美國人經驗，見：Christopher S. Parker, *Fighting for Democracy: Black Veterans and the Struggle Against White Supremacy in the Postwar South* (Princeton, NJ: Princeton University Press, 2009), and Rawn James Jr., *The Double V: How Wars, Protest, and Harry Truman Desegregated America's Military* (New York: Bloomsbury Press, 2013).

藍斯頓．休斯的詩作〈從博蒙特到底特律〉，見：Langston Hughes, *The Collected Poems of Langston Hughes* (New York: Alfred A. Knopf, 1994).

艾莉絲．沃克在一九八一年一場亞特蘭大歷史學會的演講上，深刻描述了她對《南方之歌》的反應，後來出版在她的散文集：Alice Walker, *Living by the Word: Essays* (New York: Open Road Media, 2011).

對《南方之歌》的反應與抗議，見：Sperb, *Disney's Most Notorious Film.*

「……甚至不是雷慕斯大叔講的方言……」一語，見："Committee for Unity Protests Disney's *Uncle Remus* Cartoon," *California Eagle,* August 24, 1944.

「白百合宣傳」一語，見："Needed: A Negro Legion of Decency," *Ebony*, February 1947.

Bosley Crowther, "Spanking Disney," *New York Times,* December 8, 1946.

鮑勃．伊格關於《南方之歌》的發言，是在二〇一〇年一場位於德州聖安東尼奧的股東會議上提出，見：Paul Bond, "Iger Keeps Options Open for ABC," *Adweek,* March 11, 2010.

琥碧．戈柏關於《南方之歌》的發言，出自：Kevin Polowy, "Whoopi Goldberg Wants Disney to Bring Back 'Song of the South' to Start Conversation About Controversial 1946 Film," Yahoo Entertainment, July 15, 2017.

引華特之語以及關於氣氛的描述，出自一九四四年七月二十日、八月八日與八月二十四日的《南方之歌》。

瑪莉．布萊爾的《病號》畫作，見：John Canemaker, *Magic Color Flair: The World of Mary Blair* (San Francisco: Walt Disney Family Foundation Press, 2014).

法蘭克・布瑞克斯頓的歷史，見：Tom Sito, *Drawing the Line: The Untold Story of the Animation Unions from Bosko to Bart Simpson* (Lex- ington: University Press of Kentucky, 2006).

第十章｜這就是愛

關於一九四六年裁員，見：Michael Barrier, *The Animated Man: A Life of Walt Disney* (Berkeley: University of California Press, 2007).

美國電視史，見：James Baughman, *Same Time, Same Station: Creating American Television, 1948–1961* (Baltimore: Johns Hopkins University Press, 2007)。雖然美國的電視機數量在一九五〇年來到三百萬部，仍舊只占全部家戶數的一小部分，約莫百分之二。

根據美國勞動部婦女署的報告，一九四五年後計畫繼續工作的婦女比率，詳見：*Women Workers in Ten War Production Areas and Their Postwar Employment Plans, Bulletin 209* (Washington, DC: U.S. Government Printing Office, 1946).

關於二十世紀中現代風格設計綜覽，見：Dominic Bradbury, *Mid-Century Modern Complete* (New York: Abrams, 2014).

瑪莉・布萊爾的《仙履奇緣》藝術概念，見：John Cane- maker, *The Art and Flair of Mary Blair: An Appreciation* (Glendale, CA: Disney Editions, 2014).

關於迪奧對《仙履奇緣》服飾的影響，見：Kimberly Chrisman-Campbell, "*Cinderella:* The Ultimate (Postwar) Makeover Story," *The Atlantic,* March 9, 2015, and Emanuele Lugli, "Tear That Dress Off: *Cinderella* (1950) and Disney's Critique of Postwar Fashion," *Bright Lights Film Journal,* February 15, 2018.

關於高本嚴的歷史，見：Iwao Takamoto with Michael Mallory, *Iwao Takamoto: My Life with a Thousand Characters* (Jackson: Uni- versity Press of Mississippi, 2009), and Susan Stewart, "Iwao Takamoto, 81, the Animation Artist Who Created Scooby-Doo, Dies," *New York Times,* January 10, 2007.

華特的「我們的狀態不好……」發言，見："Recollections of Richard Huemer Oral History Transcript," University of California, Los Angeles, Oral History Program (1969).

瑟爾瑪・威特瑪的背景，見：Mindy Johnson, *Ink & Paint: The Women of Walt Disney's Animation* (Glendale, CA: Disney Editions, 2017).

馬克・戴維斯在工作室中的歷史，見：Disney Book Group, *Marc Davis: Walt Disney's Renaissance Man* (Glendale, CA: Disney Editions, 2014)。戴維斯描述早期雇用情況，並被誤認為一名女性，見：Rick West, "Walt Disney's Pirates of the Caribbean," *Theme Park Adventure Magazine,* 1998.

第十一章｜在屬於我的世界裡

《愛麗絲夢遊仙境》在工作室中的歷史，見：Mark Salisbury, *Walt Disney's "Alice in Wonderland": An Illustrated Journey Through Time* (Glendale, CA: Disney Editions, 2016).

關於赫胥黎參與《愛麗絲夢遊仙境》製作工作一事，見：Steffie Nelson, "Brave New LA: Aldous Huxley in Los Angeles," *Los Angeles Review of Books,* November 22, 2013.

關於《仙履奇緣》的影評，見：Mae Tinee, "Children Find *Cinderella* Is a Dream Film," *Chicago Tribune,* February 24, 1950, and "*Cinderella,*" *Variety,* December 31, 1949.

《仙履奇緣》是一九五〇年票房收入第六高的電影，見："Top-Grosses of 1950," *Variety,* January 8, 1951.

瑞塔為《仙履奇緣》所繪的插畫，見：Jane Werner Watson and Retta Scott Worcester, *Walt Disney's "Cinderella"* (New York: Golden Books, 1949).

關於RCA成功發行《仙履奇緣》錄音帶一事，見：James Bohn, *Music in Disney's Animated Features: "Snow White and the Seven Dwarfs" to "The Jungle Book"* (Jackson: University Press of Mississippi, 2017).

瑪莉·布萊爾的《愛麗絲夢遊仙境》藝術概念，見：John Canemaker, *The Art and Flair of Mary Blair: An Appreciation* (Glendale, CA: Disney Editions, 2014).

凱瑟琳·波蒙解釋為《愛麗絲夢遊仙境》拍攝真人實景影片段落的情況，以及電影首映時的興奮之情，見：Susan King, "*Alice in Wonderland:* Sixty Years Later, Former Disney Child Star Looks Back," *Los Angeles Times,* February 18, 2011.

《迪士尼樂園／歡樂繽紛的世界》電視節目的歷史，見J. P. Telotte, *Disney TV* (Detroit: Wayne State University Press, 2004).

關於迪士尼樂園的發展，見：Neal Gabler, *Walt Disney: The Triumph of the American Imagination* (New York: Random House, 2006)。華特·迪士尼對《愛麗絲夢遊仙境》的失望，並將該片形容為「可怕的掃興之作」，見：Richard Schickel, *The Disney Version: The Life, Times, Art, and Commerce of Walt Disney* (New York: Simon and Schuster, 1985).

第十二章｜你可以高飛！

關於二次大戰後的離婚率模式，見：Jessica Weiss, *To Have and to Hold: Marriage, the Baby Boom, and Social Change* (Chicago: University of Chicago Press, 2000).

關於旋風計畫，見：Kent C. Redmond and Thomas M. Smith, *From Whirlwind to MITRE: The R&D Story of the SAGE Air Defense Computer* (Cambridge, MA: MIT Press, 2000).

《小飛俠》於一九〇四年首度在倫敦舞台上演出，後來被作者改編成書，見：J. M. Barrie, *Peter and Wendy* (London: Hodder and Stoughton, 1911)。彼得潘這個角色首度出現在：J. M. Barrie, *The White Bird* (London: Hodder and Stoughton, 1902).

桃樂絲·安·布蘭克說出小叮噹是個「嗆辣角色」之語，見：Mindy Johnson,

Tinker Bell: An Evolution (Glendale, CA: Disney Editions, 2013).

華特的「比安卡正在創作……」發言出自一九四〇年五月二十日故事創作會議逐字稿。

瑪莉・布萊爾的《小飛俠》藝術概念，見：John Canemaker, *The Art and Flair of Mary Blair: An Appreciation* (Glendale, CA: Disney Editions, 2014).

瑞塔・史考特為《在路上》所繪的圖稿，見：Didier Ghez, *They Drew As They Pleased,* vol. 2, *The Hidden Art of Disney's Musical Years: The 1940s — Part One* (San Francisco: Chronicle Books, 2016)。她參考的書籍是：*Hopi Katcinas Drawn by Native Artists* (Washington, DC: U.S. Bureau of American Ethnology, 1903).

關於《小飛俠》中的刻板印象分析，見：Angel Aleiss, *Making the White Man's Indian: Native Americans and Hollywood Movies* (Westport, CT: Greenwood Publishing, 2005).

關於《小飛俠》中的戲謔刻畫種族形象的描述，見：Sarah Laskow, "The Racist History of Peter Pan's Indian Tribe," *Smithsonian,* December 2, 2014.

關於艾文・厄爾在工作室的早期經驗，見：Eyvind Earle, *Horizon Bound on a Bicycle* (Los Angeles: Earle and Bane, 1991).

關於馬克・戴維斯構思小叮噹一角所扮演的角色，見：Johnson, *Tinker Bell.*

「她幹嘛非得這麼淘氣不可？」一語出現在一九四〇年五月二十日的故事創作會議。

關於吉妮・麥克擔任《小飛俠》模特兒及卡門・桑德森使用亞洲牛膽汁一事，見：Mindy Johnson, *Ink & Paint: The Women of Walt Disney's Animation* (Glendale, CA: Disney Editions, 2017).

關於艾米利歐・比安奇的部分技術，見：Kirsten Thompson, "Colourful Material Histories: The Disney Paint Formulae, the Paint Laboratory, and the Ink and Paint Department," *Animation Practice, Process, and Production* 4, no. 1 (2014).

迪士尼樂園的早期版本出現在一九四八到五五年的故事創作會議紀錄與書信中。一九五二年後，此案就確定名為迪士尼樂園（Disneyland），見：Neal Gabler, *Walt Disney: The Triumph of the American Imagination* (New York: Random House, 2006).

第十三章｜從前在一場夢中

寬螢幕電影的歷史，見：Harper Cossar, *Letterboxed: The Evolution of Widescreen Cinema* (Lexington: University Press of Kentucky, 2011).

「想像洛琳・白考兒躺在沙發上」一語，見：Charles Barr, "CinemaScope: Before and After," *Film Quarterly* 16, no. 4 (1963).

影評稱小叮噹「低俗」之前，也曾稱讚《小飛俠》的色彩精美，見：Bosley Crowther, "The Screen: Disney's *Peter Pan* Bows," *New York Times,* February 12,

1953.

瑟爾瑪．威特瑪為《小飛俠》繪製的背景特別受到讚美，見：Mae Tinee, "Disney's *Peter Pan* Tailored for the Modern Genera- tion," *Chicago Tribune,* February 5, 1953.

關於《小飛俠》的四百萬美元製作預算，見：boxofficemojo.com，以及 the-numbers.com。

關於迪士尼與美國聯合製作工作室的風格差異，見：Adam Abraham, *When Magoo Flew: The Rise and Fall of Animation Studio UPA* (Middleton, CT: Wesleyan University Press, 2012). 多數華特．迪士尼工作室的藝術家（包含瑪莉．布萊爾在內）都對美國聯合製作工作室的風格沒興趣。

「以較低預算製作更好的電影」一語，見：Neal Gabler, *Walt Disney: The Triumph of the American Imagination* (New York: Random House, 2006).

關於童話故事的歷史分析，見：Tim Scholl, *Sleeping Beauty: A Legend in Progress* (New Haven, CT: Yale Uni versity Press, 2004).

關於《睡美人》的一九四六年倫敦首映描述，見：Jennifer Homans, *Apollo's Angels: A History of Ballet* (New York: Random House, 2010), and Anna Kisselgoff, "*Sleeping Beauty* — The Crown Jewel of Ballet," *New York Times,* June 13, 1976.

關於華特．伊萊亞斯．迪士尼公司的成立跟迪士尼樂園的成立，見：Martin Sklar, *Dream It! Do It! My Half-Century Creating Disney's Magic Kingdoms* (Glendale, CA: Disney Editions, 2013).

關於美國廣播公司系列節目，見：J. P. Telotte, *Disney TV* (Detroit: Wayne State University Press, 2004).

華特給姊妹露絲的信，寫於一九五四年十二月二日，收藏於紐約大學艾默爾．荷姆斯．鮑伯斯特圖書館內、費爾斯圖書館與特別典藏館中的約翰．坎麥可動畫藏品。

愛麗絲．戴維斯的生平資訊，出自作者訪談、瑪姬．理查森與約翰．坎麥可的訪談紀錄，以及經授權同意使用於本書的書信內容。

艾文．厄爾對《睡美人》的影響，及引文「除此之外……」，見：Eyvind Earle, *Horizon Bound on a Bicycle* (Los Angeles: Earle and Bane, 1991).

每日需繳交圖稿數量的工作分配體系，見：John Canemaker, *Walt Disney's Nine Old Men and the Art of Animation* (Glendale, CA: Disney Editions, 2001).

伊莉莎白．凱斯．齊威格的生平資訊，來自訪談其家人及前同事，以及藝術家遺產中保存的過去訪談紀錄。

第十四章｜大麥町園地

伊莉莎白．凱斯．齊威格的生平資訊，來自訪談其家人及前同事，以及藝術家遺產中保存的過去訪談紀錄。

關於工作室引進複印機一事，見：Michael Barrier, *Hollywood Cartoons: American*

Animation in Its Golden Age (Oxford: Oxford University Press, 2003) 。關於複印機帶來的改變，見：Floyd Norman, *Animated Life: A Lifetime of Tips, Tricks, Techniques and Stories from a Disney Legend* (Abingdon, UK: Taylor and Francis, 2013).

烏布．伊沃克斯在工作室引進複印機上所扮演的角色，見：Karen Paik and Leslie Iwerks, *To Infinity and Beyond!: The Story of Pixar Animation* (San Francisco: Chronicle Books, 2007).

《睡美人》的支出與財務損失，見：Barrier, *Hollywood Cartoons*.

洛伊．迪士尼敦促華特關閉動畫部門，見：Haleigh Foutch, "How '101 Dalmatians' and a Xerox Machine Saved Disney Animation," *Business Insider,* Feb ruary 13, 2015.

關於希爾維亞．羅莫及珊咪．鈞恩．蘭罕，見：Mindy Johnson, *Ink & Paint: The Women of Walt Disney's Animation* (Glendale, CA: Disney Editions, 2017).

Dodie Smith, *The Hundred and One Dalmatians* (London: Heine- mann, 1956).

關於多蒂．史密斯的生平細節，來自她與華特．迪士尼的書信往返，收藏於紐約大學艾默爾．荷姆斯．鮑伯斯特圖書館內、費爾斯圖書館與特別典藏館中的約翰．坎麥可動畫藏品。

關於比爾．彼特的資訊，見：Bill Peet, *Bill Peet: An Autobiography* (Boston: Houghton Mifflin, 1989).

馬克．戴維斯的背景與工作室中的作品，見：Disney Book Group, *Marc Davis: Walt Disney's Renaissance Man* (Glendale, CA: Disney Editions, 2014).

厄爾：「一點也不迪士尼……」及華特：「肯絕對不可以……」，見：John Canemaker, *Before the Animation Begins: The Art and Lives of Disney Inspirational Sketch Artists* (New York: Hyperion, 1996).

關於藤川恭生平訊息，來自約翰．坎麥可於一九九四年十月二十七日進行的訪談，經授權同意使用於本書中。

藤川恭早期的繪本之一：Gyo Fujikawa, *A Child's Garden of Verses* (New York: Grosset and Dunlap, 1957).

讚頌藤川恭在擴大兒童文學多樣性上的貢獻，見：Elaine Woo, "Children's Author Dared to Depict Multicultural World," *Los Angeles Times,* December 13, 1998.

關於兒童圖書館的單一性，見：Nancy Larrick, "The All-White World of Children's Books," *Saturday Review,* September 11, 1965.

包含多元文化嬰兒之爭議圖像的藤川恭著作：Gyo Fujikawa, *Babies* (New York: Grosset and Dunlap, 1963).

《一零一忠狗》的影評，見："Cinema: Pupcorn," *Time,* February 17, 1961, and "*One Hundred and One Dalmatians,*" *Variety,* December 31, 1960.

《一零一忠狗》在經濟上的影響，見：Neal Gabler, *Walt Disney: The Triumph of the American Imagination* (New York: Random House, 2006).

第十五章｜小小世界

羅利．克朗普的生平資訊，來自約翰．坎麥可及瑪姬．理查森進行的訪談紀錄，以及本人自傳，見：Rolly Crump, *It's Kind of a Cute Story* (Baltimore: Bam- boo Forest Publishing, 2012).

關於發聲機械偶裝置簡史，見：Matt Blitz, "The A1000 Is Disney's Advanced Animatronic Bringing *Star Wars: Galaxy's Edge* to Life," *Popular Mechanics,* February 28, 2019.

關於華特．迪士尼取得崔佛斯作品版權時遭遇的困難，見：Valerie Lawson, *Mary Poppins, She Wrote: The Life of P. L. Travers* (New York: Simon and Schuster, 2013).

關於佩特羅．瓦拉荷斯的歷史，見：Anita Gates, "Petro Vla- hos, Special-Effects Innovator, Dies at 96," *New York Times,* February 19, 2013.

關於鈉氣燈與綠幕技術，見：Jeff Foster, *The Green Screen Handbook: Real-World Production Techniques* (Indianapolis, IN: Wiley Publishing, 2010).

「親愛的華特，請別被這封信⋯⋯」及「拜託，拜託，拜託你給她一個⋯⋯」，出自一九六三年崔佛斯致華特信，收藏於紐約大學艾默爾．荷姆斯．鮑伯斯特圖書館內、費爾斯圖書館與特別典藏館中的約翰．坎麥可動畫藏品。關於茱莉．安德魯斯的背景，見：Richard Stirling, *Julie Andrews: An Intimate Biography* (New York: St. Martin's Press, 2008).

茱莉．安德魯斯記得華特說：「我們會等你」，見：Andrea Mandell, "Julie Andrews and Emily Blunt were both new moms mak- ing *Mary Poppins,*" *USA Today,* November 30, 2018.

《歡樂滿人間》首映畫面與《加州藝術學院的故事》短片，出於二〇一三年十二月十日發行的《歡樂滿人間》五十週年版加收內容。

華特的「加州藝術學院是我⋯⋯」發言，見加州藝術學院網站：calarts.edu。

「迪士尼已為這部夢想世界的詮釋之作全力以赴。」，見："*Mary Poppins,*" *Variety,* December 31, 1963.

《歡樂滿人間》收益及與其他片的比較，見：boxofficemojo.com及the-numbers.com。

關於一九六四－六五年世界博覽會期間的抗議事件，見：Joseph Tirella, *Tomorrow-Land: The 1964–65 World's Fair and the Transformation of America* (Lanham, MD: Rowman and Little-field, 2013).

關於繪圖板的描述，首見於：Ivan Sutherland, "Sketchpad: A Man-Machine Graphical Communication System" (PhD dissertation, MIT, 1963).

關於伊凡．蘇德蘭與繪圖板的歷史，見：Tom Sito, *Moving Innovation: A History of Computer Animation* (Cambridge, MA: MIT Press, 2013).

關於華特去世，見：Neal Gabler, *Walt Disney: The Triumph of the American Imagination* (New York: Random House, 2006).

第十六章｜上上、下下，碰地板

海蒂．古德爾的生平資訊，出自與她同事的訪談及其自傳：Heidi Guedel, *Animatrix — A Female Animator: How Laughter Saved My Life* (Bloomington, IN: iUniverse, 2013).

艾德溫．卡特姆的生平資訊，見：Edwin Catmull and Amy Wallace, *Creativity, Inc.: Overcoming the Unseen Forces That Stand in the Way of True Inspiration* (New York: Random House, 2014), and Karen Paik and Leslie Iwerks, *To Infinity and Beyond!: The Story of Pixar Animation* (San Francisco: Chronicle Books, 2007).

一九七二年影片〈手部電腦動畫〉，見網站：https://boingboing.net/2015/08/05/watch-breakthrough-computer-an.html.

根據美國教育部國家教育統計中心高等教育一般資訊調查（HEGIS）出版的報告，一九七〇年代，女性占電腦科系畢業生比例的百分之二十八；見："Degrees and Other Formal Awards Conferred" surveys, 1970-71 through 1985-86。

一九七五年就讀加州藝術學院的女性人數，見：Deborah Vankin, "Animation: At CalArts and elsewhere, more women are entering the picture," *Los Angeles Times,* May 25, 2015.

關於平等雇用機會委員會的影響，見：Frank Dobbin, *Inventing Equal Opportunity* (Princeton, NJ: Princeton University Press, 2009).

麥可．吉亞莫的生平資訊出自作者訪談。

第十七章｜你世界的一部分

布拉德．伯德：「這些經驗不足的人……」，見：Keith Phipps, "Every Brad Bird Movie, Ranked," *Vulture,* June 14, 2018;；另一引言：「不可思議地嚴格」，出自：Hugh Hart, "How Brad Bird Went from Disney Apprentice to Oscar-Winner and Architect of *Tomorrowland,*" *Fast Company,* May 29, 2015.

艾德溫．卡特姆的生平資訊，見：Edwin Catmull and Amy Wallace, *Creativity, Inc.: Overcoming the Unseen Forces That Stand in the Way of True Inspiration* (New York: Random House, 2014).

關於星際大戰原始三部曲中使用的特效，見：Thomas Graham Smith, *Industrial Light and Magic: The Art of Special Effects* (New York: Ballantine Books, 1986), and J. W. Rinzler, *The Making of Star Wars* (New York: Ballantine Books, 2013).

關於皮克斯成立的背景，見：Catmull and Wallace, *Creativity, Inc.*, and Karen Paik and Leslie Iwerks, *To Infinity and Beyond!: The Story of Pixar Animation* (San Francisco: Chronicle Books, 2007).

關於洛伊．E. 迪士尼與麥可．恩斯納在企業重中整扮演的角色，見：James B. Stewart, *Disney War* (New York: Simon and Schuster, 2005).

皮克斯影像電腦的歷史，見：David A. Price, *The Pixar Touch* (New York: Alfred A.

Knopf, 2008).
艾倫．伍德伯利的生平資訊出自作者訪談。
提娜．普萊斯在工作室中的歷史，見：Mindy Johnson, *Ink & Paint: The Women of Walt Disney's Animation* (Glendale, CA: Disney Editions, 2017).
關於孟肯與艾許曼在工作室中的角色、艾許曼在動畫部門演說的片段，以及表演者Divine對塑造烏蘇拉一角的影響，見華特．迪士尼家庭娛樂公司於二〇一九年二月二十六日發行的《小美人魚：華特．迪士尼經典》（*The Little Mermaid: Walt Disney Signature Collection*）的加收內容。關於Divine在電影中傳奇角色的進一步資訊，見："Divine, Transvestite Film Actor, Found Dead in Hollywood at 42," *New York Times,* March 8, 1988, and Suzanne Loudermilk, "Divine, in Death as in Life," *Baltimore Sun,* October 15, 2000.
關於艾許曼背景，見：David J. Fox, "Looking at 'Beauty' as Tribute to Lyricist Who Gave 'Beast His Soul,' " *Los Angeles Times,* November 15, 1991, and Joanna Robinson, "Inside the Tragedy and Triumph of Disney Genius Howard Ashman," *Vanity Fair,* April 20, 2018.
關於布蘭達．查普曼的背景，見：Nicole Sperling, "When the Glass Ceiling Crashed on Brenda Chapman," *Los Angeles*
Times, May 25, 2011; Adam Vary, "*Brave* Director Brenda Chapman Breaks Silence on Being Taken Off Film," *Entertainment Weekly,* August 15, 2012; Seth Abramovitch, "Female Director of Pixar's *Brave* on Being Replaced by a Man: 'It Was Devastating,' " *Hollywood Reporter,* August 15, 2012。資訊另也出自作者訪談。
傑佛瑞．卡森柏格稱《小美人魚》為「這是部女孩看的電影」，見《小美人魚：華特．迪士尼經典》加收內容。
烏蘇拉被稱為「視覺饗宴」，見："*The Little Mermaid*," *Variety,* December 31, 1989.
艾伯特在影評文章中稱愛麗兒為「逼真而完整的女性角色」，見：Roger Ebert, "*The Little Mermaid*," *Chicago Sun-Times,* November 17, 1989.
《小美人魚》的票房成績取自boxofficemojo.com及the-numbers.com。
琳達．伍佛頓的資訊，見：Eliza Berman, "How *Beauty and the Beast*'s Screenwriter Shaped Disney's First Feminist Princess," *Time,* May 23, 2016; Rebecca Keegan, "First Belle, Now Alice: How Screenwriter and Headbanger Linda Woolverton Is Remaking Disney Heroines for a Feminist Age," *Los Angeles Times,* May 29, 2016; Seth Abramovitch, "Original *Lion King* Screenwriter Apprehensive of Remake: 'I Wasn't Thrilled with *Beauty and the Beast,*' " *Hollywood Reporter,* December 3, 2018。資訊另也出自作者訪談。
洛伊．E.迪士尼稱霍華．艾許曼為「另一個華特」，出自《小美人魚：華特．迪士尼經典》的加收內容。
愛滋病影響《美女與野獸》作品中歌詞塑造方向的觀點，見：Joanna Robinson,

"The Touching Tribute Behind Disney's First Openly Gay Character," *Vanity Fair,* March 1, 2017.

一九八〇年代與HIV病毒共存者所受到的汙名，見Natasha Geiling, "The Confusing and At-Times Counterproductive 1980s Response to the AIDS Epidemic," *Smithsonian,* December 4, 2013.

珍奈特．馬斯林在評論中形容艾許曼是「才思機敏的傑出作詞人」，見："Disney's *Beauty and the Beast* Updated in Form and Content," *New York Times,* November 13, 1991.

一九九一年全美因後天免疫缺乏症候群而死亡的人數，是兩萬九千八百五十人，出自美國疾病管制署報告，見："Mortality Attributable to HIV Infection/AIDS Among Persons Aged 25–44 Years — United States, 1990, 1991," *MMWR Weekly,* July 2, 1993.

關於《阿拉丁》歌詞的爭議，見：David J. Fox, "Disney Will Alter Song in *Aladdin,*" *Los Angeles Times,* July 10, 1993.

關於女性角色的對話，見：Karen Eisenhauer, "A Quantitative Analysis of Directives in Disney Princess Films" (master's thesis, North Carolina University, 2017); Jeff Guo, "Researchers Have Found a Major Problem with *The Little Mermaid* and Other Disney Movies," *Washington Post,* January 25, 2016; and Oliver Gettell, "Here's a Gender Breakdown of Dialogue in 30 Disney Movies," *Entertainment Weekly,* April 7, 2016.

第十八章｜我會讓你成為男子漢

麗塔．蕭生平資訊出自作者訪談。

關於羅伯特．聖蘇西在製作《花木蘭》時扮演的顧問角色，見：Jeff Kurtti, *The Art of "Mulan"* (Glendale, CA: Disney Editions, 1998).

關於《花木蘭》劇情發展初期劇本所碰上的挑戰，收錄於華特．迪士尼家庭娛樂公司在二〇〇四年十月二十六日發行的《花木蘭特別版》（*Mulan: Special Edition*）加收內容中。

關於《阿拉丁》中茉莉公主的某些批評，見：Roger Ebert, "*Aladdin,*" *Chicago Sun-Times,* November 25, 1992, and Janet Maslin, "Disney Puts Its Magic Touch on *Aladdin,*" *New York Times,* November 11, 1992.

關於《風中奇緣》在工作室中的發展情形，見：Patrick Rogers, "A True Legend," *People,* July 10, 1995; Nicole Peradotto, "Indian Summer: How *Pocahontas* Creators Drew on Life and Legend," *Buffalo News,* June 25, 1995; and Michael Mallory, "Pocahontas and the Mouse's Gong Show," *Animation,* February 23, 2012.

主角寶嘉康蒂公主被評為「毫無特出之處」，見：Owen Gleiberman, "*Pocahontas,*" *Entertainment Weekly,* June 16, 1995。主角被稱為「寶嘉－芭比」，見：Peter

Travers, "*Pocahontas*," *Rolling Stone,* June 23, 1995.
包華頓雷納普族在一九九六年七月一日發表聲明批評《風中奇緣》，見瑪納塔卡印第安議會（Manataka Indian Council）網站：https://www.manataka.org/page8.html。
關於寶嘉康蒂公主更多的歷史資訊，見：Camilla Townsend, *Pocahontas and the Powhatan Dilemma: The American Portraits Series* (New York: Farrar, Straus, and Giroux, 2005).
夢工廠動畫工作室的起源，見：Scott Mendelson, "15 Years of DreamWorks Animation and Its Complicated Legacy," *Forbes,* October 2, 2013。艾德溫．卡特姆的生平資訊，見：Edwin Catmull and Amy Wallace, *Creativity, Inc.: Overcoming the Unseen Forces That Stand in the Way of True Inspiration* (New York: Random House, 2014).
關於CAPS在工作室的情況及《玩具總動員》的製作工作，見：Chris Pallant, *Demystifying Disney: A History of Disney Feature Animation* (London: A and C Black, 2011), and Karen Paik and Leslie Iwerks, *To Infinity and Beyond!: The Story of Pixar Animation* (San Francisco: Chronicle Books, 2007).
關於RenderMan的效用，見：Anthony A. Apodaca, Larry Gritz, and Ronen Barzel, *Advanced RenderMan: Creating CGI for Motion Pictures* (Burlington, MA: Morgan Kaufmann, 2000).
關於《玩具總動員》的製作，見：Burr Snider, "The *Toy Story*Story," *Wired,* December 1, 1995.
關於拉賽特花了五天的時間完成十二分半的影片，見：David A. Price, The Pixar Touch (New York: Alfred A. Knopf, 2008).
關於拉賽特創作《頑皮跳跳燈》的困難，見：Brent Schlender, "Pixar's Magic Man," Fortune, May 17, 2006.
「它的吸引力在於身手厲害的女孩……」，見：Nadya Labi, "Girl Power," Time, June 24, 2001.
布蘭達．查普曼生平資訊出自作者訪談。「職涯之初……」，出自二〇〇六年十月十二日吉娜．戴維斯機構主辦的媒體中的性別論壇。
「有時女性表達想法卻被打槍……」，見：Brenda Chapman, "Stand Up for Yourself, and Mentor Others," *New York Times,* August 14, 2012.
「我們終於看到一位黑人公主…」，見：Brooks Barnes, "Her Prince Has Come. Critics, Too," *New York Times,* May 29, 2009.
製作成本與收益資訊，見：boxofficemojo.com以及the-numbers.com。
《勇敢傳說》被各方預測說是「很標準的公主電影」，見：Ray Subers, "Forecast: Pixar Aims for 13th-Straight First Place Debut with *Brave,*" boxofficemojo.com, June 21, 2012.
布蘭達．查普曼在奧斯卡頒獎典禮上感謝女兒，見：Dave McNary, "Oscars: *Brave*

Wins Tight Animation Race," *Variety,* February 24, 2013.

第十九章｜有史以來第一次

珍妮佛・李的生平資訊，見：John August and Craig Mazin, "*Frozen* with Jennifer Lee," *Scriptnotes,* iTunes app, January 28, 2014; Jill Stewart, "Jennifer Lee: Disney's New Animation Queen," *L.A. Weekly,* May 15, 2013; Sean Flynn, "Is It Her Time to Shine?," *Newport Daily News,* February 17, 2014; Michael Cousineau, "UNH Degree Played a Part in Oscar-Winning Movie," *New HampshireUnion Leader, March 29, 2014; Will Payne, "Revealed, the Real-Life Frozen Sisters and the Act of Selfless Love That Inspired Hit Film," Daily Mail, April 7, 2014; Karen Schwartz, "The New Guard: Jennifer Lee," Marie Claire, October 21, 2014; and James Hibberd, "Frozen Original Ending Revealed for First Time," Entertainment Weekly, March 29, 2017*。資訊另也出自作者訪談。

關於〈冰雪女王〉的發展過程，見：Charles Solomon, *The Art of "Frozen"* (San Francisco: Chronicle Books, 2015).

關於《冰雪奇緣》的姊妹高峰會，見：Dorian Lynskey, "*Frozen*-Mania: How Elsa, Anna and Olaf Conquered the World," *Guardian,* May 13, 2014, and Kirsten Acuna, "One Huge Change in the *Frozen* Storyline Helped Make It a Billion-Dollar Movie," *Business Insider,* September 3, 2014.

麥可・吉亞莫生平資訊出自作者私下訪談。

關於運用物質點法製作冰雪的說明，見：Zhen Chen et al., "A Particle-Based Multiscale Simulation Procedure Within the MPM Framework," *Computational Particle Mechanics* 1, no. 2 (2014).

小鹿・維拉桑屯的生平資訊，見：Todd Ruiz, "From Chonburi to the Red Carpet, Academy Award Winner Chased Her Dream," Coconuts.co, March 14, 2014; Bobby Chiu, "Developing Style," *ChiuStream,* Podcast Republic, February 2, 2017。資訊另也出自作者訪談。

「主要角色個性一般」，見：Scott Foundas, "*Frozen,*" *Variety,* November 3, 2013.

缺乏「印象深刻的歌曲」，見：Elizabeth Weitzman, "*Frozen,* Movie Review," *New York Daily News,* November 26, 2013.

「缺乏音樂性」，見：Dan Kois, "*Frozen,*" *Slate,* November 26, 2013.

《冰雪奇緣》的票房大捷，見：Maane Khatchatourian, "Box Office: *Frozen* Crosses $1 Billion Worldwide," *Variety,* March 3, 2014.

「微妙地將種族定性……」，見：Brian Truitt, "*Zootopia* Animal World Reflects Human Issues," *USA Today*, March 3, 2016.

「標誌著迪士尼回到了復興時代的高點」，見：Peter Debruge, "Film Review: *Moana*," *Variety*, November 7, 2016.

關於《海洋奇緣》故事的討論，見：Doug Herman,"How the Story of *Moana* and Maui Holds Up Against Cultural Truths," *Smithsonian,* December 2, 2016.

關於#MeToo運動的背景，見：Christen A. Johnson and K. T. Hawbaker, "#MeToo: A Timeline of Events," *Chicago Tribune,* March 7, 2019.

拉賽特承認他的行為「無庸置疑錯了」，並為自己的行為道歉，見：Anthony D'Alassandro, "John Lasseter Expresses Deep Sorrow and Shame About Past Actions at Emotional Skydance Animation Town Hall," *Deadline,* January 19, 2019.

彼得・達克特生平資訊，出自作者訪談。

關於彼特・達克特跟珍妮佛・李接任拉賽特的職位，見：Brooks Barnes, "*Frozen* and *Inside Out* Directors to Succeed Lasseter at Disney and Pixar," *New York Times,* June 19, 2018.

學習動畫與進入此領域職場的女性人數比，見：Emilio Mayorga, "Annecy: Women in Ani- mation Present Gender Disparity Data," *Variety,* June 17, 2015.

關於女性導演、編劇及銀幕上所刻畫女性角色的統計數據，見聖地牙哥州立大學的影視女性研究中心於二〇一八年發布的報告："It's a Man's (Celluloid) World: Portrayals of Female Characters in the 100 Top Films of 2017"；另見：Stacy L. Smith et al., "Inequality in 1,100 Popular Films: Examining Portrayals of Gender, Race/ Ethnicity, LGBT and Disability from 2007 to 2017," Report of the USC Annenberg Inclusion Initiative, 2018.

關於貝克德爾測試的資訊，見：《歡樂之家：一場家庭悲喜劇》（*Fun Home: A Family Tragicomic*），艾莉森・貝克德爾（Alison Bechdel）著，繁體中文版由臉譜出版。

只有百分之五十三的電影通過貝克德爾測試，見：Walt Hickey, "The Dollars-and-Cents Case Against Hollywood's Exclusion of Women," FiveThirtyEight.com, April 1, 2014.

終話｜永遠幸福快樂

瑪莉・布萊爾在迪士尼樂園的壁畫原畫，見：https://www.yesterland.com/maryblair.html.